# 신뢰를 팔아라

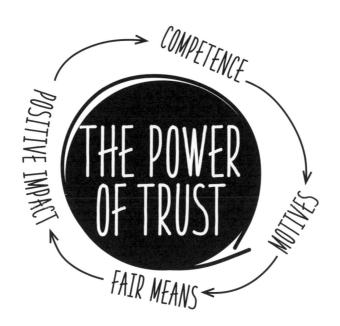

# 신뢰를 팔아라

민음의 플라이휠을 돌려 압도적 성공을 거두는 기업들의 비밀

샌드라 서처 · 샬린 굽타 지음 | 박세연 옮김

더퀘스트

"우리는 신뢰를 살 수도, 볼 수조차 없다. 하지만 신뢰가 많을수록 직원은 더 열심히 일하고, 고객은 더 오래 머문다. 신뢰는 기업이 가질 수 있는, 눈에 보이지 않는 최고의 자산이다. 이 책은 신뢰를 더 많이 얻는 법을 보여준다. 놀라운 실제 사례로 가득한 훌륭한 책이다. 나를 '신뢰'해도 좋다!"

— 에린 마이어Erin Meyer, 인시아드INSEAD 교수,
《컬처 맵The Culture Map》의 저자이자 《규칙 없음No Rules Rules》의 공저자

"2021년 에덜먼 트러스트 바로미터의 발표에 따르면 비즈니스는 가장 신뢰받는 분야다. 하지만 지금 전 세계는 불확실성으로 인한 위기와 널리 퍼진 불신에 맞서 싸우고 있다. 이러한 위기를 타파하기 위해 《신뢰를 팔아라》는 반드시 읽어야 할 책이다. 학술적이면서 실무적인 이 책은 신뢰를 얻고 잃는 그리고 다시 얻는 실제 사례를 통해 생생한 여정을 밟아나간다.
또한 고대 철학부터 현대 경영이론에 이르기까지 폭넓은 사고를 바탕으로 신뢰의 핵심 요소를 분석하고 깊이 있게 들여다본다. 샌드라 서처 교수와 샬린 굽타는 신뢰에 관한 논의에서 중요한 기여를 했다. 그리고 CEO들에게 광범위한 사회적 역할을 수용함으로써 신뢰를 구축하라는 설득력 있는 행동을 촉구하고 있다."

— 리처드 에덜먼Richard Edelman, 에덜먼Edelman 그룹 CEO

"흥미로운 사례를 통해 신선한 통찰력을 제시하는 《신뢰를 팔아라》는 풍성하고 많은 것을 가져다주는 책이다. 또한 시기적으로 대단히 적절하다. 오늘날 기업들은 주주의 이익보다는 모든 이해관계자와의 균형을 최우선 목표로 삼고 있다. 이와 관련해

서 리더가 주요한 의사결정을 앞두고 있을 때 이 책이 현명한 인사이트를 제시해줄 것이다."

— 릭 워츠먼Rick Wartzman, 《충성심의 종말The End of Loyalty》의 저자


"비즈니스와 경제 그리고 신뢰의 사회적 가치에 대한 새로운 이해를 제시하는 책이다."

— 제프리 와이어렌스Jeffery Weirens, 딜로이트Deloitte 글로벌 금융자문 리더


"샌드라 서처와 샬린 굽타는 생생하고 설득력 있는 통찰을 바탕으로 인간관계와 비즈니스의 핵심 기반인 신뢰에 대한 중요하고도 새로운 지평을 열었다. 생생한 스토리텔링과 더불어 신뢰를 얻기 위해 필요한 요소를 흥미롭고 기발한 방식으로 탐험하는 이 책은 모든 비즈니스 리더에게 소중한 동료가 되어줄 것이다."

— 위베르 졸리Hubert Joly, 베스트 바이Best Buy 전 회장이자 CEO,
《하트 오브 비즈니스The Heart of Business》의 저자


"신뢰는 기업과 정부를 비롯하여 모든 조직에서의 지속적인 성공을 뒷받침하는 기반이다. 이 책은 내가 선호하는 주제인 공정함과 더불어 신뢰를 구축하는 방법과 그 근거를 잘 설명해준다."

— 데이비드 코트David M. Cote,
허니웰Honeywell의 전 CEO이자 《항상 이기는 조직Winning Now, Winning Later》의 저자


"샌드라 서처와 샬린 굽타는 이해관계자와의 신뢰를 구축하고 회복하려는 기업과 리더를 위한 거시적인 청사진을 제시한다. 이 책은 도덕적 리더십을 뒷받침하는 통찰력 있는 신뢰 모형을 제시하면서 역량과 동기, 수단, 영향을 살펴본다. 신뢰가 무엇인지, 어떻게 움직이는지, 신뢰의 리더십을 실현하기 위해 무엇을 해야 하는지 알고 싶어하는 리더를 위한 탁월한 자료다."

— 실리아 무어Celia Moore,
임페리얼 칼리지 비즈니스 스쿨Imperial College Business School 책임리더십 연구소 공동 소장

신뢰가 가득한 내 가족에게
— 샌드라 서처

신뢰하고 사랑하는 내 부모님과 어시어에게
— 샬린 굽타

**목차**

**추천사** — **4**
**들어가며** — **10**


↗ **1장**
# 신뢰란 무엇인가

신뢰의 본질 — **34**
신뢰는 어떻게 작동하는가 — **40**
기업은 어떻게 신뢰를 얻는가 — **44**
신뢰의 네 가지 요소 '역량, 동기, 수단, 영향' — **45**


↗ **2장**
# 역량: 탁월함에서 신뢰가 싹튼다

역량을 기반으로 하는 신뢰 — **54**
신뢰의 출발점은 무엇인가 — **59**
기술적 역량: 프로세스의 마법 — **65**
관리적 역량: 관계를 조율하는 기술 — **74**
역량만으로는 신뢰를 얻지 못한다 — **86**

## 3장
# 동기: 모두의 이익에 기여하라

기업에게는 선한 동기가 중요하다 — **96**
주주 중심주의 vs. 이해관계자 중심주의 — **107**
목적을 추구하는 기업의 성장 — **110**


## 4장
# 수단: 공정하게 목표를 달성하라

신뢰를 얻으려면 공정해야 한다 — **134**
공정성의 네 가지 유형 — **140**
절차적 공정성: 직원들을 의사결정에 참여시켜라 — **145**
정보적 공정성: 투명하게 소통하라 — **151**
분배적 공정성: 파이를 공정하게 나누어라 — **159**
관계적 공정성: 존중하고 배려하라 — **173**


## 5장
# 영향: 책임을 외면하지 말라

행동이 판단의 기준이 된다 — **185**
영향의 정의와 약속: 어떤 영향을 끼칠 것인가 — **196**
영향의 측정: 눈에 보이는 수치로 만들기 — **204**
영향의 확인: 선한 의도가 반드시 선한 영향이 되지는 않는다 — **210**
의도하지 않은 영향을 다루는 법 — **220**


## 6장
# 잃어버린 신뢰를 회복하는 법

신뢰는 한 번 무너지면 회복이 힘들다 — **231**
배신을 부정하는 기업들 — **238**

고정 마인드셋과 성장 마인드셋 ― **242**
신뢰 위반의 유형 ― **245**
올바른 사과의 기술 ― **252**
CEO 해고만이 정답은 아니다 ― **257**
신뢰를 회복하는 길고 험난한 여정 ― **260**
신뢰는 언제든 다시 무너질 수 있다 ― **272**

## ↗ 7장
# 신뢰의 리더십

리더는 어떻게 신뢰를 얻는가 ― **280**
리더는 '정당성'을 가져야 한다 ― **287**
역량: 얼마나 유능한가 ― **289**
동기: 그렇게 행동한 이유는 무엇인가 ― **297**
수단: 그 행동은 공정한가 ― **302**
영향: 어떻게 긍정적인 영향을 창조하는가 ― **307**

## ↗ 8장
# 세상을 바꾸는 신뢰의 힘

신뢰의 잠재력 ― **313**
포스트 팬데믹 시대, 신뢰의 가치 ― **320**

**감사의 글** ― **324**
**주석** ― **333**

# 강력한 힘을 내뿜는 믿음의 휠

## 샌드라 서처의 이야기

때는 2017년 1월, 보스턴의 추위에 비할 바는 아니지만 몹시 추운 날이었다. 샬린 굽타^Shalene Gupta와 나는 도쿄의 어느 호텔 로비에 있었다. 우리는 어두침침한 조명 아래 보라색 벨벳으로 씌워진 긴 의자에 앉아서 결혼 계획부터 주택 구입, 이직, 음식 포장주문에 이르기까지 다양한 서비스 플랫폼을 제공하는 IT 기업인 리크루트 홀딩스^Recruit Holdings를 조사하고 있었다.

안경을 쓴 곱슬머리 작가인 굽타는 풀브라이트 장학금을 받고 《포천^Fortune》의 기자로 활동하다가, 하버드 비즈니스 스쿨^Harvard Business School, HBS(이하 HBS)로 이직했고 내 동료 연구원이 된 지 얼마 지나지 않은 상황이었다. 우리는 리크루트 사례를 조사하기 위해 해야 할 일의 목록을 작성하기 시작했다.

그때 그는 내 연구 주제에 불쑥 의문을 제기했다. 샬린 굽타는 기업이 직원 해고 이후에도 대내외적으로 신뢰를 유지할 수 있는 방법에서 더 중요한 질문으로 내 연구 주제를 옮길 생각이 있는지 물어왔다. "중요하지만 단기적인 문제를 제한된 관점에서 바라보는 대신에, 기업이 어떻게 장기적으로 신뢰를 쌓고 유지할 수 있을지에 전략적인 질문을 던져야 하지 않을까요?" 그것은 우리 두 사람 사이에 믿음의 휠이 돌아가기 시작한 순간이었다.

굽타와 내가 함께 일한 시간은 겨우 5개월이었다. 그 무렵 우리는 달걀 반숙을 좋아하는지 완숙을 좋아하는지 혹은 차를 좋아하는지 커피를 좋아하는지와 같은 사소한 것들을 조금씩 알아가고 있었다. 그런데 굽타가 느닷없이 내게 연구 주제를 다시 생각해보지 않겠느냐고 물은 것이다.

그 순간 굽타가 내게 보여준 것은 다름 아닌 신뢰였다. 나중에 다시 살펴보겠지만, 신뢰의 한 가지 중요한 측면은 상대의 의도나 행동에 스스로를 기꺼이 위태롭게 만든다는 것이다. 굽타는 그 질문으로 스스로를 얼마나 위태롭게 만들었을까? '아주 많이'라고 답할 수 있다. 우리 두 사람은 함께 일한 지 얼마 되지 않았고 게다가 그것은 오래 알고 지낸 동료에게도 던지기 힘든 질문이었기 때문이다. 그렇다면 내가 어떻게 반응해야 했을까? 나는 겨우 5개월 알고 지낸 굽타가 나보다 나를 더 잘 안다고 지나치게 확신한다는 오해를 할 수도 있었다.

그가 그러한 판단을 내리기 전에 나를 이해하려는 노력이 부족했다고 생각하면서 말이다. 게다가 더 이상 신뢰할 수 없기 때문에 앞으로 함께 일하기 어렵다고 결론을 내릴 수도 있었다.

이제 굽타의 입장을 들어보자.

## 샬린 굽타의 이야기

나는 샌드라 서처Sandra J. Sucher에게 그가 계획했던 책의 주제를 바꿔보라는 위험한 말을 건넸다. 어떻게 그럴 수 있었을까? 그것은 일본에서 일주일을 함께 보내는 동안 그와 많은 신뢰를 쌓았기 때문이다. 다른 사람에 대한 공감, 소비자가 중요하게 여기는 사안에 관심을 기울이는 영민함, 모든 이해관계자의 입장에서 올바른 일을 하면서도 최고의 제품과 서비스를 제공하는 기업을 발굴해내는 그의 역량에 깊은 존경심을 느꼈다.

당시 나는 정부기관에서 언론사 그리고 비영리 단체에 이르기까지 대규모 조직을 상대로 작가 일을 하면서 많이 지쳐 있었다. 그동안 정치가 능력보다 앞서고, 밀실에서 부조리가 벌어지는 현실을 너무나 자주 목격했다. 그럼에도 집세를 내야 했고, 그래서 HBS를 대신해 서처와 일본으로 건너갔다. 리크루트라는 기업을 왜 조사해야 하는지 전혀 확신이 들지 않았음에도 말이다. 물론 리크루트는 흥미로운 기업이었지만, 그게 서처의 연구와 무슨 관련이 있는지 정확하게 이해하지 못했다. 그러나 그러한 생각을 입 밖에 내지는 않았다. 항상 말 조심을 해야 한다는 사실을 이전 직장에서 힘들게 배웠기 때문이다.

서처는 리크루트가 연구할 만한 가치가 충분한 기업이라고 확신했다. 리크루트는 1980년대에 일어난 치명적인 스캔들을 딛고 다시 IT 거물로 거듭났기 때문이다. 그것은 직원들이 최선을 다하도록 동기를 부여하기 위해 설계된 실용적이고, 심리적 차원에서 뛰어난 업무 프로세스 덕분이었다. 리크루트의 한 가지 핵심 원칙은 관리자가 직원에게 "당신은 왜 여기 있는가?" 같은 근본적인 질문을 계속해서 던져야 한다는 것이다. 리크루트가 말하는 유능한 관리자란 직원의 열정을 조직의 수익과 사회에 기여하는 활동으로 이어주는 사람이다. 우리는 리크루트에서 일주일간 함께 조사하면서 이와 관련해서 더 깊은 이야기를 나누곤 했다.

일본에서 우리의 여정이 끝나갈 무렵, 나는 조직 내 권력의 역동성에 관해 그동안 깨달은 교훈을 완전히 잊어버린 채 끓어오르는 속내를 서처에게 불쑥 드러내고 말았다. "연구 주제를 바꿔보는 게 어떨까요? 훨씬 더 크고 중요한 이야기를 담을 수 있다고 생각합니다."

그러자 긴 침묵이 이어졌다. 과연 내일 출근할 수 있을지 걱정이 들었고 침묵은 영원히 이어질 것만 같았다.

마침내 서처는 나를 바라보며 이렇게 말했다. "당신 말이 옳은 것 같군요."

# 신뢰가 탄생한 순간

바로 그렇게 《신뢰를 팔아라》가 탄생했다. 원래 나는 굽타와 함께 잠시 휴식을 취하면서 도쿄를 여행할 계획이었다. 하지만 그의 질문을 듣고 너무 흥분한 나머지 우리의 관계 형성에서 중요한 부분을 차지했던 식사도 급히 마친 채 장시간 이야기를 나눴다. 다시 보스턴으로 돌아왔을 때 우리는 몇 시간이나 함께 걸으면서 내 경력과 연구 과제에 대해 토의했다. 그리고 연구의 핵심 주제가 무엇인지 고민했으며, 다른 기업의 조사 계획을 세웠다. 그렇게 이야기를 나누는 동안 우리는 도덕적 리더십, 우수한 절차, 기업의 책임, 공정성 등 이전의 연구 주제 모두가 신뢰라고 하는 상위 개념의 일부였다는 사실을 깨닫게 되었다.

HBS에서 보낸 22년 중 18년 동안, 나는 '도덕적 리더'를 주제로 강의를 해왔다. 책과 소설 그리고 역사적 소재를 활용해서 수강생들이 도덕적 리더십의 정의를 스스로 깨닫도록 도와주었다. 또한 '리더십과 기업의 책임'이라는 주제로도 10년간 강의했다. 여기서는 MBA 수강생들에게 비즈니스 리더가 직면하는 까다로운 딜레마에 대처하는 방법을 가르쳤다. 그러한 딜레마에서는 정답이 여러 개일 수도 있고, 혹은 하나도 없을 수도 있었다.

리크루트는 내가 HBS에서 22년 동안 근무하며 연구했던 기업 중 가장 독보적으로 놀라운 곳이었다. 동시에 리크루트는 기업과 리더가 조직 구성원의 신뢰를 그대로 유지하면서 의사결정을 내리는 많은 방

들어가며

법을 갖고 있는 곳이기도 했다.

그동안 나는 기업의 비즈니스 프로세스에 대해 연구했고, 무엇이 훌륭한 고객 서비스를 만드는지 알아내고자 했다. 이에 대해서는 뒷부분에 리츠칼튼The Ritz-Carlton을 다루면서 자세히 설명하겠다. 또한 다양한 분야에서 기업과 리더들을 연구했는데 특히 허니웰Honeywell의 데이비드 코트David M. Cote가 있다. 그는 2008~2009년 대침체Great Recession(서브프라임 모기지 사태 이후 미국에서 시작된 전 세계적 경제 침체-편집자) 시기에 어떻게 직원들이 최선을 다하도록 만들 수 있는지 고심했고, 많은 이들이 공감할 수 있는 현명한 해결책을 내놓은 인물이다.

또한 나는 여러 기업을 대상으로 현장 조사를 실시했는데 그중에 미쉐린Michelin도 있다. 미쉐린은 한때 직원과 대중의 신뢰를 무참히 짓밟았다. 유럽연합이 나서서 다시는 그러한 일이 벌어지지 않도록 법을 제정하기까지 했는데 그럼에도 재앙의 경험을 딛고 전략 변화를 위한 새로운 프로세스를 구축함으로써 다시 최고의 위치로 올라선 기업이다.

## 신뢰를 찾아 떠난 여정

신뢰란 무엇인가를 이해하기 위한 내 여정은 수십 년 동안 계속되었다. 굽타를 만났을 때, 내 경력은 세 번째 단계에 접어들고 있었다. 첫 번째 단계에 해당하는 생크추어리Sanctuary 시절에 대한 자세한 설명은 건너뛰도록 하겠다. 생크추어리는 하버드 스퀘어<sup>Harvard Square</sup>에 위치한 비영리 단체로 약물 프로그램을 운영했는데, 나는 여기서 단기간 동안 일했다. 이 단체는 이익을 남기지 않고 약물을 판매하는 게 아니라, 약물을 사용하는 사람들을 돕는 일을 했다. 거기서 나는 다른 사람을 돕고자 하는 욕망을 충족시킬 수 있었다. 하지만 내가 더 관심 있는 일은 따로 있었다. 바로 뛰어난 제품과 제대로 설계된 서비스로 고객을 열광시키고, 직원들에게 좋은 업무 환경을 제공함으로써 사람들의 욕망과 요구를 충족시키는 비즈니스 세상이었다.

이후 경력 전환을 위해, 나는 HBS의 MBA 박사과정에 들어갔다. 그리고 학위를 받고 나서 다시 학교를 떠났다. 내가 실제로 경험하지 않은 분야를 남들에게 가르칠 수는 없었기 때문이다. 그렇게 들어간 곳이 필렌스<sup>Filene's</sup>라는 패션 분야의 유통 기업이었다. 거기서 10년의 세월을 보낸 후, 피델리티 인베스트먼트<sup>Fidelity Investments</sup>로 자리를 옮겼다. 필렌스와 피델리티 시절 나는 많은 사건을 통해 신뢰의 중요성을 배웠다. 그중에서도 가장 인상적인 순간은 1986년 피델리티에 들어간 직후였다.

1980년대는 경제가 격변하는 시대였다. 초반에는 침체기가 계속되다가 이후로 점차 강한 회복세가 이어졌다.[1] 피델리티의 입장에서 중요한 기회이자 비즈니스 원동력은 당시 승인된 401k 퇴직연금 프로그램이었다. 이 프로그램을 통해서 직장인들이 노후를 대비해 저축을 하면, 기업이 일정한 금액으로 보조하는 형식이다. 그 시기에 퇴직을 위해 저축하려는 일반인들이 위험을 선호하는 투자자 세상에 갑작스럽게 합류하면서 점차 우리의 고객 수가 늘어나기 시작했다.[2) 하지만 우리는 그런 호시절이 영원하지 않을 것이라는 사실을 알고 있었다.

1987년 10월, 드디어 지옥의 문이 열리고 말았다. 1987년 다우존 스 산업평균지수[DJIA]가 단 7개월 만에 44퍼센트 치솟으면서 자산 거 품에 대한 우려를 증폭시켰다.[3) 그리고 10월 중순부터 투자자들의 신 뢰가 흔들린다는 소문이 돌기 시작했다. 상황은 미국 정부가 예상치 못한 큰 폭의 무역적자를 발표하며 더욱 나빠졌고, 이는 달러 가치 하 락으로 이어졌다.[4) 10월 14일에 시장은 무너지기 시작했다. 그리고 10월 16일 금요일, 다우지수는 108포인트가 빠졌다. 이는 기록이 시 작된 이후로 일어난 하루 최대 폭락이었다.[5) 하지만 금요일 폭락은 엄청난 혼란이 일어날 미래의 준비 단계에 불과했다. 그 다음 주 월요 일에 다우지수는 22퍼센트나 떨어졌다.

피델리티 사람들은 금요일에 고객들이 받은 충격을 처음으로 느낄 수 있었다. 회사 전화가 폭주했던 것이다(당시는 인터넷이 아닌 전화로 모 든 고객 서비스가 이루어졌다). 나는 피델리티에서 개인 투자자의 전화 문 의를 관리하는 책임자 중 한 사람이었는데 크게 세 가지 일을 통해 피 델리티 콜센터에서 일하는 수천 명의 직원을 지원했다. 바로 직원 교 육과 내부 의사소통 그리고 통화 모니터링이었다. 우리는 '모두가 전 화기에' 매달리게 하는 수밖에 없다고 판단했다. 나를 포함한 모두는 '대본 인용Quote Line'이라는 교육을 받았다. 모든 직원은 이를 기반으로 고객들에게 그들이 갖고 있는 뮤추얼 펀드의 일일 가치를 알려주었다. 당일 인쇄된 핑크색 순자산 가치 서류에는 수백 가지의 펀드 목록이 기록되어 있었다. 우리는 여기에서 개별 고객의 뮤추얼 펀드를 재빨리 찾아내는 짜증나고 힘든 일을 처리해야 했다. 그런데 고객들은 또 다른 질문을 했다. '모두가 돈을 인출하면 뮤추얼 펀드에 무슨 일이 벌어지는가? 피델리티는 기업으로서 얼마나 안전한가? 무엇이 피델리티의 안전을 지켜주고 있는가? 지금의 상황이 얼마나 오래 이어질 것인가?' 등 내가 미처 대답할 준비가 안 된 질문들이었다.

나는 이처럼 까다로운 질문의 대답을 미리 준비함으로써 전화로 업무를 처리하는 모든 직원에게 도움을 줄 수 있다는 사실을 깨달았다. 이에 나는 통화 서비스를 검토하는 직원들에게 고객의 모든 질문을 추적하도록 요청했다. 그리고 가장 자주 묻는 질문들을 정리하고, 교육 담당자들이 적절한 대답을 마련하게 했다. 그렇게 작성된 대답을 전화 업무를 하는 모든 직원에게 배포했다. 더 나아가 이와 관련된 데이터를 가지고 매 시간 보고서를 작성했다. 그리고 콜센터 직원을 담당하는 관리자를 비롯하여 에드워드 '네드' 존슨 3세Edward (Ned) Johnson III 회장 및 임원진에게 전달했다. 사실 이 보고서는 고객의 마음을 들여다볼 수 있는 유일한 창문이었다.

신뢰 연구의 관점에서 당시의 정신없던 시절을 되돌아봤을 때, 나는 중요한 교훈 하나를 발견했다. 그것은 피델리티가 고객 신뢰를 창조하는 핵심에 '프로세스process'가 있다는 사실이었다. 전화로 일을 하는 모든 직원은 최선을 다해 고객을 돕고자 했다. 하지만 이러한 의지를 기반으로 최고의 성과를 올리기 위해서는 효율적인 프로세스가 필요했다. 당시 고객들은 고맙게도 시장조정market correction(자유시장 경제가 불황이나 거품과 같은 극단적인 상황에서 벗어나 스스로 균형을 찾아가는 현상 - 옮긴이) 그 자체에 대해서는 우리에게 책임을 묻지 않았다. 하지만 전화로 대화를 나누는 동안, 그들이 얼마나 우리에게 신뢰성을 요구하는지 분명히 인식할 수 있었다. 이를 위해 우리는 효율적인 프로세스가 조직 내에 뿌리내리도록 만들어야 했다.

기업은 그들이 상호교류하는 모든 집단과 신뢰를 강화하는 프로세스를 마련해야 한다. 그것을 통해 기업은 위기를 극복할 뿐만 아니라 사전에 예방할 수 있다. 또한 시장이 붕괴하고, 전염병이 활개 치고, 기후 변화가 심화되는 흐름을 줄일 수 있다. 우리 사회가 과거의 위기에 어떻게 대처했는지 떠올려보면 기업과 사회적 기관에 신뢰를 구축하기 위해 더 많은 일을 하고, 더 잘할 수 있었다는 사실을 분명히 깨닫게 된다.

그런데 문제는 신뢰가 빈 껍데기 같은 모습으로 전락할 수 있다는 것이다. 다시 말해, 제대로 이해되지 않고, 실천하기 힘든 개념으로 머물 수 있다. 한 대법관이 사용한 표현에 따르면 사람들은 신뢰를 볼 때서야 비로소 신뢰를 이해한다. 하지만 애매모호한 이해와 진정한 이해 그리고 구체적으로 정의하고, 논의하고, 확대함으로써 확고한 개념을 마련하는 것 사이에는 차이가 있다.

이런 의미에서 굽타와 나는 신뢰 모형을 구축했다. 그리고 그 모형을 이루는 네 가지 요소를 기반으로 신뢰가 무엇인지, 어떻게 작동하는지, 일상적인 의사결정에서 장기 전략에 이르기까지 신뢰를 그들의 사고방식에 통합하기 위해 무엇을 해야 하는지 기업이 쉽게 이해하도록 설명했다.

### 역량

역량<sup>Competence</sup>은 효율적인 프로세스와 기술 노하우, 합리적 경영을
통해 제품과 서비스를 창조하고 제공할 수 있는 능력이다.

### 동기

동기<sup>Motives</sup>는 기업이 상호교류하는 모든 개인과 집단에게 최고의 가
치를 전하려는 선한 의지를 말한다. 힘든 의사결정을 내릴 때, 피해를
최소로 줄이기 위해 다양한 집단의 요구 사이에서 균형을 잡도록 노
력해야 한다.

### 수단

수단<sup>Means</sup>은 프로세스는 물론, 보상과 처벌을 배분하는 과정에서 구
성원들에게 공정해야 함을 의미한다. 프로세스를 통해 공개적이고 투
명한 의사결정을 허용함으로써, 그 결정에 영향을 받는 모든 구성원
의 참여를 보장해야 한다.

### 영향

영향<sup>Impact</sup>은 자신의 행동이 다른 사람에게 의도적 혹은 의도와 무
관하게 미치는 전반적인 결과를 말한다. 의도하지 않은 결과가 발생
했을 때도 기꺼이 책임을 져야 한다.

사실 비즈니스 세상은 전반적으로 신뢰의 중요성을 제대로 이해하지 못하고 있다. 1987년 10월은 투자자에게, 그리고 투자자에게 서비스를 제공하는 피델리티와 같은 기업에게 공황 상태를 유발하는 거대한 소용돌이의 시기였다. 게다가 미국 경제의 손실이 전 세계 자본시장의 손실로 이어지면서 최초의 글로벌 금융시장 조정이 일어났다. 1987년 시장 붕괴에 대한 대응 중 어느 것도 2008년 대침체를 막기에 충분치 못했다.

이는 또 다른 신뢰 테스트였다. 그 과정에서 민간 및 정부 분야의 많은 기업을 지원했던 미국의 금융 공동체는 실패하고 말았다. 제2차 세계대전 이후 가장 오랜 경기침체로 이어졌다는 점에서 그들은 실패했다고 말할 수 있다. 대침체는 공식적으로 2007년 12월에 시작해서 2009년 6월에 끝났다. 2013년이 되어서야 경제는 이전의 정점을 살짝 넘어서면서 회복했다.[6] 비즈니스 공동체는 장기적인 차원에서 신뢰 테스트를 통과하지도, 실수로부터 배우지도 못했다.

미 정부가 첫 번째 구제금융을 막 시작했던 2008년 겨울, 나는 MBA에서 리더십과 기업의 책임을 주제로 강의를 하고 있었다. 어느 수업 시간에 나는 비즈니스를 인건비가 더 낮은 국가로 '아웃소싱' 하는 것과 지역 근로자에게 한 약속 사이의 긴장관계에 대해 기업이 어떻게 접근해야 하는지 물었다. 대부분의 학생들은 지역 근로자에 대한 약속보다 비용 절감을 더 중요하게 생각했다. 바로 이것이 대침체를 촉발했던 안타까운 사고방식이었다.

그래도 희망이 완전히 없지는 않았다. 수업이 끝나고 학생 두 명이

나를 찾아왔다. 엘라나 실버<sup>Elana Silver</sup>와 데이비드 로살레스<sup>David Rosales</sup>는 공장이 문을 닫으면서 해고될 직원들과 그 지역사회에 미치는 영향에 무신경한 태도를 보여준 다른 학생들에게 실망했다고 말했다. 그리고 이 문제는 나를 도쿄로 이끈 시발점이었다.

## 기술과 신뢰의 연관성

오늘날 기업이 신뢰에 주목해야 할 필요성은 그 어느 때보다 분명하다. 우리는 대침체를 견뎌냈지만, 현재 경제 환경을 뒷받침하는 여러 요인은 신뢰를 훌륭한 비즈니스를 위한 전제조건으로 만들어 놓았다.

물론 이러한 요인 중 하나로 서비스 경제로의 이동을 꼽을 수 있다. 경제가 제품보다 서비스에 더 의존할 때, 신뢰의 중요성은 훨씬 높아진다. 나는 제품과 서비스의 차이를 자동차 소유(제품)와 우버<sup>Uber</sup> 활용(서비스)으로 종종 비교하곤 한다. 제품 기반의 비즈니스 역시 특정한 상황에서 신뢰를 요구한다. 가령 차를 구매하거나 수리할 때처럼 말이다. 그럼에도 우리는 고장 나지 않는 한, 제품을 사용할 때마다 거의 동일한 경험을 한다. 반면 우버는 사용할 때마다 다른 경험을 한다. 특정한 서비스를 신뢰하는 사람에게는 그 서비스를 이용할 때마다 신뢰가 무너질 위험이 존재한다. 서비스 중심적인 산업에서 신뢰 유지는 힘들다. 사용자의 요구는 우리가 상상할 수 없을 만큼 다양하기 때문이다.

다음으로 기술이 광범위하게 확산되면서 비즈니스의 본질이 바뀐 것을 들 수 있다. 이러한 현상은 신뢰를 높이거나 망가뜨릴 가능성에 강력한 영향을 미친다.

낙관적인 전망이 우세하던 기술 시대의 초창기에는 인간의 꿈이 실현되는 것처럼 보였다. 기업은 기술을 통해 서비스 경제에 내재된 문제를 더 잘 해결할 수 있었다. 그리고 인간이 손으로 하는 것보다 비즈니스를 훨씬 더 효율적으로 확장했고 신뢰성을 보다 높일 수 있었다. 불완전한 인간이 할 수 없는 방식으로 서비스의 상호작용을 표준화할 수 있었기 때문이다. 가장 흥미로운 점은 기술이 고객 맞춤 서비스를 창출해낸 것이다. 게다가 사람들은 개인·가족·사회·직업·공동체적 삶의 측면을 소셜미디어와 검색 및 전자상거래 플랫폼상에서 기꺼이 공유하려고 한다. 이런 점을 감안할 때, 서비스와 사용자를 구분하는 경계는 대부분 허물어졌다.

기술을 통해 개인의 삶을 다른 이들과 공유하는 능력은 긍정적인 차원에서 연결을 강화했다. 가령 알고 있는 사람과의 관계, 알지 못하는 사람과의 관계가 크게 확대됐다. 제품과 서비스 및 개발자의 정보, 역사적이고 동시대적인 사건 정보도 더 쉽게 공유됐다. 하지만 이러한 기술은 가짜 뉴스를 확산시켰고, 인간의 폭력성을 퍼뜨리고 강화하는 방법을 제공했다. 바로 여기서 기술과 신뢰의 문제가 시작된다. 이 지점에서 다양한 윤리적·실천적 문제가 등장하지만, 여기서는 세 가지만 언급하고자 한다.

첫째, 데이터 프라이버시와 소유권에 관한 문제다. 소비자는 어떤 데이터를 공유하고 공유하지 않을지 선택하는 옵트인opt-in 혹은 옵트아웃opt-out 기능을 요구하지만, 데이터는 소비자가 사용하는 플랫폼을 구축한 기업의 재산이기도 하다. 이 때문에 기술 기업들 대부분이 데이터의 사용 및 공유와 관련된 원칙을 아주 장황하게 늘어놓는다. 물론 이는 소비자에게서 데이터를 수집하고 활용함으로써 수익을 거두려는 교묘한 전술이기도 하다.

둘째, 빅데이터를 기반으로 서비스를 제공하기 위해 활용하는 알고리즘이 편향 및 차별을 보일 가능성이다. 은행과 같은 금융기관은 더 나은 서비스와 상품을 제공하기 위해 고객의 삶을 충분히 파악하며 그들의 요구를 정확하게 확인하고자 한다. 그러나 그 이면에서 기업 알고리즘은 그들의 기준에 적합하지 않은 고객에게 더 높은 대출 이자를 부과함으로써 차별적인 결과를 만들어내기도 한다.[7] 공적인 영역에서도 이와 비슷한 문제가 벌어지고 있다. 가령 프레드폴PredPol이라는 사전범죄 알고리즘은 범죄가 언제, 어디서 일어날 것인지 예측하도록 설계되었다.[8] 그런데 한 관련 연구에서 프레드폴이 지역의 실제 범죄율보다 소수민족이 더 많이 사는 지역을 기준으로 인력을 파견했다는 사실을 확인하기도 했다.[9]

셋째, 기술이 노동의 미래에 미치게 될 영향이다. 일부 전문가는 로봇과 기계가 점차 비숙련과 반숙련 분야는 물론, 숙련이 필요한 인간의 일자리마저도 상당 부분을 차지할 것이라고 주장한다.[10] 이러한 흐름은 인간이 해야 할 일이 점점 더 줄어드는 미래를 만들어낼 것이다. 이런 무시무시한 결과가 일어나지 않는다고 해도, 노동 및 경제적 요인에서 나타나는 변화는 세계 경제에 대단히 치명적인 영향을 미칠 수 있다. 또한 고임금 일자리와 저임금 일자리 사이의 격차가 점점 더 벌어지면서 소득 불평등은 보다 심각해질 것이다.

## 위기의 시대, 신뢰의 중요성

우리 사회는 전례 없는 규모로 협력과 신뢰가 필요한 어려 문제에 직면해 있다. 예를 들어, 지구 온난화가 야기한 피해의 티핑포인트[tipping point]는 기후 과학자들의 예측보다 12년이나 더 일찍 찾아올 것으로 보인다.[11]

UN 산하 기후변화에 관한 정부 간 협의체[Intergovernmental Panel on Climate Change, IPCC]는 특별보고서를 통해 2015년 파리 기후협약에서 정한 2.0도가 아니라 1.5도 상승으로 유지하는 일이 얼마나 중요한지를 강조했다.[12] 이 보고서는 앞으로 걸어가야 할 두 가지 여정을 제시했는데 그것은 완화와 적응이다. 완화가 지구 온난화의 흐름을 막기 위해 설계된 행동이라면, 적응은 에너지 소비를 줄이는 것처럼 지구 온도 상승을 수용하는 행동을 말한다.[13] IPCC 보고서는 기온 상승을 1.5도로 제한하기 위한 특별한 방안을 내놓았다. 그 핵심은 공공과 민간 영역, 다시 말해 투자자와 정부, 학계 사이의 협력이다. 이는 지구와 인류를 살리기 위한 유일한 기회는 서로를 신뢰하는 우리의 능력에 달려 있음을 지적하고 있다.

나는 이 책의 상당 부분을 코로나19가 한창일 무렵에 썼다. 지금 우리는 최대의 자연 실험 중 한 가지를 목격하고 있다고 볼 수 있다. 여기서 우리는 정부 리더십과 문화적 기호(가령 '나는 당신에게 관심이 없다'고 말하는 개인주의), 더 큰 선을 위해 협력하려는 의지, 권위에 대한 맹종 사이의 특정한 조합이 어떤 결과로 이어지는지 확인하게 될 것이다. 과학과 사실을 바라보는 다양한 태도 그리고 정치적·인종적·사회적 긴장은 지금까지 그래왔던 것처럼 불확실하고 불평등한 영역이다.

특히 일부 국가에서 점점 더 심각해지는 소득 불평등은 극단적인 기울어진 운동장을 만들어내고 있다. 맨 꼭대기에는 감염의 위험을 줄이기 위해 별장으로 몸을 피신하는 이들이 있다. 그들은 재택근무가 가능하고 의료보험도 탄탄하다. 그들 밑에는 재택근무를 하는 부부와 그들이 돌봐야 할 자녀로 구성된 가정이 있다. 그리고 다시 그들 밑에는 좁은 공간에서 함께 살아서 격리할 방법이 전혀 없고, 대중교통을 이용해야 하는 이들이 있다. 그들은 바이러스에 노출되거나 혹은 소득을 포기하는 것 사이에서 선택을 해야 하며, 의료보험마저 불확실하다.

그 맨 아래에는 직장을 잃은 사람들, 홈리스 그리고 결핍되고 제한된 삶을 사는 이들이 있다. 맨 꼭대기와 맨 아래의 중간에는 기업이 있는데 기업이야말로 우리 사회를 위협하는 불평등을 줄일 수 있는 힘을 갖고 있다. 최근 들어 많은 직원과 고객은 그들의 안전을 도모하거나 위태롭게 만드는 기업의 활동을 감시하고 있다. 그리고 기업이 심각한 피해를 입은 사람들을 구하려고 노력하는지 주시한다. 믿을 수 있는 기업을 까다롭게 고르기 시작한 것이다. 이러한 상황에서 기업은 대중의 신뢰를 얻거나 대침체 사례에서 목격했듯이 부당한 고통을 유발하여 신뢰를 잃을 수도 있다.

우리 두 사람은 선의 원동력으로서 기업과 리더의 잠재력을 믿기 때문에 이 책을 썼다. 시장과 세대가 변하고 있는 이 시기에 기업은 신뢰를 바탕으로 개인과 집단에 영향을 미치는 의사결정을 내려야 한다. 이를 위해 기업은 우리가 개발한 역량, 동기, 수단, 영향으로 이루어진 신뢰 모형을 비즈니스에 적용해보길 바란다.

기업이 신뢰를 기반으로 프로세스를 설계하고, 이를 의사결정 과정의 지침으로 삼는다면 잠재력을 마음껏 발산할 수 있다. 그에 따라 우리 사회는 경제적·환경적 재앙을 더 잘 헤쳐 나가는 것은 물론, 재앙을 사전에 차단할 수도 있다. 즉, 제대로 작동되는 믿음의 휠은 세상을 더 좋은 곳으로 바꿀 수 있는 강력한 힘을 뿜어낼 수 있다.

# THE POWER OF TRUST

## 1장

# 신뢰란 무엇인가

남을 신뢰하지 않는 자는
자신도 신뢰받지 못한다.
— 노자


**THE POWER OF TRUST**

---

　　　　　대중의 신뢰를 잃었다가 동화 속 해피엔딩처
럼 끝나는 기업 스토리는 찾아보기 힘들다. 그 드문 스토리 중 하나는
1980년대 존슨앤존슨Johnson & Johnson의 타이레놀 리콜에 관한 사례다.
1982년 시카고 지역에서 일곱 명의 사람이 청산가리로 오염된 병에
든 타이레놀을 복용한 뒤 사망하는 사건이 있었다. 당시 전문가들은 타
이레놀이 신뢰를 회복하지 못할 것으로 전망했다. 하지만 존슨앤존슨
은 2개월 뒤 타이레놀 판매를 재개했고 사건이 터지기 이전에 37퍼센트
였던 시장 점유율은 7퍼센트로 급감했지만, 1년 후 다시 30퍼센트로
회복되었다.[1] 어떻게 그럴 수 있었을까?
　　먼저, 당시 존슨앤존슨 CEO 제임스 버크James Burke는 즉각 상황의
통제권을 잡았고, 모든 매장에서 타이레놀을 수거했다. 당시만 해도

리콜은 대단히 드문 일이었는데 그 규모는 3,100만 병에 육박했다. 다음으로 존슨앤존슨은 새로운 오염방지 장치를 개발했다.[2] 일부 전문가는 과잉 대응이라고 지적했다. 그럴 수도 있지만, 타이레놀은 리콜을 통해 위기관리의 바람직한 사례를 보여줬다. 결국 버크는 위대한 CEO 10인에 이름을 올렸고, 존슨앤존슨에 대한 대중의 신뢰는 더욱 높아졌다.

그런데 이 스토리에는 속편이 있다. 존슨앤존슨 계열사 맥닐 컨슈머 헬스케어McNeil Consumer Healthcare의 이야기다. 이곳 또한 2009~2010년 동안 타이레놀과 베나드릴, 모트린을 포함하여 유명한 유아용 약품을 대상으로 리콜을 발표했지만 대실패로 끝나고 말았다. 자세한 내막을 살펴보자.

맥닐은 2000년대 초반을 시작으로 품질 관리를 책임지는 고위 간부들을 젊은 직원으로 대거 교체했는데 그들 중 일부는 계약직 근로자였다. 2006년에 존슨앤존슨은 화이자Pfizer의 소비재 헬스케어 사업부를 사들였으며, 이를 통해 상당한 비용 절감을 전망했다(이후 맥닐은 엄격한 품질 관리와 규제 준수를 핵심 프로세스로 삼은 존슨앤존슨 제약 그룹에서 떨어져 나와, 합병된 소비재 그룹으로 넘어갔다.).

맥닐 관리자들은 합병을 정당화하려는 회사의 비용 절감 목표에 대해 "너무도 놀라운", "전례가 없는 일"이라는 반응을 보였다.[3] 그들은 해고를 통해 노동력을 감축했다. 한 공장에서는 2005~2009년 사이에 32퍼센트의 인력을 감원했으며, 기업 준법감시corporate compliance 팀에 있던 모든 직원은 회사를 나가야 했다. 게다가 품질 테스트를 위한 여러 프로세스를 생략했다.

결국 2009년, 맥닐은 한 생산 공장에서 원재료 속 박테리아를 발견하고는 리콜을 발표했다. 관련해서 2010년 1월 FDA는 맥닐에 대해 수개월에 걸친 조사를 실시했다. 그 결과 2008년에 해당 약품이 소비자에게서 여덟 건의 항의를 받았고, 2009년 4~8월 사이에 냄새에 관한 112건의 항의를 받았음이 드러났다. 그럼에도 불구하고 맥닐은 화학적 오염 가능성에 대한 공식적인 조사를 실시하지 않았다. FDA는 "적절한 조사와 사안에 대한 해결책"을 마련하기 위해 노력하지 않았다고 존슨앤존슨을 거세게 비난했다.[4] 이후 2010년 4월에는 소비자들이 포장지 내 곰팡이 냄새와 복용 후 메스꺼움과 구토, 설사를 보고하면서 또다시 네 번의 리콜이 실행됐다.

결국 미 의회는 5월에 존슨앤존슨을 청문회에 세웠다. 그 자리에서 존슨앤존슨은 2008년에 생산된 모트린이라는 진통제의 8만 8,000개 포장을 '비밀리에' 리콜했다는 사실을 밝혔다. 그리고 자체 테스트 결과 결함이 있었다는 사실을 시인했다. 그들은 하청업체를 고용해 그 직원들이 일반 소비자처럼 약국에서 해당 약품을 구매하게 하는 방법을 썼다. 2010년 6월과 7월에 존슨앤존슨은 리콜을 두 번 더 발표했다. 이후 존슨앤존슨의 진통제 매출은 56퍼센트나 떨어졌고, 유아용 타이레놀을 포함한 액상 진통제는 96퍼센트까지 떨어졌다. 존슨앤존슨은 그 대가로 약 6억 달러의 매출을 잃었다. 그리고 대중의 신뢰 또한 잃었다.

과거에 무슨 일을 했든 상관없이, 기업이 신뢰 있는 모습을 계속해서 보여주지 못하면 대중은 등을 돌릴 것이다. 신뢰는 항상 일정한 상수가 아니며 등락을 반복한다. 그리고 과거의 선한 행동이 미래의 신뢰를 보장하지는 못한다.

## 신뢰의 본질

개인적인 차원에서 우리는 신뢰$^{trust}$를 믿음직함$^{reliability}$과 같은 개념으로 여기는 경향이 있다. 가령 "수지가 있을 때는 걱정할 필요가 없다. 그는 항상 일을 잘 처리하기 때문이다."라고 말하기도 한다. 물론 믿음직함은 중요하다. 그러나 신뢰를 그토록 중요하게 만드는 핵심으로서는 부족하다. 누군가를 신뢰한다는 것은 본질적으로 다른 사람의 행위에 스스로를 위태롭게 만든다는 의미다. 우리는 누군가 자신에게 올바르게 행동하리라고 기대하기 때문에 그를 신뢰한다.[5] 그를 신뢰하기로 결정할 때, 자신에 대한 권한을 그 사람에게 기꺼이 허용한다. 아울러 그 권한을 남용하지 않을 것이라 믿는다. 신뢰는 특별한 형태의 의존이며, 실망할 수도 있다는 생각을 전제로 한다. 즉, 우리는 배신을 당할 수 있다.

예를 들어, 당신은 수지에게 이사회 프레젠테이션 전날 밤 중요한 숫자 확인 작업을 부탁한다. 여기서 수지가 실수를 하고 프레젠테이션을 망칠 위험은 언제나 있다. 당신은 그가 일을 제대로 처리하리라고 신뢰했기 때문에, 스스로를 위태로운 처지에 놓아둔 것이다. 이러한 배신의 가능성이 없을 때, 신뢰는 그저 믿음직함과 동의어에 불과하다. 믿음직함도 실망으로 이어질 수 있다. 하지만 이는 끔찍하고 고통스러운 배신의 감정이 아닌 보다 단순한 유형의 의존이다.

신뢰가 개인적인 관계 속에서 어떻게 작동하는지 이해하는 것은 두말없이 중요하다. 하지만 기업에 관해 이야기할 때, 그 개념은 훨씬 더 복잡하고 중요해진다. 우리는 기업과 교류할 때에도 스스로를 위태롭게 만든다. 가령 제품이나 서비스를 구매할 때, 그것은 기업이 약속한 대로 기능하며 우리에게 피해를 입히지 않을 것이라고 신뢰한다. 기업에 취업할 때는 그 기업이 공정하게 대우해줄 것이라고 신뢰한다.

또한 기업에 투자할 때는 기업이 객관적인 정보를 제공해줄 것으로 신뢰한다. 사회 일원으로서도 우리는 기업이 그들의 힘을 활용해서 우리에게 부당한 피해를 입히지 않는다고 신뢰한다. 여기서 우리는 신뢰가 무엇인지, 그리고 어떻게 작용하는지 이해하기 위해 신뢰를 실천 가능하게 만들어주는 네 가지 요소를 들여다봐야 한다. 그것은 역량, 동기, 수단 그리고 영향이다. 신뢰가 작용하는 상황을 이해하기 위해 먼저 네 가지 개념을 분명히 짚고 넘어가야 한다.

### 신뢰가 생기는 곳들

우리는 신뢰가 '모 아니면 도'의 명제라고 생각하는 경향이 있다. 그러나 현실은 훨씬 더 복잡하다. 사실 신뢰는 세 가지 부분과 제한적인 관계를 맺는다. 그것은 신뢰받는 쪽과 신뢰하는 쪽 그리고 신뢰받는 쪽이 수행할 것으로 기대되는 행동을 말한다.[6] 우리는 다른 사람이 우리가 속해 있는 사회의 관습에 따라 특정한 방식으로 행동할 것이라고, 또한 사람들이 수행하는 역할 때문에 그들을 신뢰한다.

예를 들어, 우리는(신뢰하는 쪽) 배관공(신뢰받는 쪽)이 우리 집으로 올 것이라고 신뢰한다. 배수관에서 누수를 고치는 일(기대되는 행동)이 그들의 역할이기 때문이다. 우리는 의사에게 증상을 말하고 스스로 몸을 맡긴다. 병을 고치는 것이 그들의 직업이기 때문이다. 하지만 배관공이 우리 몸을 진찰하거나, 의사가 주방 싱크대 세부 기능을 들여다본다면 우리는 그들을 의심할 것이다.

신뢰는 국가 사이에도 존재한다. 그 신뢰는 각 국가가 어떤 사안에서로 동의하거나 격렬하게 논쟁하면서 강화되기도 혹은 복잡해지기도 한다. 1700년대 말 미국과 영국 간의 관계를 오늘날의 상황과 비교해보라. 신뢰는 의사나 배관공 사례처럼 개인 간에도 존재한다. 그리고 이 책의 가장 중요한 목적으로, 신뢰는 기업과 다양한 사람들(고객, 투자자, 공급업체, 공동체 구성원, 직원, 여러 조직) 사이에도 존재한다.

텍사스대학 오스틴캠퍼스의 미국 철학 및 비즈니스 교수인 로버트 솔로몬Robert C. Solomon과 페르난도 플로레스Fernando Flores는 30년 넘게 신뢰가 다른 사람과의 관계에서 수행하는 구체적인 역할에 주목했다. 플로레스는 1973년 군사 쿠데타로 사망한 칠레 대통령 살바도르 아옌데Salvador Allende의 행정부에서 재무장관으로 일했다는 이유로 3년간 투옥 생활을 한 인물이다. 그는 미국으로 망명 신청을 했고, 이후 철학과 컴퓨터 과학, 기업가 정신, 커뮤니케이션과 관련해서 많은 업적을 쌓았다.[7]

## 신뢰의 네 가지 진실

솔로몬과 플로렌스는 신뢰에 대해 다음과 같이 설명했다. 첫째, 우리는 보통 신뢰를 관계라고 생각한다. 이 말은 우리가 무언가를 할 수 있는 구체적이고 실질적인 대상으로 신뢰를 바라본다는 의미다. 제임스 버크 역시 신뢰를 그렇게 바라봤다. 그는 존슨앤존슨과 대중과의 관계에 집중했다. 그는 리콜을 통해 존슨앤존슨이 수익보다 고객 안전을 우선시한다는 사실을 보여주었다. 그리고 오염방지 장치를 개발함으로써 독극물 오염이 다시는 일어나지 않을 것이라는 확신을 심어주었다. 그리고 누구나 그 장치가 훼손되어 있는지 확인할 수 있게 했다.

둘째, 우리는 신뢰가 자신의 평판을 관리한 결과물이라고 생각한다. 그러나 사실 신뢰는 내부로부터 형성된다. 물론 평판도 중요하지만, 그것은 기업이 모든 측면에서 탄탄하기 때문에 생기는 것이다.

이러한 사실은 이 책에 소개하는 모든 신뢰받는 기업 사례에서 분명히 확인할 수 있다. 피델리티의 통화품질 책임자 시절, 나는 고객을 위한 긍정적인 결과를 만드는 데 관여하는 모든 직급 및 부서들을 계획했다. 이를 위해 먼저 업무 프로세스의 흐름을 그려보는 것을 원칙으로 삼았다. 그 논리는 언제나 동일하다. 신뢰를 구축하기 위해서는 결과에서 거꾸로 거슬러 올라가야 한다는 것이다.

예를 들어, 타이레놀과 같은 약품을 연구 개발하여 시장에 출시한다고 해보자. 여기서 소비자가 약국에서 찾게 만들기 위해 필요한 여러 단계와 프로세스를 그려보자. 소비자에게 약품이 든 병이 안전하다는 확신을 주려면 어떻게 해야 하는가? 그 병을 관리하는 모든 사람이

주의를 기울이고 뛰어난 품질을 달성하기 위해 힘써야 한다. 직원들이 그렇게 노력하도록 만들려면 직원과 기업 사이에 상당한 신뢰가 형성돼야 한다. 다시 말해, 소비자와 신뢰를 구축하기 위해서 기업은 먼저 직원과 신뢰를 쌓아야 한다. 그리고 내부적으로 효율적인 프로세스를 마련함으로써 제품과 서비스 기준을 충족시켜야 한다.

2009~2010년 리콜 이전에 맥닐에서 있었던 일을 생각해보자. 맥닐은 충족하기 힘든 테스트를 제거하는 한편, 기존의 품질 통제 프로세스도 무너뜨렸다. 맥닐의 한 직원은 내부적으로 품질관리 부서를 '이지 패스 시스템EZ Pass System'이라 불렀다고 지적했다.[8] 이러한 상태에서 기준 이하의 제품이 시장에 나오는 것은 단지 시간문제였다.

한편으로, 맥닐은 해고를 통해 노동력을 감축하면서 계약직 근로자를 적극 활용했다. 일반적으로 해고는 남아 있는 직원들의 사기에 치명적인 영향을 미친다. 동료들이 해고되었을 때 남아 있던 맥닐 직원은 기업에 어떤 신뢰를 가질 수 있었을까? 또한 품질 관리를 위한 프로세스가 축소되었을 때, 이는 그들의 집중력과 열정에 어떤 영향을 미쳤을까? 신뢰가 내부로부터 형성되듯이 불신 또한 내부에서 비롯된다. 결국 기준을 충족하지 못하는 제품과 서비스가 고객에게 전달된다.

셋째, 우리는 종종 신뢰를 한번 잃어버리면 되돌릴 수 없다고 믿는다. 그러나 진실은 좀 더 복잡하다. 무너진 신뢰도 얼마든지 재구축이 가능하다. 하지만 1982년 타이레놀 리콜 사례에서 살펴봤던 것처럼 엄청난 시간과 실질적인 노력이 필요하다. 신뢰 회복은 장기전이다.

우리로 인해 실망한 사람들에게 우리가 신뢰를 회복할 준비가 되었음을 설득해야 한다. 단지 "저를 믿어주세요."라는 말만으로는 실질적인 변화를 기대할 수 없다. 신뢰는 상대의 우려에 귀를 기울이고 적절한 방식으로 대응함으로써 얻을 수 있다. 또한 상대방은 우리의 동기는 물론, 행동과 그 영향에 대해서도 신뢰해야 한다. 이 점은 나중에 다시 논의할 예정이다.

오랫동안 피츠버그대학에서 학생들을 가르쳤던 철학자 아네트 바이어<sup>Annette Baier</sup>는 1986년에 신뢰에 관한 중요한 논문을 발표했다.[9] 바이어는 이렇게 물었다. "누군가를 어떻게, 왜 신뢰해야 하는가?"[10] 그리고 일상에서 쉽게 확인할 수 있는 신뢰의 유형을 "우리는 도서관에서 마주친 사람이 범죄의 희생자가 아닌 책을 찾고 있다고 믿는다."[11]라고 구체적으로 설명했다. 바이어는 신뢰 관계가 다시 회복되려면 "신뢰하는 쪽에서 용서하려는 의지, 신뢰받는 쪽에서 용서를 구하려는 의지가 무엇보다 중요하다."는 점을 강조했다.[12]

그러므로 주의하자. 신뢰를 회복하기 위해서는 올바른 일이란 무엇인지, 공정한 대우가 어떤 것인지에 대한 관념을 확장해야 한다. 다시 말해, 신뢰 관계는 오류를 범하기 쉬운 인간과 그들이 만드는 조직 사이에서 형성된다는 인식이 뒷받침되어야 한다.

마지막 넷째, 로버트 솔로몬과 페르난도 플로레스는 신뢰가 새로운 기회를 창출한다는 사실을 설명한다. 솔로몬은 미시간대학에서 의학을 공부했었다. 그 무렵 그는 프리드쇼프 베르크만<sup>Frithjof Bergmann</sup>의 강의를 듣게 되었는데 베르크만은 독일 철학자 프리드리히 니체<sup>Friedrich</sup>

Nietzsche가 제기한 질문을 주제로 강의했다. 존재의 고통과 슬픔을 모두 겪어야만 하는 채로 삶을 무한히 살아갈 기회가 주어진다면, 당신은 절망에 사로잡힐 것인가 혹은 감사함에 무릎을 꿇을 것인가? 그때 솔로몬의 인생은 의학이라는 힘든 세상에서 결코 잊히지 않을 철학적 질문으로 넘어가게 되었다.[13] 그 철학적 질문 중 한 가지는 신뢰 관계의 특별한 힘과 그러한 관계가 빚어내는 예상치 못한 기회였다.

## 신뢰는 어떻게 작동하는가

당신이 과학자와 연구원들의 조언을 받아들인다면, 신뢰를 최고 우선순위로 삼게 될 것이다. 연구 데이터에 따르면, 신뢰는 경제와 사람들의 행복에 상당한 영향을 미친다. 세계가치관 조사World Values Survey가 10년에 걸쳐 실시한 29개 시장 경제의 연구에 따르면, 신뢰의 10퍼센트 상승은 경제 성장의 0.8퍼센트 상승과 상호관련이 있다.[14] 경제학자 스티븐 낵Stephen Knack과 필립 키퍼Philip Keefer가 만든 경제 모형은 한 국가에서 다른 사람을 신뢰할 만하다고 생각하는 사람의 수가 15퍼센트 증가할 때, 평균 소득이 매년 1퍼센트 증가한다는 사실을 보여준다. 1퍼센트 소득 증가는 새로운 일자리와 비즈니스에 투자할 더 많은 자원을 창조하고, 이는 다시 더 많은 부로 이어진다.

하지만 반대로, 낵과 키퍼의 모형에 따르면 신뢰 수준이 30퍼센트 이하인 국가는 빈곤의 올가미에 갇혀 있다. 신뢰 결핍은 비즈니스를 하고 새로운 기회를 창출하는 것을 거의 불가능하게 만든다.[15] 만약 사람들이 기본적인 물건과 서비스를 교환할 정도로 서로를 충분히 신뢰하지 않는다면, 어떻게 경제가 발전할 수 있겠는가?

## 신뢰는 리더에게서 시작된다

리더에 대한 신뢰는 팀 성과에 중대한 영향을 미친다. 2000년 30개 NCAA 농구팀을 대상으로 한 연구에서 과학자들은 리더에 대한 신뢰가 팀 동료의 신뢰보다 승리에 더 중요한 기여를 했다는 사실을 확인했다.[16] 감독을 신뢰한 팀은 그렇지 않은 팀보다 7퍼센트 더 많은 경기에서 이겼다. 그리고 감독에 대한 신뢰가 가장 높은 팀이 우승을 차지했다. 반면 감독에 대한 신뢰가 최하위에 해당하는 팀들의 승률은 10퍼센트에 불과했다. 한 선수는 이렇게 말했다. "감독님을 신뢰하게 된 이후로 우리는 크게 발전했습니다. 더 이상 의문을 품거나 걱정하지 않았기 때문입니다. 우리는 최선을 다하면 목표에 도달할 수 있다는 사실을 받아들였고, 그렇게 믿었습니다."

리더에 대한 신뢰는 또한 수익으로 이어진다. 캐나다와 미국의 홀리데이인Holiday Inn에서 일하는 6,500명을 대상으로 이와 관련된 설문 조사를 진행했는데 응답자들은 관리자의 정직한 행동('말과 행동'의 일치성)에 대해 1~5점으로 점수를 매겼다. 여기서 점수의 0.8점 증가는 수익의 2.5퍼센트 증가로 이어졌다. 돈으로 환산할 때 그 2.5퍼센트는 호텔 매출에서 25만 달러의 추가 수익을 의미했다. 과학자들이 연구했던 관리자 행동의 모든 요소 가운데 수익에 가장 큰 영향을 미친

것은 다름 아닌 신뢰였다.[17]

물론 수익이 신뢰가 가져다주는 유일한 혜택은 아니다. 세인트루이스 워싱턴대학의 커트 더크스$^{Kurt Dirks}$와 버펄로 뉴욕주립대학의 도널드 페린$^{Donald L. Ferrin}$은 40년간 신뢰와 리더십 연구에 대한 메타 분석을 진행했다. 이를 통해 신뢰가 업무 성과와 만족도, 조직에 대한 열정, 리더의 의사결정에 대한 믿음과 전반적인 만족도에 긍정적인 영향을 미친다는 사실을 발견했다.[18] 또한 신뢰가 개인의 행동은 물론, 닉과 키퍼가 발견했던 것처럼 국가 경제 같은 거대한 시스템에도 실질적인 영향을 미친다는 사실을 확인했다.

### 바야흐로, 신뢰의 시대

그럼에도 기업들은 신뢰를 얻기 위한 노력을 게을리하고 있다. 에덜먼 트러스트 바로미터$^{Edelman Trust Barometer}$는 매년 신뢰와 신뢰성을 주제로 28개국의 3만 4,000명 이상을 대상으로 설문조사를 실시하는 조사기관이다.[19] 이에 따르면, 지난 10년에 걸쳐 비즈니스 세상의 신뢰 수준은 43~53퍼센트 사이에 머물러 있다. 2020년을 기준으로 볼 때, 기업들은 유능하다고 평가받지만 윤리적으로 신뢰받지는 못하고 있는 것이다(유능함이 신뢰의 일부라는 사실에 대해서는 나중에 살펴볼 것이다.).[20] 비즈니스 분야는 12개국에서 뚜렷한 불신을 받고 있으며, 8개국 이상에서 신뢰가 떨어지고 있었다.[21] 응답자 중 56퍼센트는 오늘날 자본주의 체제가 인간에게 도움보다 더 많은 피해를 입히고 있다고 대답했다.[22]

여기서 문제는 역사적으로 CEO들이 신뢰의 중요성을 깨닫지 못했다는 사실이다. 프라이스워터하우스쿠퍼스PricewaterhouseCoopers, PwC는 비즈니스 리더들의 생각을 이해하기 위해서 1997년부터 CEO를 대상으로 설문조사를 실시해왔다. 그런데 그들은 2002년까지 신뢰에 대해서는 묻지 않았다.[23] 이것은 우연이 아니다. 신뢰에 관한 질문은 닷컴 붕괴, 그리고 스캔들이 일어난 후에야 시작되었다. 대표적 스캔들을 이야기하자면 다음과 같다. 2001년 미국 에너지 및 공공시설 기업인 엔론Enron의 임원들은 기업이 손실을 기록하고 있음에도 매출을 거짓으로 부풀렸다. 이로 인해 주주들에게 약 740억 달러에 달하는 피해를 입혔다.[24] 그리고 이듬해 미국 텔레콤 기업인 월드컴WorldCom은 파산 신청을 했는데 그들 역시 장부를 조작했고, 전반적인 손실이 발생하는 상황에서 14억 달러 이익을 허위로 보고했다.[25]

이런 거대한 스캔들에도 불구하고 2002년 프라이스워터하우스쿠퍼스가 CEO들에게 신뢰를 어떻게 생각하느냐고 물었을 때, 그들 중 12퍼센트만이 기업에 대한 대중의 신뢰가 크게 떨어졌다고 답했다. 그리고 29퍼센트만이 기업의 잘못된 행동에 대한 대중의 반응이 비즈니스에 심각한 위협을 가할 수 있다고 답했다.

하지만 그로부터 많은 세월이 지난 요즘은 많은 CEO들이 현실을 자각하기 시작했다. 금융위기 이후 전 세계적인 경기 침체가 이어졌던 2013년, 설문조사에 응한 CEO들 중 37퍼센트가 기업의 신뢰 하락이 그들의 성장을 가로막을 것이라고 답했다. 이 수치는 2017년에 58퍼센트로 증가했다.[26] 이러한 흐름은 긍정적인 현상이지만 그래도 충분하다고 볼 수 없다. 우리 경제는 신뢰에 의존하기 때문이다. 그렇다면 기업들은 어떻게 신뢰를 잘 쌓고 관리할 수 있을까?

## 기업은 어떻게 신뢰를 얻는가

지난 20년간 나는 기업이 신뢰를 얻고, 잃고, 회복하는 과정을 연구했다. 이를 통해 기업이 신뢰가 무엇이며 어떻게 얻을 수 있는지 이해하는 데 도움을 주는 기반을 마련했다. 이에 우리는 다음과 같은 딜레마를 설명할 수 있다. '왜 사람들은 우버가 직원을 대하는 방식에 분노하면서도 계속 그 서비스를 이용하는가? 우버의 대안으로 리프트Lyft 서비스를 이용할 수 있는데도 말이다. 일본 기업 리크루트 홀딩스는 어떻게 총리와 내각이 총사퇴했던 거대한 스캔들에서 살아남았을까? 더 나아가 어떻게 200억 달러까지 매출을 올렸을까?' 등 말이다.

신뢰의 네 가지 요소인 역량, 동기, 수단, 영향은 왜 기업이 신뢰를 얻고 있는지(혹은 얻지 못하고 있는지)에 대한 이유를 명확히 설명해줄 수 있다. 여기서 네 요소는 각각 고객과 직원, 투자자, 공급업체, 정부기관이 특정 기업을 신뢰할 가치가 있는지 자문해볼 수 있는 실질적인 질문을 던진다.

우리의 목표는 성공적인 비즈니스를 구축하기 위해 조직 내부에서 활용할 수 있는 로드맵을 제시하는 것이다. 이를 통해 당신은 서로 관계 맺는 사람들 및 집단 사이에서 신뢰를 쌓고, 개선하고, 회복하고,

유지할 수 있다.

## _____ 신뢰의 네 가지 요소 '역량, 동기, 수단, 영향'

### 문제를 해결할 실력

당신의 기업은 '유능'한가? 제품과 서비스를 혁신, 생산 및 제공하고, 외부 환경을 개척해나갈 힘이 있는가? 일반적으로 기업의 역량은 외부 고객에게만 의미 있는 것으로 생각한다. 하지만 여기서 말하는 역량이란 혁신하고, 생산하고, 직원과 조직에 대한 프로세스와 운영 시스템을 관리하는 데 유능하다는 것을 의미한다. 조직의 내부 업무를 수행하는 능력은 외부 고객의 요구를 충족시키는 데 유능한 조직을 만드는 전제조건이라고 할 수 있다. 이 말은 신뢰에 대한 우리의 원칙을 다시 한 번 강조한다. 즉, 신뢰는 내부에서 만들어진다는 것이다. 이를 위해 다음 장에서 어떻게 우버가 그들의 역량을 발휘해서 택시 산업을 완전히 바꿀 수 있었는지 살펴본다. 또한 뛰어난 역량만으로는 사람들이 우버를 신뢰하게 만들기에 충분하지 않았다는 점도 함께 다룰 것이다.

### 선한 동기

또한 당신은 자신뿐만 아니라 다른 사람의 이익에도 기여할 '동기'를 갖고 있는가? 개인과 마찬가지로 기업의 동기 역시 사람들의 신뢰를 얻는 과정에서 중요한 역할을 한다. 사람들은 기업이 무슨 일을 하는지 관심을 기울인다. 동시에 기업이 왜 그렇게 행동하는지, 누구를 위한 일인지도 주목한다.

니콜로 마키아벨리Niccoló Machiavelli는 군주가 사랑을 받는 것보다 경외의 대상이 되는 것이 더 낫다고 주장했다.[27] 하지만 그의 경고는 종종 간과되어 왔다. "사랑은 받지 못해도 적어도 미움받지 않기 위해서 군주는 스스로를 두려움의 대상으로 만들어야 한다."[28] 여기서 마키아벨리의 교훈은 어떤 행동은 도저히 용납할 수 없어서 그 사람(혹은 기업)을 증오하는 것 외에 다른 반응을 보이지 못하게 만들 수 있다는 것이다. 우리는 이 교훈의 의미를 2장에서 우버의 이야기와 함께 살펴볼 것이다. 우버의 이기심은 직원과 고객, 규제기관 및 경쟁 업체에 대한 부당한 대우로 이어졌다. 3장에서는 고객과 직원, 투자자, 규제기관이 기업에게 기대하는 기본적인 의지를 들여다볼 것이다. 그리고 경쟁 환경에서도 신뢰를 쌓은 인도의 주택금융 기업인 HDFC Housing Development Finance Corporation Limited 사례를 살펴본다. 그리고 대침체 기간 동안에 전례 없는 노력으로 직원들을 지키고 신속한 회복을 향해 나아간 허니웰 이야기도 들여다본다.

## 공정한 수단

당신은 목표 달성을 위해 공정한 '수단'을 활용하고 있는가? 동기가 기업을 왜 신뢰해야 하는지를 설명한다면, 기업이 활용하는 수단은 '어떻게' 신뢰를 얻는지를 설명한다. 여기서 수단은 기업이 다른 이들을 공정하게 대우할 때 신뢰를 얻을 수 있다는 사실을 보여준다. 공정성에는 여러 측면이 있다. 우리는 아주 다양한 방식으로 다른 사람을 공정하게 혹은 부당하게 대할 수 있다.[29] 여기서는 공정성을 네 가지 유형으로 구분했다. 이것은 절차적 공정성, 정보적 공정성, 분배적 공정성, 관계적 공정성을 말한다. 예로, 유명한 타이어 생산 기업인 미쉐린이 구조조정 이후에 어떻게 네 가지 유형의 공정성을 활용했는지 살펴볼 것이다.

### 선한 영향력

당신은 자신이 유발한 모든 '영향'에 책임을 지고 있는가? 마지막이자 신뢰를 얻기 위한 가장 중요한 요소는 기업의 행동이 미치는 영향인데 이는 사람들이 기업을 신뢰할지 결정하는 데 도움을 준다. 여기에는 두 가지 조건이 있다.

첫째, 기업의 행동은 어떤 영향으로 이어지는가? 기업이 개인, 지역사회 및 공동체, 국가에 미치는 구체적이고 실질적이며 관찰 가능한 영향은 무엇인가?

둘째, 기업은 그들이 의도한 영향 그리고 신뢰의 관점에서 더욱 중요한 의도하지 않은 영향에 책임을 지는가? 여기서 문제는 기업의 책임감이 아니다. 중요한 것은 이러한 감정을 기반으로 그들이 유발한 영향에 어떻게 반응하고 대처하는가이다.

우리는 페이스북Facebook과 핀터레스트Pinterest가 사람들이 거짓 정보를 게시했을 때 발생한 의도치 않은 영향에 어떻게 대처했는지 비교해볼 것이다. 그럼으로써 의도한 영향과 의도하지 않은 영향 모두를 살펴보고자 한다. 이 문제에 대해 페이스북은 움직임이 느렸던 반면, 핀터레스트는 완전히 새로운 방식을 보여주었다. 이는 거짓 정보의 확산에 책임을 지는 것이 무엇을 의미하는지 생각해보게 한다.

## 신뢰를 작동시키는 네 가지 요소

이러한 요소들은 우리가 취하는 행동, 그리고 다른 이들이 판단할 수 있는 행동과 밀접한 관련이 있다. 신뢰의 네 가지 요소를 생각할 때, 당신은 그 각각의 요소가 어떻게 조화를 이루는지 궁금할 것이다. 네 가지 요소는 엔진 안에 들어 있는 네 개의 실린더처럼 작동할까? 그렇지는 않다. 각각의 요소는 자동차에서 구동축과 브레이크, 조향 시스템처럼 서로 독립된 조각이다. 네 가지 모두 작동을 해야 한다.

하지만 각각은 다른 요소와 무관하게 작동하거나 혹은 작동하지 않을 수도 있다. 이는 우리가 일부 요소를 기반으로 신뢰를 얻을 수 있지만, 다른 요소에서는 신뢰를 얻지 못할 수도 있다는 의미다. 물론 자동차는 모든 요소가 원활하게 작동할 때 가장 잘 달린다. 신뢰도 마찬가지다. 직원이나 고객의 관점에서 더 많은 요소가 작동할 때, 기업은 더 많은 신뢰를 얻는다.

게다가 기업이 신뢰를 얻는 방식은 리더의 행동 방식과 밀접한 관련이 있다. 그렇기 때문에 우리는 신뢰받는 리더십과 그렇지 못한 리더십이 어떻게 드러나는지도 살펴볼 것이다. 그 여정에서 우리는 다양한 공간을 돌아다닌다. 가령 사우디아라비아에서 어떻게 젊은 여성이 그 나라의 최대 투자은행의 운명을 바꿔놨는지 살펴본다. 또한 1970년대로 시간 여행을 떠나 그곳에서 〈워싱턴 포스트<sup>The Washington Post</sup>〉 발행인 캐서린 그레이엄<sup>Katharine Graham</sup>이 어떻게 신뢰 요소를 활용해 펜타곤 문서와 워터게이트 사건을 헤쳐 나갔는지도 들여다본다.

마지막으로 신뢰가 가진 진정한 잠재력의 비전을 그려본다. 즉, 사회적 움직임을 유도하는 것부터 개인과 기업 및 산업 전반의 변화를 이끌어내는 데까지 신뢰가 보여줄 가능성을 타진해본다. 우리가 그 의미를 충분히 이해할 때, 신뢰는 전례 없는 변화의 문을 열어줄 강력한 힘이 된다.

THE POWER
OF TRUST

2장

# 역량:
## 탁월함에서 신뢰가 싹튼다

왜 일을 제대로 처리하지 못했는지 해명하기보다
애초에 올바로 하는 게 더 쉽다.

— 마틴 밴 뷰런Martin Van Buren

## THE POWER OF TRUST

_____

기술과 능력을 의미하는 역량은 신뢰의 필수 요소다. 즉, 신뢰의 기반이다. 역량이 없으면 다른 유형의 신뢰도 얻을 수 없다. 일단 우리가 역량을 통해 신뢰를 얻으면, 다른 유형의 신뢰로 나아갈 수 있다. 역량은 신뢰라는 집을 짓기 위한 기반이다. 물론 집을 완성하기 위해서는 벽과 지붕도 필요하듯 역량만으로 신뢰를 구축하고 유지하기엔 역부족이다.

유명한 차량공유 어플리케이션application(이하 앱)인 우버는 이러한 사실을 잘 보여주는 대표적인 사례다. 당신은 우버와 신뢰가 물과 기름처럼 섞일 수 없는 관계라고 생각할 것이다. 그러나 우버 스토리는 신뢰를 어떻게 구축하고, 어떻게 잃어버리는지 이해하기 위한 머나먼 여정으로 우리를 데려간다.

# 역량을 기반으로 하는 신뢰

창립 일화에 따르면 우버는 2008년에 탄생했다. 어느 추운 밤, 친구인 트래비스 캘러닉<sup>Travis Kalanick</sup>과 개릿 캠프<sup>Garrett Camp</sup>는 파리에서 열린 콘퍼런스가 끝나고 택시를 잡지 못했다.[1] 기술 전문가였던 두 사람은 그냥 포기하는 대신 또 다른 솔루션을 내놓았다. 그것은 몇 번의 터치만으로 탑승을 예약하고 요금을 지불할 수 있는 앱이었다. 2010년 우버는 그렇게 샌프란시스코에서 첫 서비스를 선보였다.[2] 5년 후, 우버의 운전자 규모는 100만 명에 달했고, 전 세계 360개 도시에서 비즈니스를 시작했다.[3]

왜 우버가 엄청난 성공을 거뒀는지 이해하기란 어렵지 않다. 사람들은 택시를 잡기 위해 길거리에서 계속 손을 흔들어야 했으며 요금은 바가지를 쓰기 일쑤였다. 택시 호출 서비스에 전화를 걸면서도 정말로 택시가 나타날지 걱정해야 했다. 하지만 우버는 완전히 다른 경험을 제공했다. 우버 사용자는 앱을 통해 즉시 탑승을 예약하고, 미리 요금을 확인하고, 지도상에서 차량 위치를 파악할 수 있었다. 게다가 결제는 저장해놓은 신용카드로 자동 처리되었다. 우버는 사람들이 열광할 많은 것을 내놓았다.

## 우버 몰락의 시작

그러나 우버에는 그만큼 많은 문제점이 있었다. 대표적인 몇 가지를 꼽자면, 우선 우버는 특유의 무자비함으로 명성을 얻었다. 그들은 여러 응급상황 속에서도 탄력요금제<sup>surge pricing</sup>(수요가 높을 때 요금을 올리는 시스템)를 실시했다. 2013년 눈보라가 날리던 뉴욕시에서 우버 요금은 일곱 배나 치솟았다.[4] 게다가 우버의 탄력요금제는 시드니 인질극 현장에서 탈출하는 시민에게도 적용되었다.[5] 2013년 12월에는 우버 운전자가 샌프란시스코에서 여섯 살 소녀를 죽이고, 소녀의 엄마와 형제에게 상해를 가하는 일이 벌어졌다. 그 가족은 우버와 운전자를 고소했다. 그러나 우버는 운전자가 승객을 태우지 않았고 다음 호출도 수락하지 않았다며 책임을 외면했다. 그러니까 당시 그 운전자는 기술적인 차원에서 우버를 위해 일하지 않았다고 주장한 것이다.[6] 결국 우버는 합의했고 앱을 활성화했지만 호출을 수락하지 않은 운전자까지 보장하는 쪽으로 정책을 변경했다. 하지만 그 운전자에게는 운전 중 과실치사 혐의가 내려졌다.[7]

2014년에는 델리에서 한 승객이 우버 운전자에게 강간을 당하는 사건이 있었다. 이후 델리 당국은 임시적으로 해당 지역에서 우버 운행을 금지했다. 그리고 우버가 운전자 신원을 제대로 심사하고 있는지 의문을 제기했다.[8] 같은 해, 리프트에서 일하는 운전자를 방해하는 우버의 'SLOG 작전<sup>Operation SLOG</sup>'에 대한 기사가 터졌다(이에 대해서는 나중에 자세히 다루겠다.).[9]

이 모든 일은 우버의 황금기 시절에 일어났다. 그럼에도 우버의 비즈니스는 비교적 원활하게 돌아가고 있었다.

우버의 진짜 몰락은 2017년에 시작되었다. 그 무렵 우버는 피의 숙청을 당하고 있었다. 재앙이 잇달아 터진 것이다. 우선 우버 앱을 삭제하자는 소셜미디어 캠페인이 벌어졌고 실제로 약 20만 명이 참여했다. 그해 2월, 전 우버 직원인 수전 파울러Susan Fowler가 기업 내 성추행에 관한 내부고발, 여성을 차별하고 정치적으로 서로를 헐뜯는 조직 문화 이야기를 블로그에 올렸다.[10] 같은 달, 구글의 자율운행 프로젝트인 웨이모Waymo는 우버가 사업상 기밀을 훔쳤다고 고소했다.[11] 3월에는 〈뉴욕 타임스The New York Times〉가 '그레이볼Greyball' 스토리를 보도했다. 우버는 수년간 그레이볼이라고 하는 프로그램을 사용했는데, 이는 우버의 무허가 영업을 단속하는 시 공무원에게 가짜 화면을 보여주는 앱이었다. 해당 시 공무원은 가짜 앱 상에서 자동차 아이콘을 볼 수 있지만, 실제 차량 예약은 안 되어 벌금을 부과할 수 없었다.[12]

6월에는 우버 임원들이 델리에서 강간을 당한 여성의 의료기록을 불법적으로 취득했다는 기사가 나왔다.[13] 같은 달에 성추행에 관한 파울러의 주장을 조사했던 법률 회사 퍼킨스 코이Perkins Coie는 성추행과 괴롭힘, 차별과 관련된 215건의 기록을 확인했다.[14] 동시에 우버의 부패한 기업 문화를 독립 수사한 전 법무장관 에릭 홀더Eric Holder는 보고서를 통해 트래비스 캘러닉에게 주어진 권한을 재편해야 한다고 강력하게 권고했다.[15] 그해 전반기에 많은 임원이 성추행과 의료기록 절도, 성차별을 이유로 해고가 되거나 권고사직을 받았다. 그러한 움직임은 2017년 6월에 CEO인 트래비스 캘러닉이 쫓겨나면서 정점을 찍었다.[16]

우버의 추락은 경쟁사인 리프트에 빼앗긴 시장 점유율로도 확인할 수 있다. 2015년 1월에 미국 차량 호출 시장에서 우버의 시장 점유율은 90퍼센트였던 반면, 리프트는 약 9퍼센트에 불과했다.[17] 그러나 3년 후 우버의 점유율은 69퍼센트로 떨어졌고, 리프트는 28퍼센트로 성장했다.[18]

2018년 당시 우버는 기업공개를 준비하고 있었다. 전년도에 벌어진 온갖 소송과 혼란에도 불구하고, 은행가에서는 우버의 장밋빛 전망을 예측했다. 모건 스탠리Morgan Stanley와 골드만 삭스Goldman Sachs는 우버의 기업공개 규모가 1,200억 달러를 상회할 것으로 예측했다. 그리고 많은 전문가는 우버가 2012년 페이스북의 1,040억 달러를 넘어서지 않을까 기대했다.[19]

하지만 기업공개를 향한 우버의 여정은 순탄치 않았다. 최대 투자자인 일본 기업 소프트뱅크SoftBank는 중국과 남미 시장에서 경쟁사에 투자를 했다. 특히 남미는 우버가 가장 빠른 성장을 보이는 시장이라는 점에서 큰 타격이었다. 한편, 소프트뱅크는 음식배달 서비스 시장에서 우버의 경쟁자 중 하나인 미국 기업 도어대시DoorDash에 많은 돈을 투자했다. 우버의 성장은 느려지기 시작했고, 투자자들은 점차 흥미를 잃었다. 우버 주식을 싼 가격에 취득했던 초기 투자자들은 이제 높아진 가격에 투자를 망설였다.

그러던 2019년 5월 10일, 우버는 기업공개를 했다. 결과는 대실패였다.[20] 우버는 주당 가격을 45달러로 정했지만, 장이 열리자 42달러에서 시작했고 이후 더 떨어졌다. 결국 우버는 그날 697억 달러로 마감했다.[21] 우버의 기업공개는 또 다른 이유로 역사가 되었는데 기대가치와 실제 가치 사이의 격차가 1975년 이후로 다른 어떤 미국의 기

업공개보다 더 컸기 때문이다.[22]

## 미움과 사랑을 동시에 받는 이유

사람들은 우버와 더불어 힘든 경험을 했다. 어떤 때는 우버를 미워했다가 어떤 때는 사랑했다. 이러한 모습은 역량을 기반으로 한 신뢰가 작동하는 강력하면서도 제한적인 방식을 잘 보여준다.

굽타는 '#DeleteUber(우버를 삭제하라)' 운동이 한창이던 2017년에 실제로 가입정보를 삭제했던 20만 명의 사용자 중 한 사람이었다.[23] 도널드 트럼프Donald Trump 전 대통령이 이슬람 7개국 국적자의 입국을 전면 금지하는 행정명령을 발표했을 때였다. 뉴욕의 택시노동자연합은 JFK 공항에서 한 시간 동안 운행을 중단하겠다고 선언했다. 같은 날 우버는 많은 비난을 받았던 탄력요금제를 중단하겠다고 트위터에 발표했다. 그러나 사람들은 우버의 이러한 움직임을 파업을 이용해 수익을 올리려는 꼼수로 봤다. 이를 계기로 #DeleteUber 운동이 시작되었고, 많은 사용자가 앱을 삭제했다.

그로부터 1년 후 굽타는 이사를 하게 되었는데, 그의 새 아파트는 대중교통 시설에서 멀리 떨어져 있었다. 차나 자전거도 없었다. 출근을 하기 위한 굽타의 유일한 선택지는 걷는 것이었다. 하지만 비가 오거나 눈이 내리면 그나마도 쉽지 않았다. 게다가 그런 날은 보스턴에서 드물지 않았다. 그래도 굽타는 우버를 이용하지 않았고 차량이 꼭 필요할 때에도 리프트만 고수했다. 하지만 엄청난 폭설이 불어닥쳤을 때, 그리고 마침 우버가 단 몇 달러로 출퇴근을 할 수 있는 프로모션을 실시했을 때, 굽타는 백기를 들었다. 그는 참담한 마음으로 우버 앱을 다시 다운로드 받아서 호출했다.

이러한 경험은 굽타 혼자만 한 것이 아니었다. 우버 스캔들의 파도가 정점을 찍기 한참 전인 2014년에 〈뉴욕 타임스〉는 '우버 갈등Uber angst'을 주제로 기사를 게재했다. 우버 갈등이란 우버의 정책에 불만을 토로하면서도 그 서비스를 포기하지 못하는 심리적 상태를 말한다.[24] 2017년 수많은 부정적인 언론 보도와 불거진 스캔들에도 불구하고, 우버는 40만 건의 탑승 기록과 한 달 평균 약 7,500만 명의 활동적인 운전자로 기세를 떨쳤다.[25] 사람들은 우버를 사랑하면서도 미워한다. 그리고 버리지 못한다. 왜 그럴까?

## 신뢰의 출발점은 무엇인가

그 이유는 한마디로 우버가 유능하기 때문이다. 역량은 기업이 제품이나 서비스를 개발하고 제공하는 능력이다. 우버의 역량은 굽타와 같은 고객이 아파트에서 HBS로 출퇴근을 하도록 만들어주는 것이다. 역량은 신뢰의 기반이다. 역량이 없을 때, 기업은 비즈니스를 시작하지 못한다. 이는 당연한 말이다. 왜 무능한 기업을 신뢰해야 한단 말인가? 하지만 그러한 역량에도 한계가 있다. 역량은 신뢰에서 큰 부분을 차지하지만 그렇다고 해서 전부는 아니다. 역량은 비즈니스가 잘 돌아가도록 만들 수 있지만 우버 사례에서 확인했듯이 항상 그런 것은 아니다. 신뢰는 다양한 측면으로 구성되어 있기 때문이며, 실제로 신뢰는 여러 가지 요소에 의존한다.

## 학자들의 신뢰 연구

학자들은 신뢰의 본질을 알아내기 위해 오랫동안 씨름을 해왔다. 그것은 신뢰에 대한 사람들의 이해가 피상적이기 때문이다. 보통은 신뢰라는 말을 사용하면서 다양한 특성을 떠올린다. 고대 그리스 시대에 아리스토텔레스는 화자가 청자의 신뢰를 얻기 위해서는 에토스(기질)와 파토스(정념) 그리고 로고스(논리)를 갖춰야 한다고 말했다. 여기서 에토스는 화자의 도덕적 측면을, 파토스는 청자가 느끼는 감정을, 로고스는 주장의 타당한 논리를 가리킨다.[26] 이 말은 여러 방법을 통해서 신뢰를 얻을 수 있으며, 이러한 방법은 도덕적 차원에서 감성적·논리적 차원에 이르기까지 다양하다는 의미다.

그로부터 오랜 세월이 흐른 1995년, 세 명의 경영학 연구원인 노스캐롤라이나주립대학의 로저 메이어Roger C. Mayer, 유타주립대학의 제임스 데이비스James H. Davis, 퍼듀대학의 데이비드 스쿠어먼F. David Schoorman은 신뢰를 구성하는 요소를 확인하기 위해 스무 편이 넘는 논문을 검토했다.[27] 이를 기반으로 세 사람은 신뢰의 요인을 제시했는데 거기에는 역량과 정직, 선의, 자비심, 개방성 등이 포함되었다. 이는 여러 단어의 임의적인 나열로 보일 수 있지만, 우리는 여기서 두 가지 유형의 신뢰를 발견했다.

첫째, 역량 기반의 신뢰이다. 이는 기술과 전문성에 기반을 둔 신뢰를 말한다. 이 유형의 신뢰는 논리 혹은 그리스어로 로고스에 의존하며, 도덕과는 상대적으로 연관이 적다. 이와 관련해서 개인들은 누가 옳고 그른지에 관심을 기울이지 않는다. 다만 얼마나 효율적인지에만 주목한다. 가령 저렴한 비용으로 아파트에서 직장까지 빨리 가는 방법을 찾는 경우를 생각해보라.

둘째, 이 유형의 신뢰는 도덕성과 관련 있으며 감성적인 측면을 포함한다. 이는 내가 어떻게 대우받는가에 대한 인식을 기반으로 한다. 상대가 나에게 관심을 기울이는가? 그들은 공정하고 원칙적인가? 그들의 행동이 나에게 미칠 전반적인 영향은 무엇인가? 가령 어떤 승객은 택시 요금을 지불할 때, 그 돈이 환경보호에 관심 있고 직원을 공정하게 대하는 기업에게 가기를 기대한다. 우리는 다음 세 개의 장에서 이러한 유형의 신뢰를 구성하는 다양한 요소를 살펴볼 것이다. 그 과정에서 동기에 기반을 둔 신뢰(상대가 우리에게 관심을 기울이는가?), 수단에 기반을 둔 신뢰(상대가 우리를 공정하게 대하는가?), 영향에 기반을 둔 신뢰(상대의 행동이 우리에게 어떤 영향을 미치는가?)를 들여다볼 것이다. 하지만 여기서는 일단 역량에 기반을 둔 신뢰에 주목하자.

### 역량에서 중요한 한 가지

신뢰에서 역량의 역할을 이해하기 위해, 한 가지 중요한 신뢰 원칙으로 이야기를 시작해보자. 바로 '신뢰는 제한된 관계'라는 것이다. 관계 속에서 신뢰를 발견하기 위해 상대가 '모든' 측면에서 유능하다고 믿을 필요는 없다. 이는 기업의 CEO나 직원들에게 희소식이다. 다시 말해, 어떤 기업도 모든 것을 잘할 수는 없다. 다만 기업은 특정 분야에서 유능하고 그와 관련된 약속을 지키기만 하면 된다. 예를 들어, 우리는 우버가 자신을 직장에서 집으로 혹은 집에서 영화관으로 데려다줄 것이라고 믿는다. 하지만 우버가 가구를 안전하게 옮겨준다거나, 차 뒷좌석에 있는 자녀나 반려동물을 돌봐줄 것이라고는 기대하지 않는다.

노트르담대학 경영학 교수 샹카르 가네산Shankar Ganesan은 기업이 공급업체와 장기적인 관계를 형성하는 이유를 연구했는데[28] 그는 두 가지 주요 요인이 장기적인 관계를 강화한다는 사실을 확인했다. 그것은 의존성과 신뢰다. 의존성을 이해하기 위해 당신이 복숭아 잼을 만들어 파는 일을 한다고 가정해보자. 오직 한 농부가 복숭아를 판매한다면, 그가 직원들을 부당하게 대우해도 그에게서 계속 복숭아를 구매할 수밖에 없다.

이는 부분적으로 우버의 매력을 설명해준다. 우버는 대중교통을 이용할 수 없는 목적지에 종종 저렴한 요금으로 이동수단을 제공해준다. 허브 앤 스포크hub-and-spoke(중심 거점인 허브 지역에 모든 물류를 집합시킨 뒤 다시 각각의 스포크 지역으로 배송하는 방식 - 편집자) 모형으로 운영되는 보스턴 지하철을 이용하느라 한 시간을 허비해본 사람은 이러한 우버의 매력을 잘 알 것이다. 케임브리지에서 자메이카 플레인까지 거리로는 10킬로미터밖에 되지 않지만, 지하철을 이용하면 한 시간이 걸린다. 반면 우버를 이용하면 20분 만에 도착하며, 요금도 택시비보다 훨씬 저렴하다. 하지만 가네산은 이러한 의존성만으로는 충분하지 않다는 사실을 확인했다. 장기적인 관계를 개발하기 위해서는 역시 신뢰가 필요하다.

## 인지적 신뢰와 정서적 신뢰

그런데 어떤 유형의 신뢰가 필요할까? 가네산은 신뢰를 인지적 신뢰cognitive trust(공급업체의 전문성과 역량에 대한 신뢰)와 정서적 신뢰affective trust(공급업체의 동기와 행동에 대한 신뢰)로 구분했다. 그는 공급업체의 전문성과 역량이 구매자와 공급자 사이의 신뢰에서 가장 중요한 요소라는 사실을 확인했다. 구매자와 공급자가 비즈니스를 하려면 상대의 역량을 믿어야 한다. 상대가 약속을 잘 지키고 해당 분야에서 유능하다는 사실을 믿어야 한다. 우버도 이에 해당한다. 사람들은 우버의 선의를 믿지 않지만 그럼에도 우버를 이용한다. 그들이 일을 잘 처리하기 때문이다. 만약 우버가 목적지로 데려다주지 않는다면, 사람들은 더 이상 이용하지 않을 것이다.

역량은 다른 유형의 신뢰를 구축하기 위한 첫 번째 단계다. 싱가포르국립대학 경영학 교수 대니얼 매캘리스터Daniel J. McAllister는 관리자들과 그들의 동료 사이에서 신뢰가 어떻게 작동하는지 살펴보았다. 매캘리스터는 '인지적 신뢰'와 '정서적 신뢰'를 중심으로 비즈니스 관리자 및 전문가들을 연구했다. 그는 인지적 신뢰를 측정하기 위해 관리자들에게 서로의 능력을 어떻게 생각하는지 설문조사했다. 여기에는 그들이 열정적인지, 다른 이를 위해 더 많은 일을 창조하는지, 제대로 일하는지 확인하기 위해 감시가 필요한지와 같은 질문이 포함되어 있

었다.[29)]

　다음으로 정서적 신뢰를 측정하기 위해 관리자들이 서로를 어떻게 대하는지 조사했다. 이를 위해 그들이 아이디어를 공유하는지, 서로 공개적으로 이야기를 나누는지, 다른 관리자의 문제에 대해 건설적이고 우호적인 태도로 반응하는지를 물었다. 여기서 매캘리스터는 전반적으로 관리자들이 신뢰의 정서적 측면보다 인지적 측면을 더 중요하게 여긴다는 사실을 확인했다. 이러한 사실은 업무 능력이 정서적 신뢰를 구축하기 위한 기반이라는 생각과 조화를 이룬다. 또한 그는 더 높은 수준의 인지적 신뢰가 더 높은 수준의 정서적 신뢰로 이어지는 경향이 있음을 발견했다.

　이에 대해 매캘리스터는 업무 능력에 대한 신뢰가 없을 때, 사람들은 그를 받아들이거나 깊은 관계로 발전시키지 않는다고 설명했다. 사람들은 일단 업무 능력에 대한 신뢰가 충족되었을 때 보다 복잡한 유형의 신뢰를 개발하기 시작한다.[30)] 예를 들어, 깊은 신뢰 관계를 형성한 관리자들은 서로의 요구를 함께 고려해 의사결정을 내렸다. 또한 문제의 책임을 공유했으며, 누구에게 공을 돌릴지에 대해 신경전을 벌이거나 걱정하지 않았다.[31)]

　신뢰는 다양한 범주로 구분할 수 있는데 이는 역량에서도 마찬가지다. 스펙트럼의 한쪽 끝에는 터치 한 번으로 집 앞까지 차를 부를 수 있지만, 찜찜한 기분이 들게 만드는 우버가 있다. 그리고 다른 한쪽에는 리츠칼튼이 있다. 그들은 고객에 대한 배려가 확연히 드러나는 최고의 서비스를 제공하기 위해 오랜 시간 많은 고민을 했다. 우버와 리츠칼튼은 역량과 관련해서 서로 상반된 모습을 보여주는 사례다.

　기술적 역량technical competence은 제품과 서비스를 생산하는 기업의 능력이다. 우버와 리츠칼튼 모두 뛰어난 기술적 역량을 갖고 있다. 그러나 중요한 두 번째 유형의 역량이 있다. 바로 관리적 역량managerial competence이다. 관리적 역량이란 변화하는 상황에 적응하고 다양한 집단과의 관계를 효과적으로 조율함으로써 목표를 달성하는 기업의 능력을 말한다.[32] 이와 관련해서 우버는 지극히 이기적이었다. 반면, 리츠칼튼은 그들의 관리적 역량을 직원과 고객에 대한 진정한 관심과 연결하여 놀라운 결과를 만들어냈다. 이 기업들을 통해 두 가지 유형의 역량을 자세히 살펴보자.


## 기술적 역량: 프로세스의 마법

앞서 언급했듯 나는 패션 유통업계에서 10년의 세월을 보낸 뒤 피델리티 인베스트먼트에 들어갔다. 그 10년 동안 나의 삶은 치마 길이의 변화, 실루엣과 컬러의 변화, 새로운 유행에 따라 좌우되었다. 가령 불황기에는 카키색 밀리터리 스타일 재킷이 유행하고, 호황기에는 보석이 박힌 화려한 벨벳 블레이저가 유행했다. 그러나 그 후에 내 관심사는 다양한 유형의 고객 요구에 집중되었다. 피델리티 시절에 나는 은퇴를 위해 저축하고, 자녀의 대학 학자금을 마련하고, 현명한 투자로 금융자산을 불리려는 고객들에게 도움을 주는 일을 했다.

피델리티는 역량과 신뢰의 기반으로서 탄탄한 업무 프로세스 설계의 중요성을 강조했다. 나에게 이를 일깨워준 한 가지 프로젝트는 사망한 가족 구성원의 자산을 이전하는 일이었다. 이는 당시 피델리티 회장이자 CEO였던 에드워드 '네드' 존슨 3세가 고안했다. 그는 최근 사망한 고객들의 배우자가 힘든 상황에서 특별한 형태의 지원을 원한다는 사실을 인식했다. 이제야 털어놓지만, 이러한 프로세스 개선 프로젝트를 피델리티 내부에서는 '천국의 문<sup>Pearly Gate</sup>' 혹은 '죽음의 문<sup>Death Gate</sup>'이라는 이름으로 불렀다.

나는 사망 후 금융적 측면을 관리하는 세부사항을 들여다본 뒤, 누군가의 삶에서 정말로 힘든 시기를 좀 더 편안하게 만들 기회가 있다는 사실을 깨달았다. 그리고 이러한 업무를 처리하기 위해 콜센터 중 한 곳에 전문 팀을 신설했다. 팀원들은 세심하게 행동하도록 교육을 받았지만, 그만큼 중요한 것은 효율적으로 일을 처리해야 한다는 사실이었다. 슬픔에 빠진 배우자가 처리해야 할 마지막 과제는 금융자산 관리라는 '사소한 문제'여야 했다. 이러한 경험에서 나는 탄탄한 업무 프로세스 설계가 집단적인 신뢰를 구축하기 위한 기반이라는 사실을 깨달았다. 그 이후로 나는 항상 프로세스에 주목했다.

기술적 역량으로 신뢰를 얻은 피델리티와 같은 기업은 고객과의 약속을 충실하게 지킨다. 그들은 자신들이 아주 잘하는 일을 하고, 고객에게 똑같은 결과를 반복적으로 보여준다.

## 우버의 고객 경험

다시 우버로 돌아가서 프로세스의 마법을 들여다보자. 우버는 기술적 역량을 바탕으로 비즈니스를 구축해나가는 시스템과 프로세스를 창조했다. 우버가 어떻게 시장에서 지배적인 지위를 차지했는지 이해하려면 그 역사를 살펴볼 필요가 있다. 브래드 스톤Brad Stone이 자신의 책《업스타트The Upstarts》에서 소개했던 것처럼, 과거로 돌아가서 우버에 앞서 출시된 차량공유 앱들을 확인해보자.

스톤은 톰 드파스쿠알레Tom DePasquale의 사례를 들려준다. 드파스쿠알레는 2007년에 택시 매직Taxi Magic을 설립하고, 택시 회사들과 협력해서 승객과 기사를 연결해주는 앱을 출시했다. 승객들은 전화 통화로 택시 기업을 선택하고, 택시를 예약하고, 요금을 지불할 수 있었다. 그러나 그 앱은 택시 기사가 아니라 택시 회사와 협력을 했다.

승객이 택시 매직으로 예약하면, 배차 시스템이 어느 기사가 가장 가까이 있는지가 아니라 얼마나 오래 대기했는지를 기준으로 배정했다. 승객은 택시 매직 앱에서 택시 기사의 위치를 확인할 수 없었다. 다만 기사의 이름, 그리고 얼마나 멀리 떨어져 있는지에 관한 정보만 받았다. 그런데 택시 기사는 택시 매직으로 예약한 승객을 태워야 할 의무가 없었다. 그래서 이동 중에 또 다른 승객을 발견하면 얼마든지 예약을 무시할 수 있었다.[33] 한편, 택시 회사는 기사들이 차량 임대료만 제대로 납부하면 그것으로 만족했다. 따라서 택시 기사의 서비스 품질에 관여할 아무런 이유가 없었다.

2009년 택시 매직 다음으로 캐뷸러스Cabulous가 등장했다. 이는 직원들의 창업 아이디어를 발굴하고 육성하기 위한 베스트 바이Best Buy의 창업지원 프로그램에서 탄생한 기업이었다.[34] 사용자는 캐뷸러스의 앱으로 택시 위치를 확인하고, 앱이나 전화를 통해 택시를 예약했다. 게다가 선호하는 기사를 지정할 수도 있었다. 캐뷸러스는 비즈니스를 시작하면서 몇 가지 문제와 맞닥뜨렸다. 처음에 캐뷸러스는 택시 기사들에게 그들의 휴대전화를 사용하게 했다. 하지만 대부분의 휴대전화에서 앱은 안정적으로 돌아가지 않았다. 게다가 더 큰 문제가 있었다. 그들은 수요와 공급에 영향을 미칠 힘이 없었다. 바쁜 퇴근 시간에 기사들은 앱을 켜놓지 않았고, 승객들은 택시를 잡기 위해 기존의 방법을 그대로 썼다. 즉, 팔을 높이 들거나 다가오는 택시를 가로채기 위해 달려갔다.

한편, 우버는 승객이 택시를 호출하는 과정에서 겪는 경험을 개선하기 위해 다양한 프로세스를 개발했다. 가장 먼저 많은 비난을 받았던 탄력요금제를 도입함으로써 충분히 많은 운전자가 거리에 나오도록 했다. 이 일로 우버는 언론의 질타를 받았지만, 그럼에도 한 가지 중대한 문제를 해결했다. 바로 수요와 공급에 실질적으로 영향을 미친 것이다. 가령 대규모 공연이 끝나고 승객 수요가 몰릴 때, 우버는 요금을 인상하여 공급을 확대하면서 수요는 줄였다.

캐뷸러스가 해결하지 못한 문제를 우버는 탄력요금제를 통해 통제한 것이다. 더 나아가 우버는 양방향 지도와 접촉 정보를 제공함으로써 승객과 운전자가 서로를 쉽게 찾을 수 있도록 했다. 또한 투명한 자동식 결제, 호출 후 노쇼에 대한 고객 수수료, 마지막으로 고객과 운전자가 서로 평가하는 시스템까지 다양한 프로세스를 내놓았다.

고객에게 이 모든 경험을 제공하기 위해 우버는 야심 찬 백엔드 프로세스back-end process를 개발했다. 우버는 운행 속도에서 브레이크 습관에 이르기까지 운전자 행동과 관련해서 방대한 데이터를 수집했다.[35] 그렇게 수집한 데이터를 프로세스와 결합함으로써 서비스 품질을 개선했다.[36] 반면, 프런트엔드 프로세스front-end process를 통해서 운전자는 휴식을 취하라거나 휴대폰을 대시보드에 부착하라는 메시지를 받았다. 또한 그들의 운행 기록을 다른 지역 운전자들의 기록과 비교하는 데이터도 받았다.[37] 운전자의 개인정보에 대한 관점에서 볼 때, 우버의 프로세스는 분명히 기준 이하다. 그러나 고객의 관점에서 본다면, 우버의 혁신은 차량 호출 경험을 대단히 고통스러운 것에서 지극히 중독적인 것으로 바꿔놓았다. 《패스트 컴퍼니Fast Company》의 한 기자는 이렇게 썼다.

"우버는 맨해튼에 아파트를 장만하거나 역세권에 집을 살 여유가 없는 사람들의 삶을 극단적으로 편하게 만들었다. 오랜 과거로 되돌아가서, 택시를 잡으면 … 그 도시의 상징적인 노란 택시 기사는 보통 당신이 사는 동네까지 가기를 단호히 거부했다. 어떻게든 택시를 탔다고 해도, 기사들은 종종 미터기가 달리는 동안 빙빙 돌아가는 길을 택했다. 결국 당신은 어쩔 수 없이 목적지에서 한참 떨어진 곳에 내려야 했다. 게다가 택시 기사들은 승객을 인종적으로 차별하고, 할렘처럼 흑인들이 많이 거주하는 지역은 가지 않으려 했다."[38]

　우리가 우버를 사랑하든 증오하든, 우버는 프로세스를 통해 택시 산업을 완전히 바꿔놓았다. 우버의 프로세스는 제품을 생산하는 '전통적인' 세상에서 프로세스의 설계와 개선을 원칙으로 삼는 21세기 세상으로의 이동이었다. 이러한 시스템과 프로세스를 구성하는 요소는 사람과 물리적 자원 그리고 기술이다.

　기술적 역량은 사람, 자원, 기술을 통합하여 좋은 제품 및 고객 경험을 만드는 프로세스로 설계하는 능력이다. 수백 년간 많은 사고를 거쳐 프로세스들이 설계됐고, 이러한 사고의 누적은 오늘날 우리가 프로세스를 생각하는 방식에 영향을 미쳤다. 훌륭한 비즈니스 프로세스를 만들어내기 위한 모든 사고방식의 목록을 작성하자면 한 권의 책 아니 어쩌면 도서관 하나가 필요할지도 모른다. 기업이 프로세스를 설계하면서 고민하는 감성과 가치는 다양하게 나타날 것이다. 또한 팬데믹 이후 부족한 자원 혹은 자금난에 허덕이는 스타트업처럼 기업이 새롭게 직면하는 제한도 많아질 것이다.

　그러나 훌륭한 프로세스는 언제나 사용하기 적합한 제품과 서비스를 제공해야 한다는 점에서 신뢰와 깊은 관련이 있다. 다시 말해, 훌륭한 프로세스는 해야 할 일을 확실히 수행한다. 산업 분야를 떠나 많은 근본적인 원칙들은 모두 동일하다. 기업은 소비자의 요구에 주목해야 한다. 자신의 비즈니스를 두 부분으로 이뤄진 일련의 과정이라고 생각해보자. 그 한쪽에는 고객이 있고, 다른 한쪽에는 기업과 고객 경험을 부드러운 사슬로 연결해야 하는 기능과 부서, 공급업체와 조직의 그물망이 있다. 사실 업무를 처리하는 사람들이 업무 방식을 개선하는 과정에 참여해야 한다. 그들이 업무에 대해 가장 잘 알고 있기 때문이다. 대기 시간과 여분의 재료, 고객을 위한 가치 창출에 기여하지 못하는 쓸모없는 일자리는 제거하자. 이는 비용의 측면에서 나쁘기만 한 것은 아니다. 개선할 것이 있다는 신호이기 때문이다. 데이터를 수집, 분석해서 프로세스와 업무를 개선하고, 이를 통해 고객의 요구를 충족시켜 나가야 한다.

### 리츠칼튼의 황금 표준

프로세스는 제품이나 기술을 개발하기 위해서만 있는 게 아니다. 프로세스는 또한 인간의 행동에도 적용할 수 있는데, 리츠칼튼의 '황금 표준Gold Standards'이 대표적인 사례다. 이는 기술적 역량이란 바람직한 고객 경험을 창조하는 데 필수적인 제반시설을 구축하는 능력이라는 생각을 잘 보여준다. 리츠칼튼의 황금 표준은 전직 사장이자 COO인 호르스트 슐체Horst Schulze가 창안했다. 그는 1984년에 입사해서 리츠칼튼의 경영 및 인적 자원 시스템을 개발하고 그 시스템을 뒷받침하는 가치를 창조했다. 그는 호텔 체인 전반에 걸친 품질 관리를 주장했던 작고, 날씬하고, 카리스마 넘치는 인물이었다.[39] 여전히 리츠칼튼은 황금 표준을 토대로 고객 약속을 실행한다.[40] 그 첫 번째는 3단계 서비스로 구성된다.

1. 따뜻하고 진실한 인사

2. 고객을 이름으로 부르고, 고객의 요구를 예측하고 충족시키기

3. 고객의 이름을 부르며 따뜻한 작별 인사를 건네기[41]

이는 간단하고, 분명하며, 탁월한 행동공학<sup>behavior engineering</sup>이다. 리츠칼튼에서 일하는 전 세계 수천 명의 직원은 이를 통해 '맞춤화된 개인 경험'을 일관적으로 만들어낸다.

다음으로 슐체는 보다 구체적인 리츠칼튼 '기본<sup>Basics</sup> 지침'을 만들었다. 여기에는 스무 가지 조항이 있다. 그중 하나는 리츠칼튼 동료들이 모든 상호작용에서 3단계 서비스를 활용하는 것이다. 다른 조항들은 고객 불만을 다루는 것처럼 더 복잡한 프로세스에 적용할 수 있는 간단한 원칙을 제공한다. 리츠칼튼의 기본 지침에는 이렇게 쓰여있다. "누구든지 불만을 접수받은 사람은 이를 직접 해결함으로써 고객을 만족시키고 기록으로 남긴다."

이 명제 뒤에는 고객의 어려움을 해결하는 구체적인 프로세스가 있다. 이를 위해 직원들은 업무에서 벗어나야 한다. 즉, 하던 일을 중단하고 고객을 먼저 돌봐야 한다. 이와 관련해서 직원들은 불만족한 고객을 위해 LEAP라는 프로세스를 사용한다. LEAP란 듣고<sup>Listen</sup>, 공감하고<sup>Empathize</sup>, 질문을 통해 확인하고<sup>Ask for clarification</sup>, 해결책을 제시하는 것<sup>Produce a solution</sup>을 뜻한다. 그리고 나서 직원들은 20분 안에 다시 고객을 찾아가 그들이 제시한 해결책에 만족했는지 확인해야 한다. 마지막으로 직원들은 '몹시 화가 남'에서 '차분해짐'[42]에 이르기까지 전

과 후의 '고객 온도', 그리고 문제 해결에 고객이 만족했는지[43]를 특정한 양식에 기록해야 한다. 그렇게 기록된 자료는 모든 관련 부서에 전달되어 다음 날 아침 일일 회의에서 검토한다.

일일 회의는 전 세계 모든 리츠칼튼 호텔에서 부서별로 매일 10~15분 동안 열린다. 여기서 호텔 직원들은 문제를 논의하는 것은 물론, 리츠칼튼의 기본 규칙에 대한 각자의 경험을 공유한다. 리츠칼튼의 인사 담당 부사장은 이렇게 설명했다. "16개 방을 기준에 따라 청소하고 나면 지칠 수밖에 없습니다. 그렇기 때문에 고객을 우선시하고, 친절하게 대하고, 문제를 해결하고, 고객에게 진정한 관심을 기울이는 노력이 중요하다는 사실을 계속 상기시키지 않으면, 직원들은 잊어버리고 말 겁니다. 그들은 그저 방을 청소하기 위해 출근한다고 생각할 겁니다."[44]

리츠칼튼은 미국 말콤 볼드리지 국가 품질상Malcolm Baldridge National Quality Award을 두 차례나 수상했다. 첫 수상은 1992년으로 호텔로서는 유일했다. 당시 검수자들은 개선이 가능한 70곳 이상의 영역을 확인했다. 이에 대해 리츠칼튼은 집중적으로 노력했고, 1999년 서비스 기업으로서는 처음으로 그 상을 두 번이나 받았다.[45] 이후로도 여러 지역의 리츠칼튼 호텔이 다양한 상을 수상했다. 대표적으로 2002년에서 2020년까지 매년 수상한 포브스 여행 가이드 5성급 호텔상,[46] J. D. 파워J.D. Power와 콩데 나스트Condé Nast에서 받은 다양한 상을 꼽을 수 있다.[47]

기술적 역량을 확보하기 위해 기업은 끊임없이 프로세스를 개선해

야 한다. 자신이 잘하는 일을 계속해 나가는 것은 끝나지 않는 싸움
이다.


## 관리적 역량: 관계를 조율하는 기술

리츠칼튼은 내가 피델리티를 떠나 HBS에서 강의를 맡으면서 처음 연
구를 시작했던 기업들 중 하나였다. 2000년 나는 처음으로 리츠칼튼
을 방문했다. 그때부터 그들이 고객 서비스에서 최고 수준을 구현한
기업이라는 사실을 알았다.

한번은 워싱턴 D. C. 서부에 위치한 리츠칼튼 호텔에서 이런 일이
있었다. 나는 이제 막 교육과정을 시작한 신입사원들과 계단을 따라
연회장으로 내려가고 있었다. 아주 우아하고 거대한 계단이었다. 그때
리츠칼튼의 관리자와 직원들이 계단 양쪽에 줄지어 서서 반갑게 맞아
주었다. 내가 계단을 내려갈 때 그들은 "환영합니다!", "만나서 반갑습
니다!", "함께해주셔서 감사합니다!"라고 인사를 건넸다. 나의 수많은
행복한 순간과 축복받은 삶 중에서 고백하건대 계단을 내려가는 동안
특별한 따스함과 환영의 느낌을 받았다. 게다가 나는 신입사원도 아니
었다! 이러한 따스함으로 가득했던 최고의 순간을 한번 떠올려보라.

기업은 내부적으로 프로세스를 구축하고 그 프로세스를 자유롭게
통제해야 한다. 동시에 불확실한 환경을 헤쳐 나가는 동안 다양한 집
단과의 관계를 조율해야 한다. 기업은 고객이 무엇을 요구하는지, 그

요구가 고객 집단마다 어떻게 다른지 파악해야 한다. 그리고 제품과 서비스를 시장에 내놓기 위해 공급업체는 물론, 비영리 단체와 언론, 노동조합, 정부기관 같은 조직과 협력해야 한다. 또한 잠재 및 기존 경쟁자의 존재를 확인해야 하고, 생존과 번영을 위해 그들을 어떻게 대할지 알아야 한다. 무엇보다 직원들에게 동기를 부여함으로써 그들이 조직에 오랫동안 머무르며 최선을 다하도록 만들어야 한다. 간단하게 말해서, 관리적 역량이란 기업이 목표를 달성하고 변화하는 상황에 대처하기 위해 내적·외적 관계를 조율하는 기술을 말한다.

## 스티브 잡스의 역량과 열정

관리적 역량의 가장 근본적인 차원에서 기업은 제품이나 서비스를 성공적으로 공급하기 위해 현재는 물론, 미래의 고객 요구까지 이해해야 한다. 고객은 항상 그들이 요구한 것 이상을 바라기에 기업은 고객이 원하는 것을 미리 예측하고 파악해야 한다. 스티브 잡스Steve Jobs는 이런 유명한 말을 남겼다. "우리는 고객이 앞으로 원하게 될 것을 미리 파악해야 합니다. 헨리 포드Henry Ford는 이렇게 말했죠. '고객에게 무엇을 원하느냐고 물었다면 그들은 "더 빠른 말이요!"라고 답했을 것이다.' 사람들은 직접 눈으로 확인할 때까지 그들이 정말로 무엇을 원하는지 모릅니다."[48]

고객의 요구를 앞서 예측하는 애플Apple의 열정 덕분에 우리는 아이팟과 아이폰, 아이패드 그리고 애플워치를 갖게 되었다. 그렇게 애플은 수십 년 동안이나 고객들을 놀라고 기쁘게 만들었다.

무엇보다 잡스는 항상 혁신에 대해 말했다. 일반적으로 우리는 혁신을 획기적인 신제품 혹은 삶을 편리하게 만들어주는 프로세스를 개발하는 것이라고 생각한다. 하지만 사실 그것은 혁신의 한 부분에 불과하다. 즉, 기술적 역량을 의미할 뿐이다. 가령 자동차나 mp3 플레이어처럼 소비자가 알지 못하는 생소한 뭔가를 구매하도록 설득해야 한다고 치자. 이때 기업은 소비자들이 무엇을 수용할 수 있고 혹은 할 수 없는지 먼저 파악해야 한다(당시 너무 어려서 mp3 플레이어를 잘 모르는 사람들도 있을 것이다. mp3 플레이어는 디지털 오디오 파일인 mp3를 재생하는 기기를 말한다. 스마트폰으로 노래를 들을 수 없었던 어둡고 황량한 석기시대에 사람들은 그것을 사용했었다).

스티브 잡스는 그가 세계 최고의 엔지니어나 컴퓨터 프로그래머라서 명성을 얻은 게 아니었다. 스티브 잡스는 신제품을 개발해서 그것을 삶의 필수품으로 전환하는 방법을 이해했기 때문에 주목받았다. 아이팟이 시장에 나왔을 무렵, 50여 종의 디지털 음악 플레이어가 이미 시장에 출시되어 있었다. 그중 어느 것도 폭발적인 인기를 끌지 못했다. 플레이어에 음악을 넣기 위한 효과적인 방법이 없었기 때문이다. 당시 광대역 인터넷 서비스는 널리 보급되어 있지 않았다.

이 말은 노래를 몇 곡 다운로드 받으려면 몇 시간이 걸린다는 의미였다. 또한 mp3 파일을 판매하는 대규모 유통업체가 없었다. 하지만 아이팟은 달랐다. 첫째, 아이팟은 USB 케이블 대신 파이어와이어 FireWire라는 케이블을 사용했다. 당시 USB 케이블은 초당 1.5메가바이트밖에 데이터를 전송하지 못했다. 반면 파이어와이어는 초당 25메가

바이트 전송이 가능했다. 이로써 사용자들은 아이팟에 훨씬 더 빠르게 음악을 집어넣을 수 있었다.[49]

둘째, 애플의 아이팟은 mp3 플레이어가 첫선을 보인 지 3년이 지난 2001년에 시장에 출시되었다. 그 무렵 광대역 인터넷 서비스에 가입한 가구 수가 점차 증가하고 있었다. 다시 2년이 흘러 애플은 아이튠즈 뮤직스토어iTunes Music Store를 출시했다. 이를 통해 아이팟 사용자는 앨범이나 노래를 개별적으로 구입할 수 있었다. 곧 아이팟은 시장에서 가장 잘 팔리는 mp3 플레이어가 되었다.[50]

잡스는 음악 없는 음악 플레이어는 아무런 의미가 없다는 점을 잘 알고 있었다. 물론 애플은 광대역 인터넷 서비스 보급에 직접 영향을 미칠 수는 없었다. 그러나 잡스는 전송 속도가 더 빠른 케이블을 추가하고, 시장 환경에 맞춰 아이팟의 출시 시점을 조율하는 일을 할 수 있었다. 혁신으로 명성을 얻은 기업은 새로운 제품이나 서비스를 개발하는 데 뛰어날 뿐만 아니라, 그것을 보다 직관적이고 사용하기 쉽게 만든다.

고객이 무엇을 원하고 필요로 하는지 이해했다면, 기업은 그것을 충족시킬 제품이나 서비스를 시장에 내놓아야 한다. 그리고 경쟁자와 규제자로 가득한 생태계를 구축해야 한다.

### 규제에 맞서는 현명한 방법

이와 관련해서 우버는 상당히 복잡한 사례다. 우버는 대단히 규제 수준이 높은 산업에 도전했다. 당시 그 산업의 구성원들은 새로운 진입자로부터 스스로를 지키기 위해 최선을 다했다. 우버가 비즈니스를 시작할 무렵, 택시 시장은 지역 기업들이 각자의 영역에서 비즈니스를 운영하는 형태를 취하고 있었다.[51] 이러한 상황에서 우버는 발 빠르게 블랙카<sup>black car</sup>(일종의 '리무진'-편집자) 서비스에 뛰어들었다. 블랙카 시장은 택시 시장에 비해 규제를 덜 받았다. 그럼에도 우버는 여러 가지 도전과제에 직면해야 했다. 2003년 브래드 스톤이 《업스타트》에서 소개했듯이, 온라인 식품배달 서비스 업체인 심리스<sup>Seamless</sup>의 공동 설립자 제이슨 핑거<sup>Jason Finger</sup>가 뉴욕에서 블랙카 비즈니스에 진입하고자 했을 때 자문들은 그에게 조심하라고 조언했다. 마피아가 그 시장에 관여하고 있다는 소문이 돌았기 때문이다. 실제로 핑거는 음성 메일로 협박 메시지를 받았고, 결국 사업을 포기했다. 그 메시지는 다음과 같았다.

"제이슨, 당신이 뉴욕에서 대기업을 대상으로 차량 서비스를 시작한다는 말을 들었습니다. 하지만 우리는 그게 좋은 아이디어라고 생각하지 않습니다. 당신에겐 아름다운 가정이 있습니다. 당신의 예쁜 어린 딸들과 더 많은 시간을 보내는 게 어떨까요? 당신은 지금까지 식품 사업을 잘 운영해왔습니다. 이제 다른 지역으로 사업을 확장해보는 건 어떨까요?"[52]

우버가 샌프란시스코에서 비즈니스를 시작했을 때 경영진에게는 아무 일도 없었다. 하지만 우버는 어떤 면에서는 죽음의 협박을 받았다. 2010년 우버는 블랙카 서비스를 규제하는 캘리포니아 공공사업 위원회와 택시를 규제하는 샌프란시스코 교통국에서 사업을 중단하라는 통지를 받았다. 이에 대해 트래비스 캘러닉은 2011년에 열린 한 콘퍼런스에서 이렇게 말했다. "앞으로 2만 년은 교도소 신세를 져야 할 것 같군요."[53)

우버는 발 빠른 책략이 필요한 까다로운 시장에 있었다. 그들은 새로운 도시에 진입하기 전에 엄격한 과정을 거쳤다. 우선 해당 지역에 두 팀을 파견해서 6주 동안 비즈니스 준비 작업을 시켰다.[54) 다음으로 무료 서비스를 제공하거나 화려한 론칭 파티를 주최하는 방식으로 지역의 유력 인사들과 접촉했다.

또한 대단히 공격적인 전술을 활용했다. 새로운 도시에 진입하기 위한 우버의 가이드라인은 '확장하고 또 확장하라'는 원칙을 따르고 있었다. 그들은 규제를 가볍게 무시했다. 실제로 우버가 사용하는 전술에 반대하는 인사들을 로비스트와 법률가를 고용해서 다루는 방법도 있었다.[55) 사실 우버는 그 밖에 다른 방식으로 규제기관에 맞설 수는 없었을 것이다. 하지만 우버의 전술은 공격적인 방식을 넘어서서 잔인한 방식으로, 그리고 완전히 잘못된 방식으로 나아갔다.

우버의 잔인함과 관련해서 이야기를 해보겠다. 2015년 뉴욕 시장 빌 더블라지오[Bill de Blasio]는 우버의 성장세를 2016년 9월까지 1퍼센트로 억제하겠다고 말했다. 당시 우버는 월 3퍼센트의 속도로 성장하고 있었다.[56) 우버는 약 200만 명의 뉴욕시 고객들이 이용하고 있던 그들의 앱에 '더블라지오' 탭을 추가했다. 여기서 우버는 시의회가 시장의 주장을 받아들일 경우 대기 시간이 얼마나 더 길어질지 보여주었다.[57] 우버는 그 탭을 더블라지오가 뉴욕 근로자들의 '장애물'로 묘사된 문구 및 광고와 연결했다.[58] 그것은 규제가 우버 고객들의 삶에 어떤 영향을 미칠 것인지 보여주는 획기적인 방법이었다. 과연 효과적이었을까? 아마도 그랬던 것 같다. 더블라지오는 결국 한발 물러섰다.[59] 하지만 이 일로 우버는 뉴욕 시장을 적으로 돌리고 말았다. 이야기는 속편에서 계속 하겠다.

애플은 디자인이 뛰어난 제품을 적절한 시기에 출시함으로써 경쟁자를 물리칠 수 있었다. 기존 경쟁 제품들은 조잡한 디자인과 높은 가격으로 소비자에게 외면받았다. 가령 한 기존 제품은 15곡밖에 저장할 수 없는데도 200달러에 판매했다. 반면 처음 출시된 아이팟은 399달러에 음악을 무려 5기가나 저장할 수 있었다.[60] 2004년 애플의 시장 점유율은 92퍼센트에 달했다.[61] 그제야 경쟁사들은 정신을 차리고 잇달아 신제품을 내놓기 시작했지만 너무 늦었다. 애플은 난공불락의 철옹성을 완성했다.[62]

그러나 우버의 상황은 애플과 크게 달랐다. 당시 전화 통화로 차량을 예약하는 비슷한 서비스를 제공하는 경쟁자가 있었다. 바로 리프트였다.[63] 이러한 상황에서 애플과 같은 전술은 쉽게 먹히지 않을 것이다. 리프트가 우버와 비교 가능한 서비스를 제공하고 있었기 때문이다. 우버는 과연 어떻게 대응했을까?

이 시점에서 타협을 모르는 우버의 접근 방식은 완전히 잘못된 영역으로 들어서고 말았다. 우버가 뉴욕시의 제한 정책에 맞서 캠페인을 벌이기 이전인 2014년, 언론들은 우버가 SLOG  작전Operation SLOG, Supplying Long-Term Operations Growth(장기적인 성장 추구)을 통해 리프트의 성장을 가로막고 있다는 기사를 전했다.

우버는 계약자들에게 버너 폰burner phone(불법적으로 잠시 사용하다가 폐기하는 휴대전화 – 옮긴이)과 신용카드를 지급했다. 그들은 이것으로 리프트 서비스를 예약했고, 리프트 운전자를 우버 운전자로 끌어들이려고 했다. 성공할 경우, 계약자는 건당 750달러를 받았다.[64] 이 작전은 놀랍도록 치밀하게 고안되었다. SLOG 계약자들은 그들이 해야 할 일을 구체적으로 설명하는 이메일을 받았다. 거기에는 잡담을 나누면서 던져야 할 질문부터 포섭할 운전자의 반응에 따른 대응 방식까지 상세히 적혀 있었다.[65]

게다가 우버 직원들은 리프트나 겟Gett과 같은 경쟁 서비스에 예약을 했다가 취소하는 방식으로 그들의 영업을 방해했다.[66] 리프트의 추산에 따르면, 2013~2015년 동안 우버 직원들은 연평균 5,000회 이상을 예약했다가 취소했다고 한다.[67]

우버의 잔인함은 운전자에 대한 처우에서도 잘 드러난다. 우버는 심리적인 전술을 활용해서 운전자들이 더 많이 일하도록 만들었다. 이미 법률에는 기업들의 부당한 수법을 막는 정책이 있다. 하지만 우버 운전자는 모두 계약자이기 때문에 그러한 법률로부터 보호를 거의 받지 못한다. 우버는 운전자들의 데이터를 경쟁의 척도로 삼고, 그들의 일을 '게임화gamify'하는 전술을 통해 일중독이 되도록 만들었다. 정해진 운행 시간이 끝나갈 무렵, 우버는 운전자들에게 계속해서 운행을 요청하는 메시지를 발송했다. 또한 운전자들에게 '최고의 서비스'나 '흥미로운 드라이브'와 같은 문구가 적힌 배지를 제공했다. 우버 운전자인 조시 스트리터Josh Streeter는 "330달러를 채우세요. 현재 10달러가 모자랍니다. 여기서 중단하시겠어요?"[68]와 같은 다양한 메시지를 받았다고 말했다.

한편, 우버 운전자는 앱을 통해 일주일 동안 운행 횟수, 수입, 전반적인 평점 그리고 총 운행 시간을 확인할 수 있다. 게다가 우버(그리고 리프트)는 '선 배차forward dispatching' 기능을 제공한다. 이를 활용하면 운전자는 현재 운행이 끝나기 전에 다음 고객의 예약을 받을 수 있다. 얼핏 이 기능은 운전자에게 도움이 되는 것처럼 보인다. 대기 시간을 줄임으로써 더 많이 돈을 벌 수 있기 때문이다. 하지만 결국 이 기능은 우버를 위한 것이다. 이를 통해 운전자들이 계속 운행함으로써 공급을 꾸준하게 유지할 수 있기 때문이다. 반면 운전자들은 화장실 갈 시간도 없는 처지가 되었다. 결국 우버는 선 배차 기능을 끄는 버튼을 설치했다.[69] 이러한 전술은 대단히 현명하다. 그런데 과연 누구에게 도움을 주는가? 운전자인가, 우버인가? 고객의 입장에서 볼 때, 지치고 화장실이 급한 운전자가 모는 차에 탑승하는 게 좋은 생각일까?

### 리츠칼튼의 동기 부여 방식

반면 리츠칼튼이 직원들에게 동기를 부여하는 방식을 살펴보자. 내가 신입사원들이 모인 전체 회의에 참석했을 때, 호르스트 슐체는 모든 사람을 이끌고 계단을 따라 아래층으로 내려왔다. 그리고 분위기를 돕는 가수 퀸의 〈We Will Rock You〉가 흘러나오는 가운데 단상 위로 올랐다. 거기서 슐체는 서비스에 대한 자신의 철학을 밝혔다.

> "여러분은 하인이 아닙니다. 우리는 하인이 아닙니다. 우리의 직업은 서비스입니다. 고객들과 마찬가지로 여러분 모두 신사와 숙녀입니다. 우리는 고객을 신사와 숙녀로 존중합니다. 우리 역시 신사와 숙녀이며 그렇게 존중받아야 합니다. 우리가 할 일을 똑바로 한다면, 우리는 '고객처럼' 소중한 존재가 됩니다."[70]

리츠칼튼의 서비스에 대한 평등과 존중의 가치는 승진을 격려하고 보상을 제공하는 인사 시스템과 결합되었다. 슐체 역시 독일에서 접시닦이로 경력을 시작했다. 우리가 조사했을 때를 기준으로, 리츠 관리자 중 25퍼센트는 청소부나 레스토랑 종업원, 시급 지배인으로 일을 시작했다.

전체 회의가 끝나고, 슐체는 호텔의 새로운 관리자들을 따로 만났다. 그리고 그들이 일반 직원들에게 깊은 책임감을 가져야 한다고 강조했다. "직원들은 목적을 위해 출근할 권리가 있습니다. 우리가 지금 앉아 있는 의자도 일을 하고 있습니다. 여러분이 직원에게 목적을 부여하지 않으면, 그들은 결국 의자와 다를 바가 없습니다."

여기서 나는 리츠칼튼이 직원 행복에 초점을 맞추고 있다고 말하려는 게 아니다. 리츠의 기준은 대단히 높다. 새로운 관리자들에게 한 연설에서, 슐체는 리츠가 이윤을 올리기 위해 존재하며 직원들은 높은 기준을 충족시켜야 한다는 점을 직접적으로 말했다.

"지금도 만족하는 고객의 비중은 92퍼센트에 머물러 있습니다. 덕분에 우리는 80퍼센트의 시장 점유율을 지키고 있습니다. 그런데 왜 기뻐하지 않을까요? 그것은 8퍼센트가 만족하지 않았기 때문입니다. 물론 2~3퍼센트는 우리가 하지 못하는 일을 원합니다. 혹은 다른 고객이 불편해 하는 일을 원합니다. 하지만 5퍼센트는 우리가 만족시킬 수 있는 이들입니다. 그 5퍼센트는 계속해서 반복적으로 일어나는 어리석고 안타까운 결함 때문에 만족하지 못했습니다.

이는 여러분이 영구적으로 제거해야 할 결함입니다. 5퍼센트는 곧 만족하지 못한 20만 명의 고객을 의미합니다. 그들은 우리가 절대 훌륭하지 않다고 말하는, 우리를 공격하게 될 부대입니다. 우리가 그 5퍼센트를 만족시킨다면, 점유율은 3년 안에 88퍼센트로 성장할 것입니다. 88퍼센트는 돈으로 무엇을 의미합니까? 그것은 3억 달러의 수익입니다. 우리는 5퍼센트 결함 때문에 3억 달러를 포기하고 있는 겁니다."[71]

## 효과적인 관리 방식은 무엇인가

이 사례 연구로 강의를 할 때마다 나는 학생들에게 리츠칼튼 관리자가 되길 원하는 사람은 손을 들어보라고 한다. 슐체의 냉철함을 감안하면 적을 것 같지만, 일반적으로 30퍼센트 이상이 손을 든다. 그 이유를 물어보면, 수강생들은 경영자가 조직의 목표를 분명하고 투명하게 제시하는 기업에서 일하고 싶기 때문이라고 설명한다. 그들은 기업이 일관적으로 신뢰와 역량을 입증하도록 만드는 것이 자신이 할 일이라고 생각한다.

이는 단지 내 수강생들만의 생각이 아니다. 직원들의 반응 역시 좋다. 우리가 리츠를 연구할 무렵, 호텔 산업에서 그리고 적어도 1년 넘게 비즈니스를 운영한 호텔에서 연평균 이직률은 100퍼센트였다. 노동통계청 자료에 따르면 2019년에는 78.8퍼센트로 떨어졌다. 그런데 리츠의 이직률은 20퍼센트에 불과했다.[72] 리츠는 직원들을 잘 대우한다. 리츠의 관행 중에는 '데이21 Day 21'이라는 행사가 있다. 새로 들어온 직원들은 입사 후 3주가 됐을 때 점검하는 시간을 가진다. 이를 통해 리츠는 신입 오리엔테이션과 교육 과정 동안 기업이 직원들에게 한 약속이 잘 이행되고 있는지 확인한다.[73]

탁월함에 초점을 맞춘 리츠의 전략은 세 가지 혜택을 가져다준다. 가장 먼저 최고 수준의 숙박에 대한 고객의 기대를 충족시킨다. 그리고 평등과 목적의식을 직원들에게 전한다. 마지막으로 리츠에게 수익을 가져다준다. 이를 우버의 전술과 대조해보자. 우버는 새로운 도시에 진입하기 위해 규제기관들을 공격적으로 관리했다. 또한 우버 차량이 도로에 더 오랫동안 머물도록 운전자들을 관리하고, 경쟁 위협을 억제하기 위해 경쟁사들과의 관계를 통제했다. 그들의 전술은 순수하게 그들에게만 이익을 가져다주었다. 그러나 이러한 이기심은 장기적으로 그들에게 높은 대가를 요구했다. 그것은 바로 신뢰의 침식이었다.

## **역량만으로는 신뢰를 얻지 못한다**

우버는 공격적이고, 잔인하고, 완전히 잘못된 접근 방식을 통해 단기적으로는 목표를 달성했지만 장기적으로는 큰 대가를 치러야 했다. 이제 더블라지오 이야기의 속편을 들여다보자.

2018년 우버의 온갖 스캔들로 인해 뉴욕시는 차량공유 앱을 이용한 자동차 운행 규모를 제한하는 법안을 미국에서 처음 통과시켰다.[74] 2019년에 더블라지오는 이러한 제한을 지속적으로 확장했다. 또한 운전자가 새로운 승객을 찾아 거리를 돌아다니는 시간을 제한하는 방안까지 내놨다.[75] 제한 정책을 발표하기 몇 주 전, 더블라지오는 앱 기업들이 "힘들게 일하는 운전자의 이익을 가로채고, 교통정체로 도시를 숨 막히게 만들고, 근로자를 빈곤으로 몰아넣지 못하도록 제한을 확대해나갈 것"이라고 말했다.[76] 우버는 2019년 2월에 제한 정책을 철회하라며 고소를 진행했으나,[77] 2019년 12월 뉴욕시 법원은 그 제한 정책에 제동을 걸었다.[78]

더블라지오 탭이 아니라 대기 탭이라고 부르는 식으로 우버가 조금은 덜 공격적인 태세를 취했더라면 어땠을까? 어쩌면 우버는 사람들의 삶에 다른 영향을 미쳤을지 모른다. 결국 제한 확대는 우버와 리프트 모두에게 타격을 입혔다. 하지만 확실히 우버의 행동은 대중에게 결정적으로 불쾌한 이미지를 남겼다. 사람들은 하나의 기업으로서 우버에게 긍정적인 느낌을 받지 못했다. 〈뉴욕 타임스〉는 "삭제할 것인가 말 것인가: 그것이 우버의 문제로다"라는 제목으로 우버 사용자의 불만을 기사로 다뤘다. 어떤 기업이 그런 기사로 입에 오르내리길 원하겠는가? 그 기사는 불만에 가득 찬 한 사용자의 말로 끝맺었다. "치열한 것과 더러운 것은 분명히 다릅니다. 그것은 나쁜 문화입니다. 저는 그들을 인정할 생각이 없습니다."[79]

물론 이러한 분노와 부정적인 비판이 팽배하지만, 우버가 심각한 상황에 처한 것은 아니다. 어쨌든 우버는 살아남았고, 2019년에 예약 규모는 28퍼센트, 수익은 37퍼센트나 증가했다.[80]

하지만 어떤 기업이 우버가 겪었던 일을 경험하길 원할까? 전 CEO 트래비스 캘러닉이 쫓겨났던 2017년에 우버는 언론의 뭇매를 맞은 것은 물론, 4,400만 명의 사용자 규모를 달성할 것이라는 예측도 실현하지 못했다. 그들의 실제 사용자 수는 4,100만 명에 머물렀다.[81] 성장세 둔화가 2021년까지 이어졌으며, 우버는 지금도 시장 점유율을 리프트에게 빼앗기고 있다.[82] 2017년 10월에서 2018년 10월에 이르는 동안, 리프트의 수익 성장률은 우버보다 두 배 더 높았다.[83] #DeleteUber 캠페인이 없었더라면, 혹은 사용자들이 우버를 예약할 때마다 불쾌함보다 긍정적인 느낌을 더 많이 받았더라면 이러한 수치는 지금 어떻게 바뀌었을까?

이야기는 여기서 끝이 아니다. 2019년 많은 기대를 모았던 우버의 기업공개가 완전한 실패로 돌아가기 이틀 전, 전 세계 우버 운전자들은 그들의 근로 조건에 저항하며 파업을 벌였다.[84] 이후 우버가 내놓은 첫 번째 수익보고서에는 1사분기에 10억 달러가 넘는 순손실이 기록되어 있었다.[85]

우버 사례는 역량이 신뢰의 기반이지만 그것은 출발점에 불과하다는 사실을 잘 보여준다. 기술적으로 뛰어난 기업은 우수한 제품이나 서비스를 생산할 수 있다. 그리고 이를 시장에 내놓는 과정에서 기업은 관리적 역량이 필요하다. 하지만 관리적 역량만으로도 충분치 않다. 우버 사례에서 살펴봤듯이, 관리적 역량이 뛰어난 기업은 단기적으로 높은 성과를 올릴 수 있다. 하지만 그들의 전술이 이기적이고, 부당하고, 고객과 직원, 투자자에게 긍정적인 영향을 주지 못하면 장기적인 차원에서 큰 대가를 치를 수밖에 없다.

THE POWER OF TRUST

3장

# 동기:
## 모두의 이익에 기여하라

**인간의 행동에 특성을 부여하는 것은
동기뿐이다.**

— 장 드 라브뤼예르 Jean de La Bruyère

**THE POWER OF TRUST**

_____

우리는 기업이 생존을 위해 수익을 올려야 한다는 사실을 알고 있다. 그러나 여기서 더 어렵고 미묘한 문제가 고개를 든다. 우리는 소비자이자 직원, 투자자 그리고 사회 일원으로서 기업이 수익을 올리는 것 외에 어떤 동기를 갖고 있는지 알고 싶어 한다. 이는 천사의 편에 서 있는 것 같은 프로젝트인 타미 어댑티브Tommy Adaptive가 가장 주목하는 주제이기도 하다.

타미의 이야기는 삭스 피프스 애비뉴Saks Fifth Avenue의 전직 패션 스타일리스트인 민디 샤이어Mindy Scheier와 함께 시작된다. 당찬 목소리와 붉은 곱슬머리를 지닌 샤이어는 패션 세상에 뜨거운 열정을 갖고 있다. 샤이어는 옷에는 사람을 바꾸는 마법이 있다고 믿는다. 그런데 정작 샤이어의 아들인 올리버는 몇 년 동안이나 운동복 바지만 입어야 했다. 올리버에게는 근육이 점차 굳어가는 희귀한 질환이 있었기에 옷을 입으려면 힘겹게 단추를 채우고 지퍼를 올려야 했다. 게다가 다리 교정기 때문에 일반적인 바지는 입을 수 없었다. 올리버가 억지로 청바지를 입을 경우, 샤이어는 화장실까지 따라가야 했다.[1]

3학년이 된 어느 날, 올리버는 학교에서 돌아와 이렇게 선언했다. "나도 다른 아이들처럼 청바지를 입고 싶어요." 올리버 역시 패션에 열정이 있었던 것이다. 하지만 그러한 마음을 표현할 방법이 없었다.

샤이어는 당시를 이렇게 떠올렸다. "가슴 아픈 순간이었습니다. 저는 패션 산업에 종사했고 말 그대로 매일 옷에 대해 생각했습니다. 그런데 제 아이는 그럴 수 없었죠. 자신이 누구인지 그리고 세상에 어떤 모습을 보여주고 싶은지 표현할 때 옷은 대단히 중요합니다."

그러던 어느 날, 샤이어는 고민 끝에 올리버가 혼자 청바지를 입을 수 있도록 개조했다. 그는 지퍼 대신 고무줄 밴드를 넣어 쉽게 입고 벗을 수 있게 했다. 그리고 교정기가 잘 들어가도록 다리 부분을 절개해서 벨크로를 안쪽에 부착했다. "내 작품을 보여주자 올리버는 아주 기뻐했어요. 자신 있게 학교에 가고 싶어 했죠. 그 청바지는 아이를 바꿔놨어요. 이제 혼자서 옷을 입고 화장실도 갈 수 있게 되었죠. 그 청바지는 아이에게 자신감을 심어줬어요."[2]

샤이어는 거기서 멈추지 않았다. 그는 올리버가 입을 수 있는 옷을 조사했으나, 아직 시장에는 많이 나와 있지 않았다. 그나마 있는 것도 노인을 위한 환자복뿐이었다. 하지만 올리버는 혼자가 아니었다. 장애를 가진 사람이 미국에만 약 6,100만 명이 있었다. 이는 인구의 25

퍼센트에 해당한다.[3] 2013년 샤이어는 비영리 단체 런웨이 오브 드림스Runway of Dreams를 설립해서 패션업계가 장애인에게 도움을 줄 수 있는 방법에 대해 강의했다.

또한 샤이어는 단추 대신 자석으로 셔츠를 잠그는 새로운 시스템을 개발한 디자이너 모라 호턴Maura Horton과 손을 잡았다. 호턴은 파킨슨병을 앓고 있는 남편이 혼자서 셔츠를 입고 벗을 수 있도록 그 시스템을 개발했다. 그렇게 샤이어와 호턴은 적응형 의류adaptive clothing에 대한 개발안을 들고 여러 의류업체와 접촉했다. 하지만 그들 대부분은 제안을 거절했다. 적응형 의류가 시장성이 있다면 이미 누군가 시작했을 것이라는 게 이유였다. 그러나 두 사람은 결국 타미 힐피거Tommy Hilfiger로부터 긍정적인 대답을 얻었다.

그렇게 2016년 타미 힐피거는 런웨이 오브 드림스와 손을 잡고 아동용 적응형 의류 컬렉션을 선보였다. 그리고 이듬해 타미 어댑티브라는 브랜드를 출시했다. 이는 장애가 있는 이들을 위한 의류 브랜드였다. 그중에는 장식 단추 뒤에 자석을 붙여 일반적인 옷처럼 보이지만 쉽게 입고 벗을 수 있는 티셔츠, 지퍼 대신에 고리를 거는 방식의 바지가 있었다. 타미 힐피거 직원들에게 타미 어댑티브는 하나의 브랜드 그 이상이었다. 그것은 일종의 열정 프로젝트였다.

타미 힐피거는 시장의 요구에 가장 적합한 제품을 내놓기 위해 장애가 있는 이들과 더불어 광범위한 차원에서 포커스 그룹focus group(여론이나 시장 조사를 위해 계층별로 선정한 소그룹 - 편집자)을 실시했다. 그들은 구매를 가로막는 장벽은 무엇인지, 어떻게 장애인에게 옷을 판매할 것인지를 연구했다. 또한 고객 서비스 직원에게는 신제품에 대한 교육은 물론, 감수성 훈련까지 실시했다. 타미 어댑티브 팀원들은 주말까지 나와서 일했고, 패션업계 이외의 다양한 조직과 협력 관계를 모색했다. 타미 힐피거의 미국 시장을 담당하는 CEO인 게리 샤인바움Gary Sheinbaum은 이렇게 말했다. "우리는 지속적인 운동을 일으키길 원합니다."

타미 힐피거의 여러 직원들은 타미 어댑티브 팀에서 일하는 것이 그들에게 목적성을 가져다준다고 말한다. 그들은 진정으로 사회에 의미 있는 일을 하고 있다고 느낀다. 또한 상품에 대해 대단히 열정적이다. 한 관리자는 타미 어댑티브 고객들이 들려준 이야기에 감동을 받아서 회의 때마다 눈물을 흘렸다고 털어놓기도 했다.

타미 어댑티브 라인의 상품들은 다른 일반적인 옷들과 비슷한 가격으로 책정되었지만, 이윤은 훨씬 더 낮았다. 적응형 시스템과 디자인 그리고 여러 특별한 기능에 많은 비용이 들어가기 때문이다.

장애가 있는 고객들은 전반적으로 타미 어댑티브 상품을 사랑했다. 유통업체의 고객 서비스 센터는 고객에게 많은 질문과 함께 불만을 듣는다. 하지만 타미 힐피거 고객 서비스 팀은 타미 어댑티브와 관련해서 정반대의 경험을 했다. 고객들은 전화를 걸어 감사를 전하거나 그 상품이 얼마나 도움이 되었는지를 공유했다.

하지만 타미 힐피거가 정말 '올바른 이유'로 타미 어댑티브 라인을 생산하는지 알고 싶은 사람도 있을 것이다. 경영컨설팅 기업인 맥킨지앤컴퍼니McKinsey & Company의 설명에 따르면, 2019년에 (사회적 부조리를 인식하는) '깨어 있기<sup>getting woke</sup>'는 패션업계의 중요한 화두 중 하나였다. 사회적으로 의식 있는 사람들은 패션 브랜드가 통합과 다양성에 대한 충분한 이해를 보여주지 못할 때 그들을 비난했다.

예를 들어, 2018년 유통업체 프리마크<sup>Primark</sup>는 튀르키예에서 생산된 프라이드 티셔츠<sup>Pride T-shirts</sup>를 출시하면서 많은 비난을 받았다. 튀르키예는 성소수자를 위한 LGBTQ+ 권리를 기준으로 유럽에서 매우 낮은 등급을 받은 나라 중 하나였기 때문이다. 이때 기업이 한 가지 사안에 사회적으로 의식 있는 입장을 취했다고 해서, 다른 사안에 면죄부를 얻지는 못한다. 미식축구 선수 콜린 캐퍼닉<sup>Colin Kaepernick</sup>은 흑인과 유색 인종 차별에 저항하기 위해 애국가가 흘러나오는 동안 무릎을 꿇었다. 이때 나이키는 그를 후원하기로 결정했다.[4] 그럼에도 나이키<sup>Nike</sup>는 개발도상국에서 공정한 임금을 지급하지 않은 일로 여전히 여론의 뭇매를 맞고 있다.[5]

타미 힐피거의 적응형 라인의 품질은 대단히 훌륭하며, 장애를 지닌 이들에게 실질적으로 많은 도움을 주고 있다. 그럼에도 사람들은 타미 힐피거의 진정한 동기에 의문을 품을 수 있다. 그 기업은 정말로 장애인에게 관심이 있을까? 단지 수익을 올리기 위한 전략일까? 타미 힐피거는 왜 적응형 의류 비즈니스를 하는 걸까?

# 기업에게는 선한 동기가 중요하다

기업의 동기를 이해하는 것이 대단히 중요한 두 가지 이유가 있다. 첫 번째는 실질적인 이유다. 기업은 사회적으로 막대한 영향력을 갖고 있다. 그래서 우리는 기업의 제품과 서비스가 우리에게 피해를 입히지 않는다는 확신이 필요하다. 예를 들어, 우리는 이동할 때 자동차와 비행기를 활용하는데, 기업이 안전 지침을 외면할 경우 자동차와 비행기는 살인무기로 둔갑하게 되기 때문이다.

### 선한 의지를 잃어버린 보잉의 사례

보잉 737 맥스 8 항공기를 생각해보자. 2018년 10월 29일 오전, 라이온 에어<sup>Lion Air</sup> 소속 보잉 737 맥스 8 항공기는 자카르타에서 이륙한 지 몇 분 만에 자바해로 추락하고 말았다. 이로 인해 탑승객 189명 전원이 사망했다. 5개월이 흐른 2019년 3월 10일, 에티오피아 항공이 운행하던 두 번째 보잉 737 맥스 8 항공기도 마찬가지로 이륙 직후에 추락했다. 그리고 탑승객 157명 전원이 사망했다.

이후 737 맥스 8 항공기의 소프트웨어 시스템에 결함이 있는 것으로 확인되었다. 이 항공기는 새로운 자동화 시스템을 탑재했는데, 항공기 시동이 꺼지는 것을 방지하기 위해 기수를 아래로 떨어뜨리는 기능을 했다. 그런데 그 시스템은 오직 하나의 센서에만 의존했던 것이다. 이 센서가 오작동을 일으킬 경우 자동화 시스템은 계속해서 기수를 낮추게 되고, 결국 추락으로 이어진다.[6] 이후 조사에서는 보잉이 수익성을 높이기 위해 안전 단계를 건너뛰었다는 사실이 밝혀졌다. 보잉은 고객의 안전보다 돈을 더 우선시했던 것이다.[7]

우리는 제품이나 서비스를 구매하면서 기업이 애초의 약속을 지킬 것이며, 고의적으로 피해를 입히지 않으리라 기대한다. 또한 우리의 행복에 상당한 관심을 갖고 있다고 생각한다. 우리는 기업이 하는 모든 일을 감시할 수 없다. 그렇기 때문에 기업과 관계를 맺기 위해서는 일반적으로 그들이 선하고, 우리에게 피해를 줄 의도가 없다고 신뢰해야만 한다.

예를 들어, 우리는 페이스북이 가족이나 친구와 쉽게 연락을 주고받게 해준다고 기대한다. 때로는 난처한 상황이 발생할 수 있다는 사실도 이해한다. 가령 친구에게 쓴 글을 할머니가 읽을 때처럼 말이다. 또한 페이스북이 우리의 승인에 따라 데이터를 사용할 것이라고 생각한다. 물론 승인을 도로 취소하는 방법을 페이스북이 분명하게 제시하지 않는다는 사실도 알고 있다. 하지만 우리의 허락 없이 제삼자가 개인 데이터를 수집하고 사용하도록 페이스북이 허용할 것이라고는 생각하지 않는다. 그러나 사실은 달랐다. 2016년 미 대선에서 트럼프 선거 진영은 데이터 기업인 케임브리지 애널리티카<sup>Cambridge Analytica</sup>를 고용했다. 그들은 8,700만 명의 페이스북 사용자의 데이터에 접근했고, 이를 기반으로 맞춤화된 정치 광고를 만들어내기도 했다.[8]

기업은 위험한 제품을 생산하거나 경제에 악영향을 주는 행동을 취하는 등 다양한 피해를 미칠 수 있다. 안전장치에 결함이 있는 항공기 운행이나 대침체를 유발했던 위험천만한 모기지 대출 상품처럼 말이다. 기업의 엄청난 영향력을 감안할 때, 우리는 기업이 처한 상황과 상관없이 그들이 올바르게 행동하는지 알아야 한다.

두 번째는 감성적인 이유다. 우리는 본능적으로 도덕성을 중요하게 생각한다. 우리는 상대방이 스스로 옳은 일이라고 믿기 때문에 우리에게 올바른 행동을 하는지 알고 싶어 한다. 아리스토텔레스는 이를 '도덕적 가치 그 자체를 위해 올바르게 행동하려는 성향'이라고 불렀다. 미국 철학자 마사 누스바움Martha Nussbaum은 《지각의 식별: 아리스토텔레스의 이성 개념The Discernment of Perception: An Aristotelian Concept of Rationality》에서 이를 언급했다. 그는 덕목에 대한 아리스토텔레스의 개념을 바탕으로 올바름을 향한 우리의 열망을 설명한다. "감정과 감성적 반응이 없는 상태에서 올바른 선택에 도달한다 해도, 아리스토텔레스는 감성적인 선택보다 덕이 부족하다고 주장할 것이다. 내가 아무런 감정 없이 친구를 도와준다면, 그것은 충만한 사랑과 공감으로서 도와준 것보다 고귀하지 않다. … 감정이 없다면, 올바른 인식의 한 부분이 빠져 있는 것이다."[9]

## 타미가 주목한 사회적 메시지

타미 어댑티브가 소외된 집단의 요구를 충족시키는 상품을 생산했다고 해도, 패션 브랜드가 맞닥뜨리는 문제를 피하려면 포괄적인 사명을 대중에게 분명히 전달해야 한다.

우리는 타미 힐피거가 적응형 의류 상품을 판매하는 이유가 그러한 상품이 미치는 긍정적인 영향과 인식에 아무런 관련이 없어야 한다고 논리적으로 주장할 수도 있다. 하지만 그럴 경우, 선을 행하려는 동기에서 비롯되는 여러 무형의 이점들을 놓치게 된다. 타미 어댑티브 팀은 장애인들을 위해 올바른 일을 해야 한다는 동기에 고무되었다. 그래서 다양한 포커스 그룹을 비롯하여 철저한 시장조사를 수행했던 것이다. 그들은 장애인 고객에게 더 많은 도움을 주기 위해 최선을 다했다. 고객 서비스 및 웹사이트를 통해 불만을 해결하는 최고 수준의 절차를 제공하고, 브랜드 인지도를 높이는 효과적인 방법을 찾고자 노력했다. 이러한 동기를 이해하지 못할 때, 우리는 왜 타미 어댑티브 팀이 굳이 이윤이 낮은 제품을 판매하는 데 더 많은 노력을 기울였는지 의심의 눈초리로 바라보게 된다.

실제로 타미 어댑티브 팀이 직면했던 한 가지 도전과제는 '목표 고객층에 어떻게 적응형 의류 상품을 광고할 것인가'였다. 참조할 만한 기존 사례도 없었다. 그래서 팀은 마케팅 캠페인을 완전히 처음부터 만들어야 했다. 장애인들은 포커스 그룹과 디자인 회의에서 그들이 다른 사람들과 다르게 보이길 원치 않는다는 이야기를 계속 강조했다. 마케팅 관점에서 맞춤화된 메시지를 활용하는 방안은 확실한 해결책이 된다. 하지만 이는 또한 타미 힐피거가 주목하는 공동체의 바람과는 모순된 것이었다. 타미 어댑티브 상품 개발에 깊이 관여했던 마케팅 책임자 세라 호턴Sarah Horton은 이렇게 말했다.

"적응형 의류 프로젝트에 착수했을 때, 우리는 장애가 있는 소비자들과 그들의 요구 사항에 대해 이야기를 나눠야 한다는 사실을 깨달았습니다. 새로운 상품이나 아이디어의 인지도를 높이는 것은 힘든 일이 아닙니다. 하지만 우리의 목표는 이러한 논의를 지속적으로 이어나가고 우리의 이야기를 가능한 한 많은 이들과 함께 공유하는 것이었습니다. 우리는 타미 어댑티브가 이러한 공동체에 의해, 그리고 공동체를 위해 구축되었다는 사실을 자랑스럽게 생각합니다."

이후 나이키와 타깃Target, 자포스Zappos, 아메리칸 이글American Eagle, UGG를 비롯하여 점점 더 많은 기업이 합류했다. 당시 타미 힐피거의 상품은 독특했고 '다른 사람을 도우려는 근본적인 욕망'이라는 그들의 동기는 우리에게 깊은 영감을 주었다.

### 인간은 기본적으로 선하다

실험 심리학자이자 두뇌 및 인지과학 전문가들의 연구에 따르면, 인간은 보상이 없고 자신에게 아무런 이익이 되지 않을 때조차 서로를 위해 기꺼이 도움을 주려고 한다. 관련해서 2012년 MIT대학 교수 데이비드 랜드David Rand와 하버드대학 교수인 마틴 노왁Martin Nowak과 조슈아 그린Joshua Greene이 연구 결과를 발표했다. 그들은 네 사람으로 구성된 그룹에게 돈을 지급하는 게임을 구상했다. 그리고 열 번의 실험을 통해 데이터를 수집했는데 피실험자는 자신이 받은 돈에서 얼마를 내놓을지 선택할 수 있었다. 그렇게 내놓은 돈이 몇 배로 불어나면 네 사람이 균등하게 가져갈 수 있었다.[10] 그룹에 아무런 기여를 하지 않고도 돈을 가져가는 것이 가능했지만 그럼에도 불구하고, 피실험자 대부분은 어느 정도 기여를 했다.[11] 그룹에 기여하지 않아도 처벌은 없으며, 기여해야 할 실질적인 이유도 없었다. 그럼에도 대다수 사람은 그룹에 도움을 주는 쪽을 선택했다.

2016년 랜드는 협력 게임에 대한 추가 연구에서 흥미로운 점을 발견했다. 피실험자에게 더 오랫동안 생각할 시간을 줬을 때, 사람들은 보다 이기적으로 행동했던 것이다. 이는 충분히 이해할 수 있는 부분이다. 가만히 앉아서 우리가 설명한 경제적 게임을 곰곰이 생각해보면 이런 의문이 들 것이다. '왜 내가 돈을 내놓아야 하는가? 함께 참여한 다른 피실험자들은 모르는 사람들이고, 아무것도 내놓지 않으면 더 많은 돈을 가지고 나갈 수 있다.' 반면 판단할 시간적 여유를 주지 않고 직관을 활용하게 했을 때, 사람들은 그룹에 17.3퍼센트나 더 많은 돈을 기부했다.[12] 우리는 서로를 도우려는 강한 욕망을 갖고 있지만 랜드가 발견한 것처럼 생각할 시간이 충분히 주어지면 이성이 그러한 욕망을 압도할 수 있다.

이러한 본능을 무시할 때 우리는 실제로 피해를 입을 수 있다. 협력하려는 기본적인 성향 외에, 우리는 이기적인 사람을 피하려는 성향이 있다. 2018년 스위스계 오스트리아 경제학자 에른스트 페르Ernst Fehr와 당시 박사과정 학생이었던 이보 슈르텐베르거Ivo Schurtenberger는 《네이처 인간행동Nature Human Behaviour》이라는 학술지에 논문을 발표했다. 그들은 서로를 알지 못하는 익명의 사람들이 벌이는 사회적 딜레마 게임을 연구했다.[13] 이 게임에서 피실험자들은 그룹에 기여하거나 자신의 돈을 지키는 것 사이에서 선택할 수 있다. 이 게임은 한 번으로 끝난다. 다시 말해, 피실험자는 자신의 평판을 걱정할 이유가 없다는 뜻이다.

페르와 슈르텐베르거는 실험을 통해 피실험자 중 약 30퍼센트가 무임승차를 선택했다는 사실을 확인했다. 즉, 아무런 기여를 하지 않고 뭔가를 얻으려고만 했다. 그리고 피실험자의 50퍼센트는 '조건적인 협력자'였다. 이 말은 다른 피실험자의 협력 여부에 따라 자신의 협력을 결정한다는 뜻이다. 즉, 다른 이들이 자신을 대하는 방식에 따라 협력의 수준을 높이거나 낮추었다.

두 사람은 또한 피실험자들이 무임승차자를 처벌하려는 강한 욕망을 갖고 있다는 사실도 확인했다. 이러한 욕망은 대단히 강력하다. 사람들은 처벌을 행하는 것이 자신에게, 그리고 그룹 전체에 일시적으로 해롭더라도 무임승차자를 처벌할 기회가 있는 상황을 선호한다.

우리는 동기를 매우 중요시 여긴다. 그래서 누군가 의도치 않게 피해를 유발했을 때, 그 피해를 덜 심각하게 받아들인다. 2013년 컬럼비아대학 경영학 교수 대니얼 에임스[Daniel Ames]와 프린스턴대학 심리학 교수 수전 피스크[Susan Fiske]는 피실험자들에게 직원의 급여가 부분적으로 회사 수익에서 결정되는 기업의 CEO에 관한 글을 읽게 했다.

이 글에서 CEO는 투자에 실패하여 직원들의 급여에 부정적인 영향을 미쳤다. 피실험자들은 그 피해의 정도를 0점에서 100점으로 평가했다. 이때 에임스와 피스크는 피실험자 절반에게 CEO가 직원들이 더 열심히 일하게끔 의도적으로 피해를 입혔다는 이야기를 들려줬다. 그리고 다른 절반에게는 CEO가 그 투자로 수익을 올려서 모든 직원에게 혜택을 주려고 했다는 이야기를 들려줬다. 그 결과, 전체 피실험자가 평가한 점수는 평균 66점이었다. 그리고 CEO가 피해를 입힐의도가 없었다는 두 번째 시나리오를 들었던 피실험자들의 평균 점수는 48점이었다. 투자 실패가 급여에 미친 피해는 두 경우 모두 '정확하게 동일한' 수준이었음에도 말이다.[14]

에임스와 피스크는 후속 연구를 통해 그 반대도 진실이라는 사실을 확인했다. 피해가 의도적이었다는 사실을 인식할 때, 사람들은 피해의 정도를 과대평가하는 경향이 있었다. 또한 피해를 의도하지 않았다는 사실을 알았을 때, 사람들은 보다 정확하게 평가했다. 후속 연구에서 에임스와 피스크는 주민에게 잘못된 약을 제공한 요양원 직원의이야기를 피실험자들에게 들려줬다. 그에 따른 실제 피해액은 4,433달러였다. 여기서 실수가 의도적이지 않았다고 생각한 피실험자들은피해액을 4,557달러라고 추측했다. 반면, 실수가 의도적이었다고 생각한 피실험자들은 5,224달러로 예상했다. 그리고 추후 실험에서 해당 직원을 조사해야 한다는 청원에 서명을 요청할 기회를 주었다. 이때 의도적으로 피해를 입혔다고 생각한 피실험자들은 그렇지 않은 피실험자보다 서명을 받기 위해 네 배나 더 열심히 노력했다.[15]

## 신뢰는 기업의 경쟁우위가 된다

여기서 핵심은 무엇일까? 우리는 집단의 이익을 높이는 데 협력하는 사람을 긍정적으로 생각한다. 이런 점에서 기업은 다른 사람의 이익을 위해 노력해야 한다. 그럴 때 우리는 기업과 함께 일하기를 원하고 그들에게 보상을 주려 한다. 기업이 우리에게 의도치 않게 피해를 입혔을 때, 우리는 보다 관대한 입장을 취한다. 반면 기업이 고의적으로 피해를 입혔다는 사실을 알았을 때, 우리는 피해의 정도를 확대 해석한다. 또한 우리는 자신의 이익에만 관심 있는 사람을 혐오한다. 그래서 함께 일하지 않거나 법적으로 그 사람을 처벌할 기회가 있을 때 우리는 기꺼이 그렇게 한다.

이 말은 기업이 완전히 이타적이길 기대한다는 의미는 아니다. 현실 세상의 인간과 기업은 생존을 위해 어느 정도 이기심이 필요하다. 그리고 수익성이 높은 기업은 파산을 앞둔 기업보다 좋은 일을 더 많이 할 수 있다. 가령 직원을 고용하고, 사람들에게 필요한 제품과 서비스를 생산하는 것처럼 말이다. 다만 우리는 기업이 비즈니스를 운영하는 과정에서 모든 이해관계자에게 최소한의 피해만 입히길 원한다. 기업이 그러한 피해를 입힐 마땅한 이유가 있을 때조차 이를 받아들이는 우리의 인내심은 다분히 제한적이다. 우버가 경쟁자인 리프트의 서비스를 고의적으로 예약하고 취소한 것은 물론, 리프트의 운전자를 빼내기 위해 특별 팀까지 꾸렸다는 보도가 나왔을 때를 생각해보라.[16] 사람들은 이를 현명한 전술이라고 인정하지 않았다. 대신 우버를 악당으로 여겼다.

종교친우회Society of Friends라는 이름으로도 알려진 퀘이커Quaker는 평화적 원칙에 헌신하는 기독교 종파다. 퀘이커는 동기에 대한 신뢰를 얻음으로써 비즈니스를 성공으로 이끌 수 있다는 사실을 보여주는 놀라운 사례다. 영국에서 퀘이커 교도는 1828년까지 대학에 진학하거나 정치에 발을 들이는 일이 금지되었다.[17] 이로 인해 그들은 대개 비즈니스 세상으로 눈길을 돌렸다.[18]

1700년대 중반에서 1800년대 중반에 이르는 산업혁명 시기에 많은 퀘이커 교도는 사업가로 이름을 알렸다. 그 주요한 이유는 사람들이 그들의 동기를 신뢰했기 때문이다. 사람들은 그들의 비즈니스가 신뢰에 기반을 두고 있으며, 퀘이커 교도는 자신에게 경제적으로 이익이 되지 않아도 약속을 반드시 지킨다는 사실을 알았다.[19] 예를 들어, 영국의 철강 산업을 이끈 다비 가문Darby family은 경쟁사들을 따라 대포를 생산하는 일을 거부했다. 이로써 그들이 오로지 수익만을 추구하는 것은 아니라는 사실을 분명히 드러냈다. 다비 가문은 대신 국내 철강 생산에만 집중했다.[20]

또한 퀘이커 교도는 비즈니스를 통해 공동체에 도움을 주고자 했다. 퀘이커 사업가들이 만나면, 그들은 서로의 비즈니스 활동을 검토했다. 이는 두 가지 목적을 위해서였다. 첫째, 비즈니스 계획을 더 확고하게 수립한다. 둘째, 퀘이커의 이익은 물론, 보다 광범위한 외부 공동체의 이익을 보호한다.[21] 그들은 모임 동안에 투기를 경고하고, 큰 부채를 피하면서 대금을 제때 지불하는 일의 중요성을 상기한다. 또한 자신의 한계를 넘어서 비즈니스를 확장하지 말라고 강조한다.[22] 이를 통해 퀘이커 사업가들은 항상 충분한 현금 보유고를 유지했다.[23] 또한 파산을 할 경우 엄중한 처벌을 받았다. 일반적으로 그들 집단에서 제명되는데 이러한 관행을 통해 그들은 비즈니스 기반을 보다 탄

탄하게 다졌다.[24] 더 나아가 퀘이커 사업가들은 솔직하고 공정한 것으로 평판이 높다.[25]

이 점은 특히 무게나 치수, 가격 정책에서 두드러진다.[26] 물물교환이 표준이던 경제에서 퀘이커 사업가들은 처음으로 가격을 정함으로써 변동이 큰 시장에 어느 정도의 확실성을 제공했다. 그리고 그들이 운영하는 공장의 근로 조건은 다른 일반적인 공장보다 훨씬 더 나았다. 그들은 근로자의 건강을 보살피기 위해 의사와 치과의사를 따로 고용하기까지 했다. 고객들은 퀘이커 사업가가 자신이나 직원을 희생시켜서 수익을 추구하지 않는다는 사실을 믿었다.[27]

그렇게 신뢰는 퀘이커의 경쟁우위로 자리 잡았다. 1850년대에 퀘이커 교도의 수는 영국 인구의 0.5퍼센트를 살짝 넘는 수준이었다.[28] 그러나 그들은 여러 비즈니스 왕국을 건립했다. 여기에는 바클리즈 뱅크Barclays Bank, 클락스Clarks 신발, 캐드버리 초콜릿Cadbury chocolates, 카스 크래커Carr's Crackers가 있다. 이 기업들은 오늘날에도 여전히 건재하다.[29] 1832년 비즈니스 기술과 공동체 의식으로 뭉친 45명의 퀘이커 교도들은 각자 1만 700파운드를 마련해서 생명보험 펀드를 만들었다.[30] 이 펀드는 이후 영국 생명보험 기업인 프렌즈 프로비던트Friends Provident로 성장했다. 이는 2015년 보험 그룹인 아비바Aviva에 합병될 때까지 명맥을 유지했다.[31] 그리고 사실을 인정하는 것이 고통스럽긴 해도, HBS의 경쟁자 중 하나이자 세계 최초의 비즈니스 스쿨인 펜실베이니아대학의 와튼 스쿨은 퀘이커 사업가 조지프 와튼Joseph Wharton이 설립했다. 와튼은 졸업생들이 '민간 영역이든 공공 영역이든 국가의 기둥'[32]이 되길 원했다.

## 주주 중심주의 vs. 이해관계자 중심주의

퀘이커의 경영 원칙은 일부 기업에 그대로 남아 있지만, 많은 부분이 사라졌다. 19세기 중반 이후 미국에서는 기업의 사회적 역할과 관련해 두 학파가 존재했다. 하나는 기업이 수익 창출에 집중해야 한다고 주장했고, 다른 하나는 기업이 더 큰 사회적 목적에 기여해야 한다고 주장했다.

윌리엄 앨런William T. Allen은 자신의 유명한 논문 〈기업을 바라보는 분열적인 생각Our Schizophrenic Conception of the Business Corporation〉을 통해 그 이중성을 풀어냈다. 앨런은 당시 기업과 다른 당사자 사이의 법률문제 해결에 확고한 입장을 표명했던 델라웨어 법원의 대법관이었다. 따라서 그는 이 문제를 언급하기에 유리한 위치를 점하고 있었다. 앨런은 미국 기업에 대한 두 견해 사이에 항상 긴장이 존재한다고 설명했다. 이러한 견해는 다양한 이름으로 알려져 있다. 앨런은 사적 재산과 사회적 실체라는 개념을 선호했던 반면,[33] 다른 이들은 고전주의와 관리주의라는 개념을 사용했다.[34]

그러나 주주와 자산 이론가들은 기업의 역할이 주로 경제적인 것이라고 믿는다. 그들은 기업이 부의 창출을 위해 존재하고, 그 첫 번째 책임은 기업을 '소유'하는 주주들에게 있다고 생각한다. 그래서 '사적 재산' 견해라고 불린다. 여기서 고용과 혁신 그리고 여러 사회적 선행은 비즈니스의 부차적인 효과이지 주요 목적은 아니다.[35]

한편 이해관계자·사회적 실체 이론가들은 기업이 사회적·도덕적 목적을 추구한다고 믿는다. 여기서 기업은 합리적인 비용으로 양질의 제품과 서비스를 생산하고, 장기적인 고용을 제공하고, 사회에 이익을 환원할 책임을 진다.[36]

앨런이 쓴 논문에서처럼 기업은 두 가지 목적을 가지고 있다. 한편으로는 주주에 대한 의무를, 다른 한편으로는 이해관계자에 대한 의무를 가진다. 법인은 19세기에 미국에서 탄생했다. 초기의 법률적 개념에서 기업은 합자회사와 비슷했다. 그렇기 때문에 개인이 자본을 출자하고, 투자하고, 개별 투자자 및 소유주를 위해 수익을 창출할 수 있었다.[37] 동시에 19세기에 기업은 국가의 허가를 받은 조직이었다. 처음에 이러한 허가는 교각 건설과 같은 사업에 주어졌다. 이는 주로 개인의 재정적 범위를 넘어서는 공공 투자 사업이었다.

1930년대에 들어서 아돌프 벌리 주니어^Adolf A. Berle Jr.와 가드너 민스^Gardiner C. Means는《현대 기업과 사유 재산^The Modern Corporation and Private Property》을 통해 이해관계자 기업에 대한 신념을 정리했다. 그 핵심은 노동조합에 대한 지원, 고용연금 프로그램 개발, 기업을 수용하는 공동체의 번영과 안정을 강화하는 행동이었다. 제2차 세계대전 이후 경제적 호황과 낮은 경쟁 그리고 강력한 주주의 부재는 이해관계자 기업의 성장을 강화했다.[38]

그러나 1970년대 들어서 번영 및 주주 우선주의 견해가 다시 득세

했다. 시카고대학 경제학자 밀턴 프리드먼Milton Friedman은 바로 이러한 흐름을 이끈 인물이다. 그는 이렇게 썼다. "기업에는 단 하나의 사회적 책임이 있다. 그것은 게임의 규칙을 지키면서 자원을 활용하고 수익을 높이기 위해 설계된 행동에 참여하는 것이다. 다시 말해, 사기나 속임수를 쓰지 않고 공개적이고 자유로운 경쟁에 참여하는 것을 뜻한다."[39]

1980년대에 경제는 더욱 요동쳤다. 기업은 증가하는 글로벌 경쟁과 자본시장 혁신, 조직적인 투자자라고 하는 새로운 강력한 집단의 성장에 직면하게 되었다.[40] 프리드먼의 아이디어는 뿌리를 내렸고, 기업은 주주가 돌아오도록 문을 열어놓았다. 또한 주주의 요구에 주목했고, 한 푼이라도 더 벌어들이기 위해 안간힘을 썼다. 동시에 해고가 증가하고 연구개발 예산이 줄어들었으며, 기업은 장기적인 이익보다 주주를 위한 단기적인 이익에 집중했다.[41]

그러나 이 모든 움직임은 거대한 대가를 요구했다. 기업이 신뢰를 상실한 것이다. 시카고대학 설문조사 기관인 GSSGeneral Social Survey에 따르면, 1974년을 기준으로 미국인의 31퍼센트가 주요 기업을 신뢰한다고 말했다. 그때가 신뢰의 전성기라는 점을 감안할 때 놀랍게도 낮은 수치다. 그러나 그 수치는 1990년대에 20퍼센트로 떨어졌다. 그리고 신뢰는 대침체가 한창이던 2010년에 13퍼센트로 최저치를 찍었다.[42] 이는 부를 향한 가차 없는 추구에 따른 결과였다.

# 목적을 추구하는 기업의 성장

오늘날 우리는 다시 주주 이익을 우선시하는 방식에 저항하는 흐름을 보고 있다. 대중은 기업이 긍정적인 사회적 동기로 움직이기를 원한다. 아메리칸 익스프레스<sup>American Express</sup>가 실시한 설문조사에 따르면, 미국 밀레니얼 세대의 81퍼센트가 성공적인 기업은 반드시 진정한 목적을 갖고 있어야 한다고 말했다. 또한 78퍼센트는 고용주의 가치가 기업 가치와 일치해야 한다고 답했다.[43]

부가적으로 설명하자면, 기업의 목적은 동기와는 다르다. 목적이 기업이 성취하려는 바를 정의한다면, 동기는 기업이 그 목표를 선택한 이유를 설명한다. 기업의 목적은 세월에 따라, 그리고 시장 상황에 따라 바뀐다. 윌리엄 헤스케스 레버<sup>William Hesketh Lever</sup>는 1890년대에 레버 브러더스<sup>Lever Brothers</sup>를 설립했다. 이 회사의 목표는 "청결을 일상화하고, 여성의 노동을 덜어주고, 건강에 도움을 주고, 개인의 매력을 높여주며, 우리 제품을 사용하는 사람들의 삶을 더 즐겁고 보람 있게 만든다."는 것이었다.[44] 이 레버 브러더스는 1930년에 유니레버<sup>Unilever</sup>로 바뀌었다.[45]

### 이해관계자의 관점으로 생각하라

오늘날 유니레버는 기업의 목적을 사회적·환경적 목표와 통합해야 한다고 강조한다. 가령 유니레버의 차 브랜드인 립톤<sup>Lipton</sup>은 차를 지속가능한 방식으로 생산하고, 비누와 샴푸 브랜드인 도브<sup>Dove</sup>는 '아름다움이 불안이 아닌 자신감의 원천이 되도록 만들기'를 추구한다.[46)] 유니레버의 CEO 앨런 조프Alan Jope는 최근 그들의 브랜드에 뚜렷한 사회적·환경적 목표가 없을 경우 유니레버 제품군에서 제외할 수 있다고 언급했다.[47)] 유니레버의 최고 목적은 지속가능한 비즈니스 세상의 리더가 되고, 목적을 지닌 브랜드가 성장할 수 있다는 사실을 보여주는 것이다.[48)] 목적을 추구하는 기업은 이해관계자의 관점에서 접근하는 방식으로 성장했으며, 기업의 활동을 구체화하고 책임에 대한 기대를 마련하려는 뚜렷한 의지를 드러내고 있다.

최근 들어 일부 CEO들은 투자자에게만 집중해서는 비즈니스를 성공적으로 이끌 수 없다는 사실을 깨닫고 있다. 그들은 기업의 역할을 새롭게 생각하고, 이해관계자 중심적인 철학으로 시선을 돌리고 있다. 2018년 세계 최대 자산운용사 블랙록BlackRock의 회장이자 CEO인 래리 핑크Laurence D. Fink는 주요 기업의 CEO들에게 보내는 서한에서 사회적·환경적·법률적 사안에 관심을 기울이라고 촉구했다. 그의 서한은 뜨거운 논쟁을 불러일으켰다.[49)] 부동산 거물인 샘 젤Sam Zell은 이렇게 말했다. "래리 핑크가 신이 된 줄 몰랐다." 그리고 그의 서한을 위선적이라고 비난했다.[50)] 워런 버핏Warren Buffett은 투자자가 정치와 비즈니스를 하나로 묶어야 한다고 생각하지 않는다고 말했다. "나의 정치적 소신을 비즈니스 활동에서 드러낼 필요는 없다고 생각한다."[51)]

하지만 많은 CEO는 그 서한에 주목했다. 2019년 8월, 애플과 월마트Walmart를 비롯한 미국 200대 대기업의 CEO들로 구성된 단체인 비즈니스 라운드테이블Business Roundtable [52)]은 기업의 목적을 정의하는 선언문을 발표했다. 그들은 이렇게 주장했다. "각각의 기업이 그들의 목적에 집중하는 동안, 우리는 모든 이해관계자에 대한 중대한 약속을 공유합니다." 비즈니스 라운드테이블은 기업의 목적을 다음과 같이 다섯 개 요소로 구분했다. 고객에게 가치를 전하고, 직원에게 투자하고, 납품업체를 공정하고 윤리적으로 대하고, 기업이 속한 지역사회를 지원하고, 주주를 위한 장기적인 가치를 창출하는 것이다.[53]

비즈니스 라운드테이블의 구성원들은 표면적으로 목적에 관해 이야기하고 있다. 하지만 기업의 목적을 다양한 집단의 요구와 기대를 충족시키려는 의지로 구분할 때, 동기 이면에 존재하는 복잡한 문제들이 떠오른다. 이해관계자의 요구가 상충하고 기업이 어떤 요구를 우선시해야 하는지 까다로운 선택을 내려야 할 때가 있다. 그러나 기업이 그들의 동기에 계속 신뢰를 얻으려면, 이해관계자에게 의도적으로 피해를 입혀서는 안 된다. 기업은 다음 세 가지 질문을 자문함으로써 다양한 이해관계자의 관점에서 자신들의 동기가 신뢰할 만한지 판단할 수 있다.

- 우리의 이해관계자는 누구인가?
- 우리는 이해관계자를 위해 무엇을 해야 하는가?
- 이해관계자의 상반된 요구 사이에서 어떻게 균형을 잡아야 하는가?

## 인도 사회가 가장 신뢰하는 금융기업, HDFC

세 가지 질문에 대해 자세히 살펴보자. 첫째, 우리의 이해관계자는 누구인가. 기업은 이해관계자가 누구인지 올바로 이해하고 있어야 한다. 이는 이해관계자 입장에서 기업이 비즈니스를 성공적으로 이끄는지 판단하는 출발점이 된다. 이해관계자에는 고객과 직원, 투자자 및 기업이 비즈니스 활동을 영위하는 공동체가 포함된다. 또한 납품 업체, 규제기관, 공무원, 사회 전체까지 포괄하는 보다 광범위한 생태계로 확장될 수 있다. 타미 어댑티브의 경우, 장애인이라고 하는 하위 그룹의 고객 집단은 대단히 중요한 이해관계자다. 이러한 점에서 타미 힐피거는 장애인들에게 최고의 가치를 제공하기 위해 마케팅 캠페인은 물론, 유통 절차 및 고객 서비스까지 신중하게 고려했다.

인도 금융 서비스 기업인 HDFC는 그들의 가장 중요한 이해관계자가 인도 사회 전체라는 사실을 상기함으로써 놀라운 성취를 일구어냈다. 그들에게 인도 사회는 처음부터 중요한 존재였다.

인도가 독립했던 1950년대에 주택에 대한 투자는 GDP의 약 3퍼센트였다. 그러나 1970년대에 접어들면서 주택 투자는 1.5퍼센트로 떨어졌고, 그 결과 더 많은 주택에 대한 요구가 거세졌다.[54] 당시 인도에서는 주택 대출을 위한 시스템이 제대로 갖춰져 있지 않았다. 또한 대부분 국가 소유인 기존 은행이 체납한 이들에게 지불을 강요하거나 담보권을 행사할 제도적 기반이 거의 마련되어 있지 않았다.[55]

이러한 상황에서 파레크[H. T. Parekh]는 1977년에 HDFC를 설립하여 주택 구매자를 대상으로 대출 서비스를 시작했다.[56] 1978년 HDFC

에서 처음으로 대출을 받은 레메디오스<sup>D. B. Remedios</sup>는 뭄바이에 7만 루피짜리 집을 짓기 위해 3만 루피를 10.5퍼센트 고정 금리로 대출받았다.[57] 당시 인도 사람들은 일반적으로 중년에 주택을 구매하기 위해 저축했다. 대출을 받는 것은 힘들었고, 또한 대출은 문화의 일부가 아니었기 때문이다.[58] 오늘날 주택 대출이 인도인의 삶에서 필수적인 부분이 되었다는 사실은 HDFC의 성공을 잘 보여준다. 일반적으로 대출자는 30대 초반이며, 주택 가격의 65~80퍼센트 선에서 대출을 알아보고 있다.[59]

여튼, HDFC는 머지않아 높은 신뢰성과 고객 관리로 명성을 얻었다. 당시 은행들은 서비스를 통해 고객에게 도움을 제공함으로써 평판을 쌓았다. 파레크는 직원들에게 이렇게 지시했다. "고객이 여러분을 필요로 하는 것보다 여러분이 더 고객이 필요하다고 느끼게 만들어야 합니다."[60] 당시 인도 사회에서 뇌물은 널리 퍼진 관행이었는데 HDFC는 직원들이 뇌물을 받지 않도록 교육에 집중했다. HDFC는 뇌물을 준 고객의 대출 신청을 거절했고 뇌물을 받은 직원은 해고했다. 국유 은행들 대부분이 대출 승인까지 보통 6개월에서 1년이 걸렸던 반면, HDFC는 6주 안에 처리했다.[61]

HDFC는 큰 성공을 거뒀고, 1980년대에 인도의 주택 대출 시장에서 100퍼센트 점유율을 차지했다. 파레크는 독점이 더 유리하다고 생각하는 대신, 인도의 거대한 주택 수요를 충족시키려면 대출 시장이 훨씬 커져야 한다고 믿었다. 대단히 특이하게도 HDFC는 국유 은행들과 손을 잡고 세 곳의 기업에 최대 20퍼센트를 투자하여 주택 대출

시장을 확대했다.[62] 또한 이들 세 기업과 경쟁하게 될 것을 알면서도, HDFC는 이들 기업의 경영진과 직원에게 교육을 제공했다.

실제로 HDFC는 이러한 투자에서 타격을 받았다. 시장 점유율은 75~80퍼센트로 떨어졌다. 그럼에도 그들의 성장세는 연간 30~40퍼센트로 계속 이어졌다.[63] 또한 사회에 이익을 환원하는 방안을 적극적으로 모색하는 기업으로서 많은 신뢰를 쌓았다. 인도 정부는 주택 대출자에 대한 세제 혜택을 확대하는 방안을 포함하여 다양한 주택 관련 정책을 HDFC에게 자문하고 있다. 인두 정부는 HDFC를 대단히 신뢰하기 때문에 그들의 권고가 전체 산업에 이익을 가져다줄 것으로 확신한다.[64] 오늘날 HDFC는 인도 최대의 민영 은행인 HDFC 은행을 포함하여 다양한 계열사를 운영하고 있다.

HDFC의 현재 회장인 디팍 파레크<sup>Deepak Parekh</sup>(파레크의 조카)는 인도 정부로부터 비공식적인 '위기 컨설턴트'로 인정받고 있다. 특히 디팍 파레크는 '인도의 엔론'이라고 하는 사트얌 컴퓨터 서비스<sup>Satyam Computer Services</sup> 스캔들을 해결하는 자문 역할을 맡기도 했다. 2009년에 사트얌 컴퓨터 서비스는 장부상 1조 달러를 허위로 만들어서 논란이 일었던 적이 있다.[65] 파레크는 그 기업을 매각해 새롭게 브랜딩하는 프로젝트를 이끌었으며, 이를 통해 기술 허브로서 인도의 명성을 지키는 데 일조했다.[66]


## 속임수를 쓴 폭스바겐

두 번째 질문에 대해 살펴보자. 우리는 이해관계자를 위해 무엇을 해야 하는가? 기업은 세 가지 주요 책임을 진다. 그것은 경제적 책임과 법적 책임 그리고 윤리적 책임이다. '경제적'인 차원에서 사람들은 기업이 가치를 창출할 것으로 기대한다. '법적'으로는 기업이 법을 준수한다고 기대한다. 그리고 '윤리적'으로 사회에 긍정적인 영향을 미치고, 공정한 방식으로 목표를 달성하고, 이해관계자들과 상호 교류할 것으로 기대한다.

이러한 기대는 이해관계자에 따라 다르게 나타난다. 고객에게 경제적 가치를 제공한다는 것은 기업이 그들의 삶에 가치를 더하는 제품과 서비스를 만들어낸다는 의미다. 직원들은 경제적 가치를 생계로 인식하며 좀 더 거시적인 관점에서 납품업체 또한 마찬가지다. 투자자는 수익을 추구하고, 규제기관은 기업이 법을 준수하기를 기대하며, 사회는 기업이 활동하는 지역의 경제 발전에 기여하기를 기대한다. 기업은 이처럼 다양한 이해관계자들과의 암묵적인 약속을 이해해야 신뢰를 구축할 수 있다.

정부를 기업이 신뢰를 구축해야 할 하나의 이해관계자로 바라보는 관점이 생소한가? 그렇다면 규제기관과 신뢰가 무너졌을 때 벌어질 결과를 한번 생각해보자. 최근 우리가 참석했던 교통 분야의 콘퍼런스에서 한 유럽 정부 관료는 폭스바겐Volkswagen 디젤 스캔들 이후의 여파에 대해 이야기했다. 폭스바겐이 차량에 소프트웨어를 설치해서 배출 테스트 결과를 속이려고 한 사건에 대해 그는 이렇게 말했다. "우리는 폭스바겐에 배신감을 느꼈습니다." 그리고 규제기관은 기업이 법을 어길 거라 예상하면서 만들지는 않는다는 점을 지적했다. 이러

**〔표〕 이해관계자에 따른 약속**

| 이해관계자 | 경제적 약속 | 법적 약속 | 윤리적 약속 |
|---|---|---|---|
| **고객** | • 삶의 질을 개선하는 제품과 서비스를 제공한다. | • 소비자 보호법과 산업 규제를 따른다. | • 약속을 지킨다.<br>• 위험을 공지한다.<br>• 잘못과 피해를 바로 잡는다. |
| **직원** | • 생계 수단을 제공한다(급여, 복지, 교육, 기회). | • 과한 노동, 차별을 금지하고, 근로안전 관련법을 따른다. | • 안전한 근로 환경을 제공하고 위험을 공지한다.<br>• 투명한 방식으로 고용안정을 이룬다.<br>• 모두를 공정하게 대우한다. |
| **납품업체** | • 대금을 제때 지급한다. | • 모든 계약을 준수한다. | • 피해를 예방한다.<br>• 약속을 소중하게 생각한다.<br>• 정확한 정보를 제공한다. |
| **투자자** | • 수익을 돌려준다.<br>• 위험을 관리한다. | • 수탁자의 의무를 다한다.<br>• 중요한 정보를 제공한다.<br>• 내부자 거래 및 자기 거래를 금지한다. | • 성실하게 감독한다.<br>• 리더십과 기업 활동을 감시한다. |
| **정부** | • 세금과 요금 및 벌금을 납부한다.<br>• 정확한 정보를 제공한다.<br>• 개방적이고 공정한 시장을 지지한다. | • 기존 규제를 준수한다.<br>• 사회 우선순위에 기여하는 법률 및 법안 마련에 힘쓴다. | • 법에 허점이 있을 때에도 법의 정신을 추구한다.<br>• 문제 해결 과정에서 규제기관 및 공무원과 협력한다. |
| **사회** | • 고용과 경제 발전에 기여한다.<br>• 중요한 수요를 충족한다. | • 공익과 환경을 보호하는 지역법 및 연방법을 준수한다. | • 피해를 최소화하고 공중보건, 환경, 지역 공동체를 보호한다.<br>• 산업 표준을 구축한다. |

한 스캔들이 터질 경우, 규제기관은 법을 더욱 엄격하게 집행한다. 또한 선의를 가진 기업이라도 그 힘을 제한함으로써 모두가 비즈니스를 더 수행하기 힘들게 만든다.

폭스바겐 디젤 스캔들은 2015년 9월에 터졌다. 그리고 2016년 1월 유럽연합은 그러한 속임수가 반복해서 일어나지 않도록 규제를 강화했다.[67] 폭스바겐은 그 여파로 큰 어려움을 겪지는 않은 듯했다.

2018년에 폭스바겐은 미국 시장에서 다시 성장을 시작했다.[68] 그러나 2016년 1사분기에 폭스바겐 수익이 20퍼센트나 떨어졌다는 사실에 주목할 필요가 있다.[69] 게다가 그들은 2016년에 3만 명의 인력을 감원해야 했고,[70] 2019년에는 합의금 및 벌금으로 350억 달러를 지불해야 했다.[71] 전 CEO인 마르틴 빈터코른Martin Winterkorn은 사기 혐의를 받았다.[72] 그리고 2020년에는 독일 당국이 여섯 명의 폭스바겐 임원을 고소했다.[73] 한편, 폭스바겐은 내부적으로 활동 규칙을 강화했고, 2019년에 그들은 무단결근이나 약물 및 알코올 금지 원칙을 무시한 것과 같은 위반으로 204명의 직원을 해고했다.[74] 폭스바겐의 매출은 회복세를 보였지만, 그럼에도 스캔들에 따른 평판 위기에서 아직 벗어나지 못하고 있다.

## 모두를 승자로 만든 허니웰

이제 세 번째 질문을 보자. 이해관계자의 상반된 요구 사이에서 어떻게 균형을 잡아야 하는가? 기업의 동기는 계속해서 평가를 받는다. 이해관계자 입장에서 테스트는 절대 한 번으로 끝나지 않는다. 그리고 진실의 순간은 경쟁하는 이해관계자들의 이익이 균형을 이뤄야 할 때 찾아온다. 모든 이해관계자의 요구를 매번 충족시킬 수는 없으며, 그들의 기대는 항상 충돌한다. 그렇기 때문에 기업은 다양한 요구 사이에서 균형을 잡는 법을 배워야 한다. 이러한 균형 상태는 기업마다 그리고 상황마다 다르다. 때로는 이해관계자의 요구를 그냥 내버려두거나 혹은 최소한으로만 충족시킬 수 있다. 하지만 한 집단의 요구를 일시적으로 유보하는 것과 그들에게 고의적인 피해를 입히는 것 사이에는 중대한 차이가 있다. 특히 힘든 상황에 처하거나 지원이 부족할 때 기업은 어려운 도전과제에 직면한다. 그들은 다양한 이해관계자 집단에 주목하면서도 누구를 더 우선시할 것인지 선택해야 한다.

2007~2009년 대침체 시기에 우아하고 효과적으로 균형을 잡는 데 성공했던 주요 사례로 세계적인 제조업체 허니웰을 꼽을 수 있다. 당시 허니웰의 CEO였던 데이비드 코트는 해고에 따른 충격을 충분히 이해하고 있었다. 그는 휴가를 적극적으로 활용함으로써 해고의 여파를 최소화했던 보기 드문 리더였다. 또한 그는 직원들의 요구와 수익 창출을 기대하는 투자자의 요구 사이에서 균형을 유지해야 한다는 사실을 잘 알고 있었다.

코트는 올바른 일을 하는 것이 비즈니스 차원에서도 합리적이라는 사실을 증명했다. 훤칠한 키에 인상적인 외모를 가진 코트는 확신에 가득 찬 연설가다. 그는 복잡한 아이디어를 전달하면서 놀라운 이야기를 들려준다. 특히 대침체 기간에 그는 허니웰이 생존하기 위해서는 올바른 일을 해야 한다는 사실을 모든 이해관계자 집단에 분명히 보여주었다.

우선 그 배경을 좀 더 살펴보자. 2002년 코트는 허니웰의 CEO로 취임하면서 모든 혼란을 그대로 물려받았다. 그전에 허니웰은 4년 동안 세 명의 CEO를 거쳤다. 허니웰에는 환경과 연금, 석면과 관련된 문제가 해결되지 않은 상태로 남아 있었다. 또한 복잡한 합병에 따른 문화적 갈등과 함께 '건전하지 못한' 회계 관행이 존재했다.[75]

코트는 원래 유력한 CEO 후보가 아니었다. 그는 뉴햄프셔 소도시 출신으로, 대학교 2학년 때 학교를 그만두고 어부로 일했다. 다음으로 제너럴 일렉트릭General Electric, GE의 공장 노동자로 야간에 일했다. 그러던 어느 날 아내가 임신을 하자 코트는 GE의 시급만으로는 가족을 부양할 수 없다는 사실을 깨달았다. 그는 다시 학교로 돌아갔다. 코트는 이렇게 회상했다. "저는 성공이 무엇인지 몰랐습니다. 우리 마을 안에서는 성공했다고 말할 만한 사람을 찾을 수 없었기 때문입니다."[76]

이후 그는 내부 감사로 GE에 돌아왔다. 그리고 CEO인 잭 웰치Jack Welch의 관심을 받으며 고속 승진을 했다. 웰치는 코트를 한 번에 세 단계나 승진시켰다. 이후 코트는 웰치의 뒤를 이을 후계자로 거론되었다. 하지만 최종 선택을 받지 못했고, 결국 GE를 떠나게 되었다.[77]

2002년 2월, CEO로 허니웰에 들어온 코트는 허니웰의 이익 전망을 낮춰야 한다는 사실을 깨달았다. 실제로 그는 두 번에 걸쳐 전망을 하향 조정함으로써 투자자들의 신뢰를 곧바로 잃어버리고 말았다. 그들은 코트가 GE를 운영할 재목이 아니며, 허니웰을 위한 최선의 선택도 아니라고 생각했다.[78]

코트의 첫 번째 과제는 파벌로 갈라진 조직을 바꾸는 일이었다. 허니웰은 얼라이드시그널AlliedSignal, 피트웨이Pittway와 합병을 했지만, 세 조직은 서로 다른 문화 때문에 심각한 갈등을 빚고 있었다. 얼라이드시그널을 떠났다가 합병 후 복귀했던 한 관리자는 이렇게 말했다. "제가 떠날 당시에는 뜨거운 에너지가 있었습니다. 그러나 다시 돌아왔을 때 건물은 텅 비었고, 많은 이들은 풀이 죽어 있었습니다."[79]

코트의 설명에 따르면 허니웰의 기업 문화는 '고객 만족, 즉 새로운 기술과 다음에 출시될 더 훌륭한 제품'에 집중했다. 이 말은 신제품 개발에 대한 약속을 의미했다. 비록 그 약속이 비현실적인 것이라고 해도 말이다. 반면 얼라이드시그널은 생산성과 분기별 실적 달성에 주목했다. 그들은 단기적인 성과에 집중했고, 새로운 제품을 계속 출시하는 것은 중요하게 여기지 않았다. 마지막으로 피트웨이는 건전한 수익을 유지하면서 신제품 개발을 통해 시장 점유율을 확보하려고 했다. 그러나 그들은 지극히 독립적으로 움직였고, 마치 다른 두 기업과 합병을 하지 않은 것처럼 행동했다.[80]

코트의 해결책은 모두가 고객에게 집중하고, 고객의 입장에서 의사 결정을 내리는 기업 문화를 구축하는 것이었다. 이를 위해 그는 허니웰 운영 시스템Honeywell Operating System, HOS을 개발했다. HOS는 도요타의 린 제조 시스템lean manufacturing system에 기반을 둔 것으로, 조직 전반에 걸쳐 제조공정을 표준화하는 것을 목표로 삼았다. 또한 코트는 조직 내부에서 인재를 발굴하는 작업에 주력했다. 대규모로 채용한 후에 침체기가 닥치면 정리해고를 하는 기존 관행을 깨기 위해 채용 원

칙을 수립했다.[81)

그는 또한 두 가지 골치 아픈 사안에 착수했다. 첫째, 허니웰의 '건전하지 못한' 회계 운영 및 관행을 쇄신했다. 그는 장부상 이익을 높이기 위해 분기 말에 억지로 매출을 만들어내는 관행을 중단시켰다. 또한 비용 승인에 보다 적극적인 입장을 취했다. 이러한 방식은 일반적으로 용인된 회계원칙Generally Accepted Accounting Principles, GAAP과 조화를 이루는 한편, 매출을 현금흐름과 일치시키고 의사결정에 도움을 주는 정확한 정보를 제공했다.

두 번째 과제는 얼라이드시그널의 환경 관련 문제를 해결하기 위해 새로운 프로세스를 마련하는 일이었다. 얼라이드시그널은 오랫동안 화학 비즈니스를 운영하면서 환경 문제를 일으켰다. 이에 코트는 환경 회복을 위한 예산을 늘렸고, 얼라이드시그널에 제기된 요구 사항을 받아들였다. 그리고 협력적인 접근 방식을 바탕으로 문제 해결을 위해 15년 동안 35억 달러를 지출하는 방안을 내놨다. 동시에 규제기관과 협력해서 환경 피해를 복원하는 해결책을 마련했다. 이러한 노력은 법적 책임을 넘어서는 것이었다.

코트는 자신의 회고록에서 이렇게 밝혔다. "우리는 영향을 미친 공동체와 함께하면서 문제를 올바로 해결하는 방안을 찾고자 했다. 실제로 우리는 혁신적이고 비용 효율적인 방식으로 그 일을 해냈다. 우리는 환경과 지역 공동체 그리고 주주들 모두가 승자가 되길 바랐다."[82)

이러한 차원에서 허니웰은 오염된 지역을 복원하고 그 땅에 소기업들을 세워 일자리를 창출하는 공간으로 개발했다. 그리고 여러 다른 프로젝트와 더불어 1억 달러를 볼티모어 항구에 적재된 위험한 폐기물을 치우는 데 투자했다. 이 일로 그들은 지역 정치인들에게 찬사를 받았다. 한 공동체 리더는 이렇게 말했다. "허니웰과 알고 지낸 세월 동안 우리는 함께 신뢰와 우정을 쌓았습니다. 허니웰은 그들이 약속한 것보다 더 많은 일을 실천했습니다."[83] 허니웰은 모두가 승자가 되게 함으로써 성공을 거뒀다. 대침체가 일어날 때까지 허니웰의 매출은 매년 약 10퍼센트 증가했고, 현금흐름은 두 배로 늘었다.

대침체가 시작되었을 때 허니웰은 대부분의 다른 기업과 마찬가지로 매출이 줄었고, 이에 따라 비용을 줄여야 했다. 여기서도 다시 한 번 코트는 고객과 투자자, 직원 모두가 승리할 수 있는 방법에 주목했다.

코트는 침체가 심화되는 동안에도 고객의 이익을 우선시했다. 그는 이렇게 말했다. "우리의 최고 우선순위는 고객입니다. 우리는 품질 좋은 제품을 제공해야 합니다. 그리고 새로운 프로젝트를 약속했다면 제시간에 이뤄내야 합니다."[84] 동시에 코트는 침체에서 살아남기 위해서는 투자자와 직원의 요구를 외면하면 안 된다는 사실을 알았다. 이는 곧 투자자와 직원 사이에서 균형을 잡아야 한다는 의미였다. "우리는 고통을 나눠야 합니다. 그리고 투자자는 기업을 믿어야 합니다. 우리가 장기적인 차원에서 올바른 일을 할 것이라고 말이죠." 그는 또한 이렇게 말했다.


"결국 투자자는 기업의 소유주고, 우리는 그들을 위해 일해야 합니다. … 동시에 우리는 직원이 미래의 성공을 위한 기반이라는 사실도 이해해야 합니다. … 우리는 직원을 대하는 방식에서 신중해야 합니다. 그리고 투자자와 직원 사이에서 균형을 유지한다면 … 투자자는 단기적인 수익 감소에 실망할 수도 있지만, 장기적으로는 더 만족할 것입니다. 또한 직원들은 당신이 투자자에게 많은 신경을 쓴다면 단기적으로는 만족하지 않을지 모릅니다. 하지만 당신이 더욱 강한 기업을 만들면서 직원들은 장기적으로 더 많은 이익을 얻게 될 겁니다."[85]

대침체 동안에는 870만 명에 달하는 미국 근로자가 해고되었다.[86] 말할 필요도 없이, 해고는 직원들의 신뢰를 허물어뜨리는 치명적인 요인이다. 1982년 경기 침체기에 해고된 근로자를 대상으로 한 2007년의 연구 결과는 흥미로운 사실을 보여준다. 20년이 지난 뒤에도 그들의 소득은 해고되지 않은 다른 동료들보다 여전히 20퍼센트 더 낮았다.[87]

코트는 해고 대신 다른 방법을 택했다. 그는 직원들에게 휴가를 주었다. 휴가를 받은 직원은 그들이 일하는 국가에 따라 다양한 수준의 급여를 받았다. 미국과 캐나다의 근로자는 전부 무급 휴가이며, 유럽과 아시아의 많은 국가에서는 일반적으로 급여의 일부를 받았다. 이렇게 휴가를 받은 직원은 실업급여와 같은 정부 보조나 정상 급여의 일부를 기준으로 보상받을 수 있었다.[88] 허니웰의 휴가 기간은 사업부, 그리고 얼마나 잘 침체에 대처했는지에 따라 다양했다. 그러나 최대 5주를 넘기지 않았다. 분명히 힘든 기간이지만, 그래도 일자리를 잃는 것보다는 훨씬 나았다.

코트는 휴가 기간을 최대한 단축하기 위해 다양한 비용 절감 방안을 시도했다. 가령 신규 고용이나 급여 인상을 중단하고, 퇴직연금 프로그램에서 기업의 지원 비중을 100퍼센트에서 50퍼센트로 줄였다. 또한 허니웰은 줄어든 보너스를 주식 지급으로 보충했다. 그래서 나중에 주가가 회복되면 직원들이 이익을 얻을 수 있도록 했다. 또한 2009년에 코트와 허니웰 경영진은 보너스를 전액 반납했다. 하지만 이러한 소식을 침체가 시작되고 6개월이 지날 때까지 직원들에게 알리지 않았다. 그가 자신의 보너스를 결정하는 이사회를 장악하고 있는 것처럼 보이길 원치 않았기 때문이다.

나중에 코트는 자신의 회고록에서 이는 실수였으며, 그 사실을 진즉에 알려야 했다고 썼다. CEO가 여전히 보너스를 받고 있다는 생각이 직원들의 분노를 자극할 수 있기 때문이다.[89] 또한 허니웰은 납품업체에 선발주를 해서 매출이 회복되자마자 적극적으로 비즈니스를 재개할 수 있도록 했다. 납품업체들은 허니웰의 이러한 정책에 기뻐했다. 허니웰은 회복이 시작되는 시점에서 고객 주문에 보다 신속하게 대처함으로써 경쟁자를 이길 수 있었다.

결국 코트의 균형 잡기 노력은 보상을 받았다. 2009~2012년 회복기 동안에 허니웰 주가는 75퍼센트 넘게 치솟았다. 허니웰은 주식수익률에서 가장 근소한 경쟁자보다 20포인트 이상 앞섰고, 투자자들은 그만큼 가치를 거둬들였다. 투자자의 신뢰를 얻지 못한 상태에서 허니웰에 합류했던 코트는 이후로 더 이상 신뢰 문제를 겪지 않았다.

2012년 모건 스탠리는 허니웰을 스타 성과 기업으로 지목하면서 완전히 달라졌다고 평가했다.[90] 이듬해 모건 스탠리는 허니웰에 대한 5년간의 검토 보고서에서 그 휴가를 '현명한 선택'이라고 불렀다.[91] 또한 같은 해에 《치프 이그제큐티브Chief Executive》는 동료 집단의 추천을 기반으로 코트를 올해의 CEO로 선정했다.[92] 게다가《배런즈 Barron's》는 2013~2017년까지 5년 연속 코트를 세계 최고의 CEO 30인 중 한 명으로 꼽았다.[93]

우리는 코트가 허니웰에 있는 동안 이해관계자의 다양한 요구 사이에서 항상 균형을 유지했다는 점에 주목해야 한다. 처음 허니웰에 들어왔을 때, 코트는 문화적인 합병을 주도함으로써 모든 직원을 새로운 여정으로 이끌었다. 그리고 전체 구성원의 노력이 공동의 목표를 향하도록 만들었다. 동시에 그는 투자자들과 깊은 신뢰를 형성함으로써 그들의 요구를 잠시 보류해야 했을 때 충분히 설득시킬 수 있었다.

당시 허니웰의 사장이자 운송시스템 CEO였던 알렉스 이스마일Alex Ismail은 이렇게 말했다. "코트는 무엇보다 중요한 것은 좋을 때나 나쁠 때나 올바른 일을 계속해 나가는 것이라고 항상 이야기했습니다."[94]

신뢰는 비즈니스 세상의 화폐다. 따라서 기업은 다양한 이해관계자와 신뢰를 구축해야 한다. 우리는 기업이 가치 있는 제품과 서비스를 만들고, 사람들을 고용하고, 함께 비즈니스를 하고, 오랫동안 존재하기를 기대한다. 기업이 우리에게 갖고 있는 거대한 힘을 계속 행사하려면, 기업을 둘러싼 모든 이해관계자가 그들의 동기를 신뢰해야 한다. 하지만 기업이 아무리 선의를 갖고 있어도 의사결정이 공정하지 않으면 빛이 바랠 수밖에 없다. 이에 대해서는 다음 장에서 자세히 살펴보자.

THE POWER
OF TRUST

4장

# 수단:
## 공정하게 목표를 달성하라

**선한 것은 쉽다.
어려운 것은 공정한 것이다.**

— **빅토르 위고**<sup>Victor Hugo</sup>


**THE POWER OF TRUST**

----

1999년 9월 8일, 프랑스 타이어 제조기업인 미쉐린에는 좋은 소식과 나쁜 소식이 있었다. 우선 좋은 소식은 상반기 수익이 17퍼센트 성장한 일이었다. 그리고 나쁜 소식은 유럽 전역에 걸쳐 7,500명을 해고해야 한다는 것이었는데 이 결정은 향후 3년 동안 수익성을 20퍼센트 높이겠다는 계획의 일환에서 나왔다.[1] 1980년대부터 저비용의 아시아 경쟁사들이 압박해오면서 유럽 지역에서 미쉐린의 매출은 점점 떨어지고 시장 점유율도 주요 경쟁사인 브리지스톤 <sup>Bridgestone</sup>에 지속적으로 빼앗기고 있었기 때문이다.[2] 새롭게 CEO로 취임한 에두아르 미쉐린<sup>Edouard Michelin</sup>은 새로운 비즈니스 환경에서 경쟁하기 위해서는 변화가 필요하다고 느꼈다.

수익을 확보하기 위한 미쉐린의 해고 소식은 직원들을 자극했다.

실제로 그들의 해고 발표는 일종의 재앙이었다. 해고 발표가 있고 2주일이 지나, 미쉐린 본사가 있는 클레르몽페랑에서 1만 5,000명 직원 중 3,500명이 시위를 위해 거리로 나섰다. 그들은 다섯 개 지역의 매장 문을 닫고 본사 건물 앞에서 행진을 시작했다. 그리고 미쉐린 애비뉴에서 도로 표지판에 '완전고용의 거리'라는 문구를 붙였다. 시위는 프랑스 전역에 걸쳐 일어났다.

노동조합이 조직적으로 행동하고 언론이 관심을 보이자 정치인들이 나섰다. 리오넬 조스팽Lionel Jospin 총리는 미쉐린의 구조조정을 막기 위해 정부가 할 수 있는 일이 거의 없다고 말했다. 이는 더 많은 분노를 촉발했고, 조스팽 행정부는 그의 발언에 반기를 들었다. 이후 이어진 정치적 소동은 미쉐린 사건이라는 이름으로 알려지기도 했다.

어쩔 수 없이 조스팽은 미쉐린을 비롯하여 비즈니스 세상 전반에 조치를 취했다. 그는 재정적으로 어렵지 않은 기업이 해고할 경우 정부 지원을 중단할 것이며, 파트타이머 및 임시직 근로계약을 제한하겠다고 발표했다.

이러한 정책은 기업을 압박했다. 그리고 1889년 설립 이후로 단지 좋은 기업이 아니라 최고의 기업이 되고자 했던 미쉐린에게도 가혹한 처사였다. 사실 미쉐린은 직원들을 지원하기 위해 주택과 학교, 병원, 수영장 등 여러 시설을 지어 클레르몽페랑을 중심으로 공동체 인프라를 구축해왔다. 미쉐린에게 직원은 보살핌을 받아야 할 첫 번째 사람들이었던 것이다. 그들은 고갈될 때까지 사용하는 '천연 자원'이나 값싸고 효율적인 새 모델이 들어오면 버려지는 기계와 같은 존재가 아니었다.

미쉐린은 인적 자원이라는 말 대신 다소 옛날 표현인 '인사personnel'
라는 용어를 사용했다. 미쉐린에서 30년 동안 인사관리 업무를 맡았
던 레미 드베르딜락Remi de Verdilhac은 "인간은 자원이 아닙니다. 인간에
게는 개발할 수 있는 잠재력이 있습니다."라고 설명했다. 인간은 특
정한 기능이 아니라 문화적 적합성과 가치를 기반으로 채용된다는
것이다. 미쉐린은 경력관리자를 배치해서 직원들에게 각자의 재능에
적합한 자리를 찾아주고, 잠재력을 개발하여 기술과 역량을 성장시
켜 왔다.

하지만 미쉐린은 동시에 노동조합에 반대했다. 에두아르의 아버지
인 프랑수아 미쉐린François Michelin은 직원 친화적인 경영 철학을 믿었는
데 이는 '온정주의paternalisme'라는 이름으로도 알려졌다.[3] 프랑수아는
이렇게 말했다. "노동조합은 기업이 존재하는 데 아무런 필요가 없다.
노동조합은 기업 소유주의 무능함을 말해주는 존재일 뿐이다."[4] 프랑
수아 미쉐린은 이러한 믿음을 바탕으로 미쉐린의 경력관리 시스템 개
발을 책임진 CEO이기도 했다.

하지만 이번 미쉐린의 결정은 분명히 직원을 '인사'로 대하는 철학
에서 어긋나고 말았다. 그들은 해고 발표와 더불어 직원을 소비 가능
한 자원으로 보는 철학으로 이동한 듯했다. 이는 그들이 오랫동안 비
판했던 철학이자, 한 세기 넘도록 거리를 두고 있다는 사실에 자부심
을 느낀 철학이었다.

당연하게도 미쉐린의 행동은 직원들을 화나게 만들었다. 그리고 새

로운 법안 마련에 자극제가 되기까지 했다. 무엇이 잘못되었던 걸까? 문제의 중심에는 기업의 행동을 바라보는 직원들의 판단이 있었다. 많은 기업과 직원들의 관계에서처럼 미쉐린도 근로자들이 있었기에 수익을 올릴 수 있었다. 그런데 왜 그들이 해고라는 처벌을 받아야 하는가? 그 처벌은 공정하지 않았다.

## 신뢰를 얻으려면 공정해야 한다

우리는 태어났을 때부터 공정성을 인식한다. 2017년 과학자들은《사이언티픽 아메리칸Scientific American》에 공정성에 대한 인식이 어떻게 아동기에 발달하는지를 설명하는 '증거의 산'을 보여주었다.

> "12개월 된 유아는 '연출된' 상황 속에서 자원이 두 인물에게 공정하게 분배되기를 기대한다. 취학 전 아동은 동료보다 적게 받는다는 사실에 저항한다. 심지어 동료가 자신보다 더 많이 받지 못하도록 손해를 감수하기까지 한다. 아이들은 나이가 들면서 공정하지 않은 사람을 적극적으로 처벌하려고 한다. 자신이 불공정성의 희생자일 때는 물론, 불공정한 상황을 목격하는 제삼자라고 해도 말이다. 그리고 더 나이를 먹으면서 아이들은 … 자신이 동료보다 더 많이 받느니 차라리 아무것도 받지 않는 쪽을 선택한다."[5]

어떻게 과학자들은 12개월 된 아이들이 무슨 생각을 하는지 알아냈을까? 그들은 아이들이 특정한 상황을 얼마나 오랫동안 바라보고 있는지를 측정했다. 여러 연구는 영유아들이 자신의 기대와 어긋나거나 놀라게 만드는 상황을 더 오랫동안 쳐다본다는 사실을 보여주었다. 실제로 아이들은 누군가 불공평하게 대우받는 장면을 목격할 때 더 오래 쳐다보곤 한다.[6]

수단으로, 다시 말해 행동 방식으로 신뢰를 얻어나가는 기업은 그들의 모든 이해관계자를 위해 공정한 의사결정을 내리는 프로세스를 마련하고 있다. 하지만 이러한 프로세스를 확보하기란 생각보다 쉽지 않다. 기업의 리더는 대개 주주 쪽으로 편향되어 있기 때문이다. 즉, 직원의 행복보다 재정적인 성과를 더 중요시한다. 그 이유 중 일부는 CEO에게 주어지는 보상 시스템 때문이다.

## CEO를 위한 보상 시스템

시간이 지남에 따라 CEO들이 받는 보상에서 주식이 차지하는 비중이 점점 더 커지고 있다. 2010년을 기준으로 주식 보상은 S&P 500 기업의 CEO들이 받는 보상에서 약 32퍼센트를 차지했다. 이 수치는 2016년에 47.4퍼센트로 크게 높아졌다.[7] 한편, 맥킨지앤컴퍼니는 주가의 변동이 CEO의 보상에 어떤 영향을 미치는지 분석했다. 그들은 주가가 50퍼센트 상승했을 때 CEO의 보수가 '여섯 배'나 증가했다는 사실을 확인했다.[8] 그렇기 때문에 CEO들은 이해관계자 중 특히 투자자를 강력하게 선호하는 것이다.

진정한 불공정성을 확인하고 싶다면, CEO의 보수와 근로자의 급여 사이의 격차를 들여다보면 된다. 2018년을 기준으로, CEO들은 일반 근로자보다 평균 278배 더 많이 벌었다.[9] 이러한 통계자료는 CEO와 일반 근로자 사이의 거대한 불평등을 보여준다. 물론 CEO들은 생각보다 더 치열하고 열심히 일하기 때문에 엄청난 돈을 벌어들인다. 실제로 그들은 대단히 힘들게 일한다. 이는 리더와 신뢰를 다룬 7장에서 이야기할 것이다.

헌데 그들이 그러한 노력으로 얼마를 더 받아야 하는지를 결정하기 위한 간편한 기준은 없다. 그러나 불공정에 관한 이야기는 두 집단의 소득 '성장률'에서 찾아볼 수 있다. 이와 관련된 통계자료는 경제적 파이가 장기적으로 어떻게 분배되어 왔는지를 보여준다. 미국에서 평균 근로자의 급여는 1978년부터 2018년까지 40년 동안 11.9퍼센트 증가했다. 반면 같은 기간에 CEO의 보수는 1,007.5퍼센트나 증가했다. 어떻게 혁신과 창조성으로 기업과 CEO에게 이익을 가져다주는 근로자보다 CEO의 보수가 100배나 더 클 수 있는가? 나는 이를 설명할 수 있는 근거를 도무지 발견할 수 없었다.

## 공정성 논란으로 고객을 잃은 넷플릭스

한편, 고객을 부당하게 대우하는 기업은 곧바로 피드백을 받는다. 그리고 매출에서 직접적인 피해를 입는다. 넷플릭스는 가격을 인상하기로 결정했던 2011년에 그 사실을 힘들게 깨달았다. 당시 넷플릭스 사용자는 무제한 스트리밍 및 DVD 대여 서비스로 9.99달러를 지불했다. 이때 넷플릭스는 서비스를 구분하기로 결정했고 무제한 스트리밍 서비스와 무제한 DVD 대여 서비스에 각각 7.99달러의 요금을 책정했다. 둘 다 원할 경우, 사용자는 15.98달러를 지불해야 했는데 이는 63퍼센트 요금 인상에 해당한다.[10] 이에 사용자들은 행동으로 그들의 의사를 표현했다.

그 결정 이후 몇 달 만에 넷플릭스는 80만 명의 사용자를 잃었다.[11] 부연 설명을 하자면, 이후 2014년에 스트리밍 요금을 7.99달러에서 8.99달러로 인상하기로 결정했을 때, 넷플릭스는 보다 신중한 자세를 취했다. 그들은 새로운 요금제를 신규 고객에게만 적용하고, 기존 고객은 2년 더 7.99달러를 유지시켰다. 넷플릭스는 공정성에 관한 교훈을 이처럼 어렵게 배웠다.[12]

### 직원에 대한 공정성

직원들에 대한 공정성은 고객에 대한 공정성보다 훨씬 더 힘든 과제다. 노력의 효과가 간접적이고, 오랜 기간에 걸쳐 나타나기 때문이다. 불공정성이 직원들에게 미치는 숨겨진 영향을 확인하기 위해, 2017년 유럽 지역의 과학자들은 현장 실험을 실시한 적이 있다. 일단 그들은 콜센터를 차려놓고 195명을 고용했다. 그리고 그중 몇 명을 임의로 해고했다. 해고가 남아 있는 직원의 생산성에 어떤 영향을 미치는지 알아보기 위해서였다.[13] 사실 이러한 유형의 일상적인 '실험'은 많은 기업에서 꾸준히 진행된다. 과학자들은 부당한 해고가 남아 있는 현장에서 직원들의 생산성이 어떻게 변화하는지 보다 정확하게 알아보고자 했다.

　실험의 방식은 이러했다. 근로자 중 20퍼센트를 무작위로 뽑아서 해고했다. 그리고 그들에게 해고는 무작위로 이뤄졌으며 비용 절감을 위한 것이라고 설명했다. 이후 해고 '생존자'(해고되지 않은 피실험자)들의 생산성이 즉각적으로 12퍼센트 떨어졌다. 이는 그다지 나쁜 상황처럼 보이지 않을 수 있다. 하지만 실제로 직원 생산성이 10퍼센트 넘게 떨어지고 이로 인해 수익이 영향을 받는 상황을 상상해보라. 과학자들이 이후 상황을 들여다봤을 때, 생존자들 대부분은 해고 근로자를 무작위로 선택한 것에 불만을 갖고 있었다. 그들이 볼 때 그 방식은 전적으로 부당한 처사였다.[14] 이는 단지 실험이었지만, 사실 이러한 형태의 해고는 일상적으로 드물지 않게 일어난다.

　현명한 리더라면 이러한 연구 결과에 주목해야 한다. 생산성 하락은 조직과 수익성에 악영향을 미치기 때문이다. 하지만 이러한 영향은 주가 하락이나 매출 감소처럼 뚜렷하고 즉각적으로 나타나지 않기 때문에, 자칫 외면하거나 무시하기 쉽다. 미쉐린 역시 직원들이 해고를 더 이상 묵과하지 않겠다고 선언하기까지는 그랬다. 위 실험에서도 해고되지 않은 콜센터 직원들은 불만을 표시했지만 명백하게 드러나는 방식은 아니었다. 그들은 부당 해고의 대응으로 더 오랫동안 휴식을 취하거나 일찍 퇴근하곤 했다.[15]

　사회적인 차원에서 기업은 일반 대중과 그들이 활동하는 지역 공동체에 미치는 영향을 외면하거나 과소평가하기가 더 쉽다. 예를 들어, 1988년 이후로 100개의 기업이 세계적인 배출 오염과 관련해서 71퍼센트의 책임을 갖고 있다.[16] 확실히 일부 산업은 비즈니스 특성상 다른 산업보다 더 많은 오염 물질을 배출하기 때문이다. 따라서 이들 기업은 그들이 환경에 미치는 영향을 줄이기 위해 적극적으로 노력해야 한다. 최근 들어 많은 소비자와 학자들은 그 기업들이 적극적이고 체계적인 노력을 통해 오염 기업의 명단에서 이름을 지우기를 기대하고 있다. 그 명단에 있다는 것은 그들이 보여준 모든 노력이 충분하지 않으며, 환경을 파괴하는 물질을 지속적으로 배출하고 있다는 사실을 말해준다.

이는 신뢰 위반이 개별 사건보다 더 인식하기 힘들다는 사실을 말해주는 좋은 사례다. 실질적인 그림을 파악하기 위해서는 장기적인 차원에서 모든 데이터를 조합해야 하기 때문이다. 내 HBS 동료인 스티브 코프먼Steve Kaufman은 이를 '점진주의의 폭군tyranny of incrementalism'이라고 불렀다. 기업은 이를 경고로 받아들여, 조직 내에서 오랫동안 이어져 온 신뢰 위반이 있는지 확인해야 한다. 과거보다 그 정도가 덜하다고 해도 반복적으로 부당하게 행동하는 일이 있는지 살펴보라. 이는 기업의 태도를 나타낸다. 부당한 일이 계속된다면, 기업은 그들의 행동을 바꾸기 위해 큰 변화 대신 적당한 개선만으로 만족한다는 부주의한 사고방식을 갖고 있는 것이다.

불공정이 한계에 이르러 공동체가 반발할 때, 기업은 위급한 상황에 처하게 된다. 우버에 대한 불만을 생각해보자. 불만 중 많은 부분은 우버가 이해관계자를 대하는 방식에서 비롯되었다. 여러 부정적인 사건 중에 수전 파울러도 있었다. 그는 자신에게 성희롱을 한 관리자와 같은 공간에서 일하면서 나쁜 업무 평가를 받는 것, 혹은 성과가 높은 그 관리자를 마음대로 처벌할 수 없기 때문에 자신이 새로운 팀으로 옮기는 것 사이에서 선택해야만 했다.[17] 파울러의 블로그 게시 글에 따르면, 그가 우버에 재직하는 동안 여성 직원의 비중은 전체 노동력의 25퍼센트에서 6퍼센트 아래로 떨어졌다.[18] 직원들을 불공정하게 대우한 영향은 단기간에는 잘 드러나지 않지만, 기업은 언젠가 그 대가를 치러야 한다.

이러한 사실은 수단(어떻게 목표를 성취할 것인가)이 신뢰 획득에서 대단히 중요한 요소라는 것을 말해준다. 우리는 수단을 기반으로 기업을 신뢰할 때, 그들이 우리와 공정한 관계의 원칙을 마련할 것으로 기대한다. 기업은 이러한 원칙을 어떻게 마련해야 하는가? 그리고 기업이 공정하기를 기대한다는 말은 무엇을 의미하는가?

## 공정성의 네 가지 유형

맥락에 따라 다양한 유형의 공정성이 존재한다. 그 개념들은 인간이 창조하는 상황만큼 복잡하다. 예를 들어, 의료 윤리는 절대 피해를 입히지 않아야 한다는 원칙을 근간으로 삼는다. 그러나 이 원칙에는 다양한 유형의 공정성이 포함되어 있다. 첫 번째는 선행, 즉 의도적으로 좋은 일을 하는 것이다. 두 번째는 환자의 자율성을 존중하는 것이다. 이는 환자 스스로 치료에 관한 판단을 내리는 것이 중요하다는 점을 강조한다. 그리고 셋째는 분배적 공정성이다. 이는 사회 속에서 누가 의료 서비스를 받고, 그 비용이 얼마인지를 결정하는 방식을 말한다. 분배적 공정성의 원칙은 팬데믹 동안 집중치료병동<sup>ICU</sup> 같은 귀한 자원을 배분할 때, 편향되거나 '자동적인' 결정에 대응하기 위해 필요하다. 한편, 환자의 자율성에 대한 존중은 환자가 요구할 때 의사와 간병인들이 충분한 정보를 제공하며, 환자나 의료 대리인이 의료진과 함께 치료에 관한 의사결정을 내려야 한다는 것을 의미한다.[19]

이것은 비즈니스 세상에서도 똑같이 적용될 수 있다. 공정성은 단지 하나의 개념이 아니다. 조직 공정성<sup>organizational justice</sup> 분야는 조직과 그 구성원의 공정한 대우에 관한 문제를 연구하는 것이다. 이 분야는 비즈니스에서 공정성에 대한 정의 그리고 얼마나 많은 유형의 공정성이 존재하는지를 놓고 수십 년 동안 분열되어 있었다.

이러한 논의는 단지 학자를 위한 이론적인 주제는 아니다. 가령 특정한 성과평가 시스템의 공정성을 직원들이 어떻게 인식하는지 알고 싶다면, 먼저 직원들이 무엇을 공정하게 생각하는지 이해해야 한다. GE의 전 CEO 잭 웰치가 1980년대에 유행시켰던 '등급 평가 후 해고 rank and yank' 시스템을 생각해보자. 이는 성과를 기준으로 직원들의 순위를 매기고, 매년 하위 10퍼센트를 해고하는 시스템이다. 결국 2000년대 중반에 GE는 이 시스템을 포기했다.[20]

하지만 이미 GE의 오랜 이익 성장률을 따라잡으려는 수백 개의 기업에서 이것을 표준적인 운영 프로세스로 잡은 후였다. 그런데 이 시스템은 과연 공정한가? 만약에 모든 직원이 좋은 성과를 올린다면 무슨 일이 벌어질까? 다른 팀에서는 우수 사원으로 뽑혔겠지만, 운 나쁘게도 스타 성과자로만 구성된 팀에 속한 바람에 해고를 당한 직원이 있다면? 낮은 성과로 해고를 당하는 것은 부당한 처사인가 아니면 평균 이하의 성과에 따른 합리적 결정인가?

### 공정성의 척도

제이슨 콜큇Jason Colquitt은 공정한 조직 관리에 따른 이익에 관심을 기울인 경영학자이다. 2001년, 그는 조직 공정성 분야에서 광범위하게 활용되는 네 가지 차원의 공정성 척도를 만들고 그 근거를 제시하여 새로운 영역을 개척했다.[21] 콜큇의 모형은 조직 내부의 공정성을 네 가지 범주로 구분한다. 여기서 콜큇은 '정의justice'라는 표현을 썼지만, 우리는 비즈니스 차원에서 신뢰를 논의하기 위해 '공정성fairness'이라는 용어를 사용했다.

첫 번째 범주는 '절차적 공정성procedural fairness'이다. 이는 의사결정 과정에서의 공정성을 말한다. 즉, 일관성과 정확성 그리고 의사결정에서 영향을 받는 이들을 위한 발언권을 의미한다. 예로, 리츠칼튼 관리자들은 직원들을 지속적인 개선 프로젝트에 참여시켰다. 그때 그들은 직원들의 발언권을 보장했을 뿐만 아니라 직원들의 경험에서 비롯된 현실적인 데이터를 바탕으로 기업이 올바른 비즈니스 의사결정을 내리도록 도움을 주었다.

두 번째는 '정보적 공정성informational fairness'이다. 이는 리더가 얼마나 분명하게 행동의 근거를 설명하고 신뢰 있게 의사소통을 했는지를 말한다. 앞서 언급했듯 데이비드 코트는 허니웰이 대침체에서 빨리 벗어나기 위해서는 해고보다 휴가를 활용하는 편이 유리하다고 확신했다. 그리고 그 근거를 고객과 직원, 주주, 납품업체에 설명했다. 이런 결정을 할 때는 유의할 점이 있는데 기존 고정관념에 도전하는 공정성은 때로 인정을 얻지 못한다는 사실이다. 2015년 인터뷰에서 코트는 이렇게 털어놓았다. "2010년 초에 회복이 실제로 이뤄지고 있으며, V형 경기 회복이 가능하다는 사실이 뚜렷하게 드러났습니다. … 저는 가능하다고 말했지만 어느 누구도 그렇게 생각하지 않았던 회복이 시작되자, 모든 게 좋아 보였습니다. 하지만 그 힘든 15개월 동안 제 정신 상태에 많은 의문이 제기되었죠."[22]

세 번째는 '분배적 공정성distributive fairness'이다. 이는 의사결정과 행동의 결과가 얼마나 공정한지에 대한 평가를 말한다. 앞서 해고 실험에 참여했던 피실험자들은 바로 이러한 측면에서 분노를 느꼈다. 즉, 누가 해고되고 누가 남을 것인지와 같은 중요한 의사결정을 그저 운에 맡겨 놓았다는 데 분노했다. 만약 기업이 유능한 직원과 무능한 직원을 똑같이 대한다면 혹은 경력이 많은 직원과 갓 입사한 신입을 똑같이 대한다면 노력과 성취가 보상받지 못하는 환경을 만드는 것이다. 이는 결국 직원들이 힘들게 일해야 할 모든 동기를 앗아간다.

네 번째는 '관계적 공정성interpersonal fairness'이다. 이는 개인이나 집단이 기업 및 그 구성원과 개인적인 교류에서 어떤 대우를 받는가에 관한 것이다. 리츠칼튼은 채용하지 않은 모든 면접자에게도 대단히 인상적인 경험을 선사한다. 그들은 미니어처 초콜릿 상자를 선물하고 호의적인 작별 인사를 건넨다. 리츠칼튼의 최고인사책임자는 이렇게 설명했다. "채용 면접에서 탈락된 사람들을 우리가 무시한다면 어떻게 될까요? 그들은 우리를 보고 '그들은 얼간이야. 내가 어떤 사람인지 이해하지 못하고 나를 인간으로 존중하지 않는 오만한 바보들이지.'라고 말할 겁니다. 우리는 그런 상황을 원치 않습니다."[23]

## 공정성을 프로세스로 만들어라

그렇다면 공정성을 기업의 프로세스화 한다는 말은 무슨 의미일까?

1999년 사건 이후로, 미쉐린은 경쟁력을 유지하려면 유럽 지역에서 점진적으로 인원을 감축해야 한다는 사실을 깨달았다. 미쉐린의 구조조정은 두 가지 요인에서 비롯되었다. 첫째, 유럽 지역에서 미쉐린은 소규모의 비효율적인 공장들을 기반으로 타이어를 생산하고 있었다. 그들은 이들 공장을 보다 크고 효율적인 시설로 전환해야 했다. 둘째, 유럽 지역 공장들의 입지 조건 때문이었다. 미쉐린은 오랫동안 소도시를 중심으로 생산시설을 확충했다. 덕분에 공동체와 긴밀한 관계를 맺은 지배적인 기업으로 자리 잡을 수 있었다. 또한 프랑스를 비롯해 많은 국가를 휩쓸던 노동조합의 물결을 잘 피해나갈 수 있었다.[24] 하지만 작고 고립된 공장들은 이제 미쉐린의 성장을 가로막고 있었다.

에두아르 미쉐린은 이 공장들을 효율적인 생산시설로 전환해야 한다는 사실을 깨달았다. 나아가 그는 자신이 말한 "모든 지형에 대응하는 역량all-terrain capability"을 구축함으로써, 기업이 시장 흐름과 변화하는 경제 상황을 예측해 호황기와 불황기를 잘 헤쳐 나가도록 만들고자 했다.

여기서 문제는 직원과 대중 그리고 정부의 분노를 자극하지 않고서 어떻게 이 모든 일을 하는가였다. 미쉐린은 유럽 근로자 3만 5,000명 중 거의 절반에게 영향을 미치게 될 해고를 향후 10년 동안 열다섯 차례에 걸쳐 실시했다. 그럼으로써 구조조정을 공정한 방식으로 수행하기 위한 방법을 모색했다.[25]

## _____ 절차적 공정성: 직원들을 의사결정에 참여시켜라

2003년 미쉐린은 구조조정 프로젝트의 프로세스를 구축하여 공정한 해고를 위한 과제에 착수했다. 미쉐린 홍보팀을 이끌었던 패트릭 르퍼크Patrick Lepercq는 각각의 구조조정 프로젝트에 해명할 만한 근거를 마련하기 위해 내부적으로 팀을 설립했다. 그리고 다른 핵심 고위 관리자들과 함께 그 프로세스를 마련했다. 그렇게 설립된 태스크 포스task force 팀은 해고나 공장 폐쇄가 최고의 해결책이라는 결론으로 그냥 건너뛰는 대신에, 스스로에게 다음과 같은 네 가지 질문을 던졌다.

- 해결해야 할 비즈니스 문제는 무엇인가?
- 그 문제의 핵심 원인은 무엇인가?
- 규모 감축이 왜 유일하거나 최고의 대안인가?

- 다양한 이해관계자들이 받아들일 수 있는 것은 무엇인가?

## 미쉐린의 공정 모형

그 팀은 구조조정에 관여한 모든 조직을 포괄했다. 즉, 각각의 사업부, 노동조합, 홍보팀, 지역(국가) 개발팀, 경제 개발팀, 잠재적인 스핀오프에 대비한 기업 개발팀의 대표들이 참여했다. 태스크 포스 팀은 예측 단계에서 실행에 이르기까지 프로젝트 전반을 책임졌다. 그들은 내부 지침을 제시하는 것에 더하여 중요한 한 가지 목표가 있었다. 바로 미쉐린과 긴밀한 관계에 있는 외부 이해관계자들이 구조조정 프로젝트에서 기업의 해명을 수용하고, 미쉐린의 판단에 대한 정확한 정보를 얻도록 만드는 일이었다.

이러한 접근 방식은 '축소 및 확대 모형Ramp Down and Up Model'이라는 이름으로 알려졌다. 여기서 축소Ramp Down란 제품군을 없애거나 공장을 폐쇄한다는 뜻이고 확대Ramp Up는 생산시설이나 직원을 다른 공장으로 이전한다는 뜻이다. 미쉐린은 이러한 접근 방식을 바탕으로 10년에 걸쳐 15개의 구조조정 프로그램을 추진했다. 여기에는 스페인과 이탈리아, 프랑스의 생산시설을 위한 플랜이 포함되어 있었다. 미쉐린은 세 지역에 있는 타이어 공장 여섯 개를 폐쇄한 반면, 다른 네 군데 공장에는 대규모 투자를 했다.

미쉐린은 구조조정을 계속 이어나가는 동안 두 번째로 '턴어라운드 모형Turnaround Model'을 개발했다. 지역의 경영진과 노동조합, 직원들은 이 모형을 바탕으로 공장을 '전환'시키기 위한 계획을 수립했다. 그리고 그 과정에서 공장은 목표를 변경하고 또 다른 제품군을 내놓았다. 이 모형은 앞에서 소개한 네 가지 질문의 대답에 기반을 두고 있는데 이는 공장의 운영과 개선 방식에 대한 공개적이고 세부적인 검토를 유도했다.

미쉐린은 단지 협력을 이끌기 위해 함께하는 것은 아니었다. 그들의 본능은 뛰어났다. 미쉐린은 의사결정을 내리는 과정에 직원을 참여시켜(비록 의사결정에 대한 통제권은 없었지만) 그들에게 공정성에 대한 인식을 강하게 심어줬다. 1975년에 존 티보<sup>John Thibaut</sup>와 로런스 워커 <sup>Laurens Walker</sup> 교수는 그들의 《절차적 공정성<sup>Procedural Justice</sup>》이라는 책을 통해 그 개념을 소개했다. 티보와 워커는 제삼자에 의해 해결된 법적 분쟁을 연구했다.[26] 놀랍게도 사람들은 사건이 제기되는 방식과 기간을 통제할 수 있을 때 의사결정에 실질적인 통제권이 없어도 해당 절차가 공정하다고 인식했다.[27] 이러한 현상은 조직 공정성 연구에서 '공정한 프로세스 효과<sup>fair process effect</sup>' 혹은 '발언권 효과<sup>voice effect</sup>'라는 이름으로 알려졌으며, 이 분야에서 가장 반복적으로 확인된 발견 중 하나였다.[28] 게다가 미쉐린을 비롯한 수많은 다른 기업이 확인한 것처럼, 티보와 워커의 발견은 법률 분야에 국한되지 않았다.

마침내 2013년 미쉐린은 최초로 새로운 전환 모형을 공식적으로 실시했다. 클레르몽페랑과 리옹 사이에 위치한 프랑스 로안 공장은 16~17인치 타이어를 생산했는데, 당시 많은 어려움을 겪고 있었다. 미쉐린은 로안 공장의 문을 닫고 생산시설을 보다 효율적인 공장으로 이전하는 대신에, 공장의 모든 관리자와 직원에게 수익성을 높일 방안을 찾을 수 있는지 물었다. 미쉐린에서 프랑스 지역을 책임지고 있던 레미 드 베르딜락은 외부 컨설턴트의 도움을 받아 관리자와 직원 및 노동조합 대표와 수차례 회의했다. 논의 범위는 새로운 품질 표준에서 생산 비용, 근로 환경, 안전 기준에 이르기까지 모든 안건을 포함했다. 베르딜락은 이렇게 설명했다. "우리 모두는 함께 노력했습니다. 그건 단지 노동조합이나 근로자 혹은 경영진 혼자만의 판단이 아니었습니다. 우리는 서로를 신뢰하기 위해 중재자와 함께 노력했습니다."

이렇듯 많은 논의를 거친 후 계획이 마련되었다. 2014년 10월부터 2015년 3월까지 미쉐린 본사와 지역 기업 그리고 로안 공장에서 온 70명의 사람들로 구성된 여섯 개 업무 팀이 함께 턴어라운드 플랜을 완성했다. 여기에는 공장이 생산할 타이어 제품군을 변경하는 계획도 포함되었다. 하지만 그 플랜은 미쉐린의 해당 제품군 책임자와 경영진 위원회의 승인을 얻어야 했다.

2015년 5월 21일, 로안 공장과 노동조합은 공장 근로자의 95퍼센트 찬성과 함께 미래협정 2019<sup>Pacte d'Avenir 2019</sup>를 체결했다. 이 합의안에서 미쉐린은 비효율적인 16~17인치 타이어 대신 고급 자동차를 위한 19~21인치 프리미엄 타이어 생산 라인을 구축하는 데 8,000만 유로 이상을 투자하기로 약속했다.

이후 미쉐린은 그 플랜에 따라 로안 공장의 총 인원을 850명에서 720명으로 줄였다. 물론 공정한 방식을 통해서였다. 근무 시간도 원래 네 개의 팀이 월요일에서 토요일 정오까지만 근무했다. 그러나 인원을 줄인 후 다섯 팀으로 재편해서 공장을 매일 24시간 가동했다. 또한 직원들은 1년에 최대 6일까지 추가 근무를 하는 방안에 동의했다. 이로써 로안 공장은 연 생산 규모를 12퍼센트까지 조절할 수 있는, 그리고 수요 변동에 신속하게 대응할 수 있는 유연성을 확보했다. 또한 다른 미쉐린 공장은 물론 경쟁사의 공장에 대해서도 실질적인 경쟁력을 갖추게 되었다.[29] 추가로 미쉐린은 직원들의 업무 환경을 개선하기 위해 200만 유로를 투자하기로 약속했다.[30]

마지막 성공은 한 노동조합 대표의 승인에서 나왔다. 그의 말은 이해관계자의 시각이 어떻게 다를 수 있는지 잘 보여준다. "우리는 임금 수준과 35시간 근무를 지켜냈습니다. 전반적으로 좋은 합의안이라 생각합니다."[31] 미쉐린은 로안 공장을 폐쇄하는 대신 관련된 사람 모두가 해고에 의존하는 게 아니라 지속적인 운영과 경쟁력을 강화하는 방안을 마련하게 했다. 이는 진정으로 모두를 위한 승리였다.

그렇다면 우리는 어떻게 공정한 프로세스를 설계해야 하는가? 제럴드 레벤탈Gerald Leventhal 연구원과 그의 동료들은 프로세스의 공정성을 판단하는 여섯 가지 기준을 마련함으로써 공정한 프로세스라는 개념을 보다 정확하게 정의했다.[32] 그들이 제시한 모형에 따르면, 공정한 프로세스는 일관적이고, 편향에서 자유롭고, 정확하고, 수정 가능하고, 윤리적이고, 다양한 목소리를 수용해야 한다.[33] 이 모형은 다음의 질문을 활용하여, 프로세스가 공정한지 진단한다.

1. 우리는 일관적인가?

'우리는 특정 인물이나 시기에 상관없이 일관적으로 적용하고 있는가?' 미쉐린의 경우, 해고 검토를 진행하는 모든 곳에서 내부 태스크 포스 팀을 통해 미래를 결정하는 동일한 질문을 던졌다.

2. 우리의 프로세스는 편향에서 자유로운가?

'우리는 특정한 결과를 추구하는 이해관계자가 프로세스를 운영하지 않도록 하고 있는가?' 미쉐린은 관리자에서 노동조합 구성원에 이르기까지 다양한 이해관계자가 의사결정 과정에 참여하게 했으며, 외부 컨설턴트를 통해 논의를 활성화했다.

3. 우리의 프로세스는 정확한가?

'프로세스를 통해 의사결정을 내리는 과정에서 정확한 정보를 수집하고 활용했는가?' 미쉐린의 내부 태스크 포스 팀은 로안 공장에서 다양한 논의를 통해 광범위한 관점의 정보를 얻었다. 또한 그 정보의 정확성을 확인하기 위해 충분히 많은 사람들과 이야기를 나눴다.

4. 우리의 프로세스는 수정 가능한가?

'결함이 있거나 부정확한 의사결정을 바로잡을 수 있는 시스템을 마련해 두었는가?' 미쉐린의 프로세스는 내부 태스크 포스 팀을 기반으로 공장을 회생할 최고의 해결책을 연구하고, 공장 근로자들의 아이디어를 취합해 논의하는 것이었다. 이를 통해 현장에서 멀리 떨어진 몇몇 임원들이 아니라 조직 스스로 전략적 의사결정을 수정했다.

5. 우리의 프로세스는 윤리적인가?

'우리의 프로세스는 개인, 조직, 윤리와 도덕의 전반적인 기준과 조화를 이루는가?' 미쉐린은 직원들에게 공장 수익성을 높이면서 동시에 그들의 생계를 유지할 방안을 강구하게 했다. 미쉐린의 이런 접근 방식은 기업이 할 수 있는 가장 공정한 선택이었다.

6. 우리의 프로세스는 다양한 의견을 포용하는가?

'우리의 프로세스는 의사결정에 영향을 받는 개인 및 집단의 주장을 고려하는가?' 이는 대단히 중요한 부분이다. 로안 공장에서는 모든 직원에게 발언의 기회를 주었으며, 70명의 사람이 턴어라운드 플랜 개발에 참여했다.


## 정보적 공정성: 투명하게 소통하라

공정성과 관련해 개인적 경험이 한 가지 있다. 피델리티를 떠나 HBS의 교수로 들어갈 때, 나는 남편은 물론 아이들과 대화를 나눠야 한다는 사실을 깨달았다. 이때 나는 조금 색다른 접근 방식을 활용했다. 먼저 최종 의사결정을 내리기 전에 내 선택의 장단점에 대해 남편과 진지한 대화를 나눴다. 다음으로 아이들에게 삶의 변화를 솔직하고 차분하게 설명했다. 나는 남편과 아이들에게 어떤 책임감을 느꼈으며, 내가 왜 그런 결정을 내렸는지 그것이 가족에게 어떤 영향을 미칠지 설명하고 그들이 던지는 모든 질문에 대답했다.

의식적으로든 무의식적으로든, 그때 나는 정보적 공정성을 실천하고 있었던 셈이다. 정보적 공정성은 의사결정이 어떻게 내려졌는지, 그 의사결정이 사람들에게 어떤 영향을 미칠 것인지를 분명하고 신뢰 있게 전달하는 기술이다. 이를 사용하자 이상하게도 아이들은 "이제 엄마가 무슨 일을 하는지 이해했어요."라고 하며 안도의 표정을 지었다.

정보적 공정성은 기업이 소비자에게 하는 약속의 핵심이다. 결국 소비자는 기업이 설명하는 제품을 신뢰할 수 있다는 가정하에 구매를 결정하기 때문이다.

## 알리바바 마윈의 대응법

알리바바<sup>Alibaba</sup>의 사례를 들여다보자. 알리바바는 엄청난 성공을 거둔 중국 전자상거래 대기업이다. 2011년 알리바바가 리베이트를 받고서 부정한 판매자들이 인증절차를 건너뛰고 계정을 만들도록 허용했으며, '골드업체'로 인증까지 해줬다는 보도가 터졌다. 알리바바의 5,000명에 달하는 영업사원 중 이러한 부정에 가담한 직원은 100명에 불과했다. 하지만 이들은 알리바바 플랫폼상에서 2,326곳의 부정한 업체를 승인했다. 이들 업체는 애초에 사기를 치려는 목적으로 계정을 만들었던 것이다.[34]

특히 골드업체는 알리바바의 엄격한 인증절차를 거쳤다는 일종의 보증이라는 점에서 타격이 컸다. 부정한 판매자들은 알리바바 플랫폼에 대한 전반적인 신뢰를 위협했고 많은 언론은 알리바바가 과연 이번 스캔들에서 살아남을 수 있을지 의문을 제기했다. 이는 결국 알리바바 세일즈 팀이 소비자에게 부정한 상인들이 신뢰할 수 있는 업체라고 거짓말을 한 셈이었기에 소비자가 알리바바를 믿고 구매할 이유가 없었다.

알리바바의 설립자 마윈馬雲은 고객을 잃지 않도록 최대한 빨리 움직여야 한다고 생각했다. 그는 부정한 계정을 승인해준 직원들은 물론, 상황을 알면서도 아무런 조치도 취하지 않은 직원들까지 모두 해고했다. 또한 개인적으로 이번 스캔들에 연루되지 않았던 알리바바의 CEO와 COO 역시 사퇴 압박을 받았다.[35]

마윈의 재빠른 대처는 효과가 있었다. 2016년 알리바바는 월마트를 앞질러 다시 세계 최대 유통업체로 올라섰다.[36] 비록 나중에 월마트가 다시 그 왕관을 탈환하기는 했지만 말이다.[37] 하지만 마윈이 신속하고 단호하게 움직이지 않았더라면, 알리바바는 그렇게 높은 성장세를 보여주지 못했을 것이다.

### 투명한 의사소통은 공정을 부른다

정보적 공정성은 조직 내 직원들에게 중요하다. 제이슨 콜큇과 그의 동료는 현장 연구를 통해서 공정성의 네 가지 차원(정보적·분배적·절차적·관계적)이 신뢰와 어떤 관련이 있는지 알아보았고[38] 결국 그들은 정보적 공정성이 직원들의 신뢰 강화에 가장 중요하다는 사실을 확인했다.

여기서 의문이 들 수 있다. 의사결정 과정을 이해하게 하는 정보적 공정성이, 어떻게 자원과 고통을 할당하는 방식에 관한 분배적 공정성보다 직원 신뢰에 더욱 중요할까?[39] 물론 이 말은 기업이 완전히 불공정하고 경영진이 그들의 연봉을 올리면서 다른 모두의 연봉을 깎더라도 충분한 설명만 내놓는다면 직원들이 흔쾌히 받아들일 것이라는 뜻은 아니다. 핵심은 기업이 선의로 행동하면서 어려운 의사결정을 내렸다면, 타당한 설명을 제시해야 한다는 것이다. 왜 그렇게 힘든 결정을 내렸고, 어떻게 그것이 최선인지를 설명함으로써 직원들이 그 결정을 받아들이게 도와주어야 한다.

그러나 많은 기업이 이러한 접근 방식을 좀처럼 활용하지 않는다. 보통 해고 과정에서 투명성을 확보하기란 어렵다. 기업의 경영진은 해고 발표를 끝까지 미루는 경우가 많기 때문이다. 그러는 동안 직원들은 복도에서 남의 눈을 피해 수군거리며 과대 포장된 소문과 가십거리를 나눌 것이다. 이러한 상황은 누구에게도 좋지 않다. 이미 불안정한 상황에 공포심을 추가할 뿐이며 그사이에 잘못된 정보가 퍼져나간다.

미쉐린은 정보적 공정성을 새로운 구조조정 프로세스의 핵심으로 만들었던 대표적인 사례다. 그들은 투자자와 정부 관료, 노동조합, 직원 등 다양한 이해관계자들의 요구와 잠재적인 반응까지 고려하는 새로운 의사소통 전략을 수립했다.

가장 먼저 미쉐린의 태스크 포스 팀은 구조조정을 위한 근거를 찾아야 했다. 그들은 공장의 역사와 미쉐린이 지켜야 할 약속 그리고 이러한 약속을 실현한 과거의 사례를 정리했다.

문을 닫아야 했던 공장의 경우, 미쉐린은 공장 폐쇄를 놓고 직원들과 함께 논의하는 데 특별한 관심을 기울였다. 특히 브루노 제이컵 Bruno Jacob은 유럽 지역에서 구조조정을 위한 의사소통 전략을 개발하라는 요청을 받았다. 그는 첫 번째 단계로 구조조정 프로젝트의 근거를 제시했다. 미쉐린의 결정은 자칫 임의적이거나 직원보다 수익을 더 중요시한다고 보일 수도 있었다. 그는 직원들이 이렇게 오해하도록 내버려두지 않았다. 대신 직원들에게 모든 사실을 알림으로써 미쉐린이 헤쳐 나가야 할 경제적·경쟁적 상황을 이해시키려 노력했다. 제이컵은 이렇게 지적했다. "공장을 폐쇄하는 과정에서 무슨 일이 일어나는지, 왜 그렇게 해야만 하는지 전부 알려주어야 합니다. 즉, 시장과 경쟁자들로부터 오는 외부 위협 요인들을 설명함으로써 전체 그림을 이해하게 해야 합니다."[40]

폐쇄 결정이 난 공장의 경우, 미쉐린은 모든 직원에게 그 소식을 전했다. 다음으로 관리자들이 각자의 부서에서 다시 한 번 직원들에게 그 소식을 전했다. 이는 직원들이 자유롭게 질문하고 반응할 수 있게 배려한 것이다. 미쉐린은 직원들이 그 소식을 감정적인 차원에서 받아들이고, 생각을 정리하고, 질문과 반응을 보일 충분한 시간을 주었다.

또한 관리자들에게 구조조정 전략 및 그 근거를 정리해 프레젠테이션을 진행했다. 그리고 직원의 질문에 대응하는 구체적인 가이드라인을 제시했으며 노동조합이나 언론은 물론 정부 관료 같은 다양한 이해관계자 집단을 상대하는 직원들을 위해 이와 비슷한 커뮤니케이션 자료를 제작했다. 처음에 미쉐린은 커뮤니케이션 전략을 공장 폐쇄에만 집중했지만 나중에는 모든 형태의 주요한 변화를 포함하는 방식으로 전환했다. 제이컵은 이렇게 말했다. "우리는 공장 폐쇄에 관한 커뮤니케이션에서 조직 변화의 커뮤니케이션 그리고 변화의 핵심인 글로벌 조직화에 관한 커뮤니케이션으로 옮겨 갔습니다."

나아가 미쉐린은 정보적 공정성에 대한 약속을 투자자에게로 확대했다. 2001년 이전에 미쉐린은 베일에 싸인 기업이었다. 그들의 고유한 조직 구조는 기업 경영에서 주주의 영향력이 다분히 제한적이라는 사실을 의미했다. 그러나 2001년을 기점으로 미쉐린은 분석가와 펀드매니저들과 함께 점심 및 회의 시간을 정기적으로 마련함으로써 투자자에 대한 투명성과 책임감을 강화했다.

### 공정한 커뮤니케이션의 방법

이러한 미쉐린의 커뮤니케이션 과정은 신선하고 철저했다. 그런데 기업의 커뮤니케이션이 공정한지 어떻게 판단할 수 있을까? 첫 번째 단계는 청중이 새로운 소식에 다양한 반응을 보인다는 사실을 이해해야 한다. 일부는 긍정적인 반응을, 다른 일부는 부정적인 반응을 보인다. 그리고 그 소식을 받아들이는 데 걸리는 시간과 능력 또한 저마다 다르다. 공정한 커뮤니케이션 프로세스를 확보하려면 반응의 범위는 물론, 다양한 속도로 정보를 흡수하는 사람들의 시간과 공간까지 예상해야 한다.

정보가 합리적이고 올바르다고 생각될 때, 사람들이 그 정보에 어떻게 반응할지 예측하는 일은 특히 중요하다. 이는 개인적인 경험을 바탕으로 조심스럽게 하는 말이다. 조직 변화에 관한 언급은 한쪽에는 '이전', 다른 한쪽에는 '이후'라는 이름이 붙은 2열 차트를 자동으로 떠올리게 한다. '이전' 목록에는 어리석거나 신중하지 못한 혹은 비효율적이거나 잘못된 행동에 대한 설명이 담겨 있다. 그리고 '이후' 목록에는 그와 반대되는 내용이 들어 있다. 가령 '폐쇄적인'에 대해서는 '개방적인', '느리게'에 대해서는 '빠르게'처럼 말이다. 새로운 리더와 경영진은 이를 통해 그들이 몰고 올 새로운 세상을 이야기하곤 한다.

문제는 조직 내 상당수가 과거에 머물러 있다는 사실이다. 그러므로 새로운 리더가 합당하게 생각하는 전면적인 비판은 이전 체제에서 활동했던 모든 이들에 대한 공격이기도 하다. 새로운 리더에게 객관적으로 보이는 이야기는 그들에게 의도적인 비판과 과장으로 들릴지 모른다. 그리고 이는 진실을 말하거나 그것을 이해하는 리더의 능력까지도 의심하게 만들 수 있다.

직원들에게 반응할 기회를 제공할 때, 즉 듣고 질문을 던지는 양방향 절차로 운영할 때 그들은 의사소통을 공정하게 인식할 것이다. 우리는 기술을 활용해서 이러한 의사소통 절차에 도움을 줄 수도 혹은 피해를 입힐 수도 있다. 긍정적인 측면에서 리더는 기술을 통해 많은 사람과 동시에 의사소통을 진행할 수 있다. 하지만 기술의 부정적인 측면에 주의해야 한다. 전체 회의나 화상 회의는 양방향 대화에 도움이 되지 못하기 때문에 이러한 형식은 제한된 범위 내에서 이뤄져야 한다. HBS는 유명 강연자를 초대할 때, 학생들에게 먼저 질문을 제출하게 한다. 이를 통해 질문의 수준과 연관성을 조율할 수 있으며, 유사한 질문들은 하나로 합칠 수 있다. 그러나 부정적인 소식을 전하는 리더에게 질문이 선별될 경우, 직원들은 까다로운 질문이 사전에 삭제됐다는 의심을 품을 수 있다.

이런 사실에서 볼 때 소식을 두 번에 걸쳐 전달하는 미쉐린의 단순한 해결책은 탁월한 선택이었다. 이를 통해 그들은 직원들에게 정보를 처리하고 질문을 제기할 여유를 주었다. 두 번째 전달은 관리자가 자신이 담당한 부서에서 소식을 전한다. 이때 직원들은 많은 이들이 모인 가운데 발언을 해야 하는 부담감 없이 질문할 수 있고 혹은 예전에 이야기를 나눠본 적이 없는 누군가에게 질문할 수도 있다.

정보적 공정성은 사람에 대한 존경에 뿌리내리고 있다. 무엇보다도 이는 리더가 집단을 구성하는 많은 '개인'과 의사소통하고 있다는 사실을 충분히 이해한다는 점을 보여준다. 정보의 차원에서 공정한 절차를 구축하려면 다음 질문이 도움이 될 것이다.

- 우리는 어떤 정보와 증거를 기반으로 의사결정을 내리는가?
- 이 정보를 누구와 공유하는가?
- 무엇을 공유하는가?
  - 그 정보는 이를 접하게 될 사람과 어떤 관련이 있는가?
  - 그 사람이 떠올리는 질문에서 그 정보는 충분한 대답을 들려주는가?

- 무엇을 공유하지 않는가? 그 이유는 무엇인가?
  - 공유하지 않은 정보는 영향을 받을 사람에게 중요한 것인가?
  - 공유하지 않은 이유는 무엇인가?
- 언제 공유를 했는가?
  - 공개 시점은 적절했는가?
  - 정보 공개로 영향을 받을 사람들에게 얼마나 많은 반응 시간을 제공할 것인가?
- 사람들이 정보를 받아들이고, 반응하고, 피드백을 주었을 때 대응할 수 있는 프로세스를 마련해놓았는가?


## 분배적 공정성: 파이를 공정하게 나누어라

정보적 공정성이 신뢰 있는 기업으로 인식되는 데 핵심 요인이라는 사실은 분명하다. 하지만 그것만으로 충분하지는 않다. 기업에는 여전히 기회와 같은 혜택, 해고와 같은 피해, 급여와 같은 자원의 분배와 관련해서 공정한 의사결정을 내려야 하는 책임이 남아 있다. 다시 말해, 사람들은 분배적 공정성에도 신경을 쓴다. 기업이 이를 외면할 때, 이해관계자들과의 관계는 무너진다.

### BBC의 잘못된 분배

앞서 소개했던 연구에 따르면 아기들은 눈앞에 펼쳐진 상황에서 분배가 공정하게 이루어졌는지 판단한다. 마찬가지로 사람들은 파이를 나누는 방식을 보고 분배적 공정성을 판단한다. 예를 들어, BBC 뉴스가 2017년 초에 직면했던 평등한 급여를 둘러싼 스캔들을 살펴보자.

스코틀랜드 기자 캐리 그레이시<sup>Carrie Gracie</sup>는 BBC에서 30년에 가까운 세월을 보냈고, 표준 중국어에 능통했다. 중국 시골 공동체에 대한 10년간의 취재 프로젝트로 피보디상<sup>Peabody Award</sup>을 수상하기도 했다. 그는 2013년 BBC에서 새로 마련한 중국 지사 편집장 자리를 맡기로 결정했다.

하지만 그 결정에는 문제가 많았다. 그는 10대 자녀들과 8,000킬로미터나 떨어진 곳에 살아야 했다. 그리고 중국 정부에게 협박과 검열 및 경찰의 괴롭힘을 받을 위험에 노출될 수도 있었다. 결국 그레이시는 BBC의 남성 해외 편집장과 동등한 연봉을 받는다는 조건으로 그 제안을 수락했다. BBC는 동의했고, 그에게 13만 5,000파운드의 연봉을 약속했다.

4년이 흐른 2017년 여름, BBC는 최고 연봉을 받는 기자를 포함해서 15만 파운드 이상의 급여를 받는 직원 목록을 발표하게 되었다. 그 목록에는 62명의 남성과 34명의 여성이 포함되어 있지만 그레이시는 그 목록에 들지 못했다. 또한 여러 다른 여성 스타 기자들도 이름을 찾아볼 수 없었다. 이에 대해 BBC 기자 사미라 아메드<sup>Samira Ahmed</sup>는 이렇게 썼다. "오랫동안 같은 일을 하는 남성 동료보다 훨씬 더 낮은 연봉을 받는 것은, 말하자면 상사가 당신의 나체 사진을 사무실에 걸어놓고 당신을 볼 때마다 비웃는 느낌일 겁니다. 상사가 당신을 이류 직원으로 여긴다는 사실은 수치이고 모욕입니다. 연봉 차이는 곧 그런 의미입니다."[41]

중동 편집장 제러미 보엔Jeremy Bowen의 연봉은 15만 파운드에서 19만 9,999파운드 사이에 속해 있었고 북미 편집장 존 소펠Jon Sopel은 20만 파운드에서 24만 9,999파운드 사이에 있었다. 그레이시는 섭섭한 마음과 함께 화가 났다. 그는《뉴요커The New Yorker》와의 인터뷰에서 이렇게 말했다. "너무 심한 충격이라 몸이 완전히 멈춰버린 것 같은 느낌이 들더군요."[42]

그러나 그레이시는 가만있지 않았다. 그는 동료들과 함께 당시 BBC 방송국의 사장이었던 토니 홀Tony Hall에게 서한을 보냈고 BBC는 결국 그레이시에게 33퍼센트 연봉 인상안을 제안했다. 그러나 그레이시는 다음과 같은 공개서한을 내걸며 사직서를 제출했다.

> "너무나 오랫동안 이어져 내려온 은밀하고 불법적인 BBC의 급여 문화는 이를 강요한 이들의 불명예스러운 선택에서 비롯되었습니다. 이제는 바뀌어야 합니다. … 제가 중국에서 맡은 자리를 갑작스럽게 떠나야 하는 것, 그리고 BBC 베이징 팀에게 작별 인사를 고해야 한다는 것은 가슴 아픈 일입니다. 하지만 그들 대부분은 똑똑한 젊은 여성들입니다. 저는 우리 세대가 이기지 못했기 때문에 그들 세대가 앞으로 이러한 싸움을 계속해야 하는 상황을 원치 않습니다."[43]

그레이시의 공개서한은 '#IStandWithCarrie(캐리를 지지합니다)'라는 해시태그로 요약되어 전국적인 움직임을 촉발했다.[44] 2018년 1월 31일, 그레이시는 BBC의 급여 시스템에 대한 청문회에서 증언하기도 했다. 그리고 3월에는 BBC 동료들이 임원들의 연봉이 적힌 배지를 달고 토니 홀 사장실을 방문하여 시위했다.[45]

우리는 이 사건을 조사하기 위해 BBC를 찾았고 이에 대해 물었다. 그러나 그들은 그레이시가 임명된 당시에 북미와 유럽에서 일하는 편집장들과 동등한 연봉을 받았으며, 급여의 형평성에 대한 약속은 하지 않았다고 주장했다. 다만 기자들의 역량과 경험, 역할에 따라 연봉을 지급했을 뿐이라고 해명했다.

사실 공정성이 무엇을 의미하는지는 까다로운 질문일 것이다. 공정성은 모두 동일한 연봉을 받아야 한다는 뜻일까? 슈퍼 성과자는 제대로 역할을 하지 못한 직원보다 더 많이 받아서는 안 될까? 해고는 어떤가? 누가 남고 누가 나가야 하는가? 10년 동안 근무한 평균적인 성과자와 대단히 필요한 새로운 인재가 있을 때 기업은 어떻게 해야 하는가? 두 사람 중 하나가 부양가족이 있거나 학생이거나 의료와 관련된 채무가 있다면 선택은 달라질 것인가? 이러한 질문의 대답은 쉽지 않다. 모두가 서로 다른 대답을 갖고 있기 때문에 모든 제국은 시작과 끝을 맞이했던 것이다.

분배적 공정성 분야에서 철학자들은 혜택과 자원, 피해를 공정하게 배분하기 위해 집단이 활용하는 다양한 유형의 원칙을 내놓았다.[46]

- 엄격한 계몽주의 혹은 완전한 평등

여기서는 그들이 누구인지, 무엇을 필요로 하고 원하는지와 상관없이 모두가 똑같은 것을 받는다. 그러나 어떤 자원(돈이나 휴가)은 측정과 분배가 쉽지만, 다른 자원(의사결정 권한, 사회적 자본)은 그렇지 않다는 점에서 문제에 봉착한다. 게다가 사람들은 저마다 자원의 가치를 다르게 평가한다.

- 철학자 존 롤스가 제시한 차등 원칙

존 롤스는[John Rawls] 공정성이나 정의에 관한 근본적인 두 가지 원칙을 언급한 뒤, 차등 원칙[difference principle]을 내놓았다. 첫째, 모든 개인은 다른 사람과 동일한 기본 인권을 정당하게 주장할 수 있다. 둘째, 기회의 평등이 있어야 한다. 여기서 모두는 더 나은 자신을 위해 경쟁할 수 있는 똑같은 능력을 갖는다. 다음으로 롤스의 차등 원칙은 분배가 모두에게 도움을 주는 한에서, 특히 사회에서 가장 불운한 이들에게 도움이 되는 한에서 분배의 불평등을 허용한다. 즉, 다른 분배 시스템과 비교해서 가장 가난한 이들이 잘 살 수 있다면, 부유한 이들이 더 부유해진다고 해도 그 시스템은 공정하다.[47]

- 기회의 평등 및 자원 평등주의

모두가 자원에 똑같이 접근할 수 있다. 하지만 그들은 자신이 어떤 자원을 원하는지 선택할 수 있다. 철학자 로널드 드워킨[Ronald

Dworkin은 공정한 경매 사례로 이 개념을 설명했다. 모두에게 경매에서 쓸 수 있는 똑같은 금액을 지급하고 무엇을 살지 선택할 수 있게 한다. 그리고 자신의 기호와 전략적으로 입찰하는 각자의 능력에 따라 서로 다른 자원을 가지고 경매장을 떠나게 된다.

• 복지에 기반을 둔 자원 분배
복지에 기반을 둔 혹은 집단의 전반적인 복지를 극대화하기 위한 자원 분배는 개인의 차이와 요구를 고려하기보다 더욱 큰 그림을 우선시한다.

• 정당한 응보
이 원칙하에서 사람들은 그들의 행동 및 특성을 통해 집단에 기여한 만큼 보상받을 자격을 얻는다. 여기서 문제는 기여의 정도를 누가 어떻게 측정하는가이다. 또한 가장 많이 기여할 수 있는 이가 종종 가장 많은 자원과 최고의 교육 수준을 가진 자라는 점에서 불평등을 영구화할 위험이 있다.

• 자유론자
자원을 적법한 절차에 따라 취득하거나 양도하는 한 모든 분배는 공정하다.

- 비판적 이론

많은 이론가는 과거의 부조리 때문에 특정 집단이 보상받을 자
격이 있거나 혹은 위에서 제시한 원칙들에 추가적인 고려가 필
요하다고 주장한다.

## 분배적 공정성에도 절차가 필요하다

위의 원칙 중 어느 것도 기업이 어떻게 분배적 공정성을 실천해야
하는지에 정답을 제시하지 못한다. 다만 의사결정에서 고려할 수 있
는 선택권을 보여줄 뿐이다. 기업은 이들 원칙 중 하나 혹은 그 이상
을 선택함으로써 분배적 공정성을 실천할 수 있다. 여기서 중요한 점
은 절차적 공정성에서 언급했던 것처럼, 분배적 공정성을 실천할 절
차를 마련해야 한다는 것이다. 또한 개별 사건에 기반을 두는 것이 아
니라 일관적인 형태로 적용해야 한다. 그 프로세스와 주요 사항을 구
체적으로 알아보면 다음과 같다.

첫째, 철학을 선택하고 어떤 분배적 규범을 적용할 것인지 파악하
는 노력이 중요하다. 예를 들어, 미국 정부의 경우 급여는 평등주의에
기반을 두고 있다. 미 정부의 일반직 보수표General Schedule(미국의 일반직
공무원에게 적용되는 급여 체계)는 다양한 급여 단계를 보여준다. 모든 일
자리에는 급여 등급이 할당되어 있고, 특정 등급에 속한 공무원은 똑
같은 급여를 받는다. 반면 BBC의 급여 체계는 이론적으로 '단순 응보
적just-deserts' 공정성에 기반을 두었다. 즉, 조직에 더 많이 기여한 자가
더 많이 받는다. 그레이시는 자신의 급여가 다른 해외 편집장들과 동

일하다는 확답을 받았지만 BBC는 그 약속은 물론이고 단순 응보적 공정성도 실천하지 못했다.

둘째, 혜택과 자원, 피해를 할당하기 위해 활용하는 기준과 이러한 기준이 어떻게 인식되는지 이해하는 노력이 중요하다. 일반적으로 정부는 뛰어난 경쟁력을 갖춘 최고의 인재를 고용하지는 않지만, 많은 국가의 정부는 보수를 평등하게 지급한다. 반면 BBC는 직원의 역량을 기준으로 보수를 제공한다고 밝혔다. 하지만 실제로 그들은 성별을 기준으로 지급했다. 비교 가능한 일자리를 놓고 볼 때, 남성은 여성보다 더 많은 급여를 받았다.

셋째, 상황을 이해해야 한다. 당신은 지금 어떤 세상에서 살아가고 있는가? 사람들은 구체적인 혜택과 자원, 피해를 실제로 어떻게 인식하는가? 직설적인 말로 들릴 수도 있지만, 리더들은 여기서 종종 실수를 범한다. 이와 관련해 GE의 CEO였던 잭 웰치도 자서전에서 몇 쪽을 할애해 강조했다. 그는 비즈니스 리더들에게 직원에게 주는 보상이 처벌이 되어서는 안 된다고 주장했다. 조직의 사기와 관련된 웰치의 주장은 타당했다.

그는 관리자들에게 세세한 부분까지 단도직입적으로 말했다. "모두가 외면하는 형식적이고 조직 주도적인 파티를 멀리하세요. 그리고 직원들이 정말로 좋아하는 것을 생각해야 합니다. 가령 회사가 비용을 전액 부담하는 가족 여행이나 공연 티켓 혹은 최신 디지털 장비 같은 것들 말입니다."[48] 그러나 BBC는 그들의 의사결정 속에 담긴 편향을 전혀 인식하지 못한 채, 성별을 기준으로 보상을 줬다. 이는 결국 캐리 그레이시 스토리로 이어졌다.

넷째, 이해관계자의 합의를 이끌어내야 한다. 혜택과 자원, 피해의 분배는 기업이 갖고 있는 한 가지 권력이며, 이는 직원들의 삶에 막대한 영향을 미친다. 이해관계자들은 기업이 그들의 생각을 물어보고 확인할 때, 함께 의사결정에 참여하고 공정하게 대우받는다고 느낀다. 허니웰의 데이비드 코트가 직원들에게 휴가를 주기로 결정했을 때, 전체 회의를 정기적으로 소집했던 것처럼 말이다. 더불어 휴가의 진행 상황과 관련해서 직원들이 익명으로 피드백을 제출하게 했다.

그러나 당신이 이러한 노력을 기울여도 직원들 그리고 관리자와 임원들은 급여와 같은 분배와 관련해서 전적으로 공정하게 대우받는다고 느끼지 않을 수 있다. 분배의 결과물을 공개적으로 발표하는 경우는 거의 없다. 따라서 그러한 결론은 임의적으로 내리거나 불완전한 정보를 바탕으로 이루어지는 게 대부분이다.

나는 한동안 인사 부사장으로 일하면서 전체 그림을 바라보는 능력을 키웠다. 당시 내가 맡은 책임 중 하나는 급여 인상 및 경영진을 위한 다양한 경제적 인센티브 기안서를 사장에게 올리는 일이었다. 나는 1970년대 중반에 여성 임원으로서 경력을 시작했는데 당시 여성 임원은 거의 찾아볼 수 없었다. 그래서 비교 가능한 역할에서 남성보다 급여를 적게 받을 것이라고 짐작하고 있었다. 하지만 모든 사람의 급여 목록 파일을 열어봤을 때, 나는 우리 팀원들이 어떻게 급여를 받는지 확인하고 깜짝 놀랐다. 사실 그 파일을 확인하고 나서야 한결 마음이 가벼워졌다. 그동안 거대한 분노의 바위가 나를 짓누르고 있었다는 것을 알지 못했다. 하지만 내 동료들이 얼마를 받는지 두 눈으로 직접 확인하고 나서야 비로소 내가 보수와 관련해서 공정한 대우를 받고 있었다는 사실을 깨달았다.

하지만 여성이라는 이유로 낮은 급여를 받고 있을 것이라는 내 직감은 근거 없는 생각이 아니었다. 나는 다만 운 좋은 예외였을 뿐이다. 더 낮은 급여를 받고 그러한 상황이 지속되는, 많은 여성이 겪는 불운하고 부당한 상황은 당시 일반적인 현상이었다. 안타깝게도 지금도 여전하다. 2018년 인구조사 데이터에 따르면, 미국 내에서 인종을 떠나 모든 여성은 평균적으로 남성이 1달러를 받을 때 82센트를 받았다. 그리고 성차별에 인종차별까지 더해질 때, 격차는 더 벌어졌다. 흑인 여성은 평균 62센트를 받았다. 그리고 아메리카 원주민과 알래스카 토착민 여성은 57센트를 받았고 히스패닉이나 라틴 아메리카 여성은 54센트를 받았다. 전체적으로 아시아 여성은 히스패닉이 아닌 백인 남성에 근접한 90센트를 받았지만, 네팔 여성과 같은 하위 그룹은 50센트밖에 받지 못했다.[49]

이번엔 영국 조사 결과를 보자. 2017년 이후로 영국 정부는 직원 수가 250명이 넘는 기업 및 공공기관을 대상으로 성별에 따른 임금 차이를 보고하게 했다. 그러나 영국 정부의 추가적인 명단공개 전략은 성과를 거두지 못하고 있다. 영국의 평균 성별 임금 격차는 2019년에 여전히 17.3퍼센트에 머물러 있다. 이는 2018년 17.8퍼센트에 비해 살짝 완화된 수치다.[50]

〈파이낸셜 타임스Financial Times〉는 상황을 이렇게 요약했다. "영국 경제에서 여성이 남성과 동등하게 보수를 받는 분야는 여전히 존재하지 않는다."51) 그럼에도 우리는 영국 사회의 흐름에 주목할 필요가 있다. 비록 임금 격차가 가시적으로 줄어들지는 않았지만 변화를 향한 목소리가 높아지고 있기 때문이다. 또한 기업 및 공공기관에서 나타나는 성별 격차의 문제는 이제 점점 광범위한 여론의 법정으로 넘어가고 있다.

### 직원이 분배 공정성을 바라보는 관점

오늘날 많은 기업이 특정한 직급이나 성과 수준에 대한 급여 구간을 발표하는 등 보수와 관련해서 투명한 정책을 실시하고 있다. 그럼에도 조직의 구성원이 어떻게 기업의 분배적 공정성을 평가하는지 알아보기 위해 다음 질문을 던질 수 있다.

- 급여와 승진에 대한 의사결정을 뒷받침하는 기업의 철학을 어떻게 이해하는가?
- 최고의(즉 가장 공정한) 기준을 통해 의사결정을 내리고 있다고 믿는가?
- 급여와 승진 절차를 통해 성취한 결과를 어떻게 평가하는가? 그 절차는 공정했는가?

분배는 기본적으로 상호작용이다. 즉, 한 사람이 혜택과 자원, 피해의 할당과 관련해서 의사결정을 내리고, 이는 다른 사람에게 영향을 미친다. 상호작용은 신뢰가 구축되는 교류의 과정이다. 그렇기 때문에 기업이 공정하다고 평가받는지 알아보는 것은 가치 있는 노력이다. 특히 공정하지 않다고 보는 상황에서는 더욱 그렇다.

다시 돌아가 캐리 그레이시 이야기는 어떻게 되었을까? 결과적으로는 해피엔딩으로 끝났다. 1년에 가까운 시간이 흐른 뒤 캐리 그레이시와 토니 홀은 합의했고, 2018년 6월 29일에 합동선언문을 발표했다. 그레이시는 미지급 급여의 명목으로 28만 파운드를 받았고 그녀는 그 돈을 1866년에 설립된 자선단체인 포셋 소사이어티Fawcett Society에 기부했다. 이 단체는 급여 및 여성의 권리와 관련해서 성평등 운동을 벌이고 있는 곳이다. 이후 그레이시는 BBC에 무급 휴가를 요청하고 중국에서 자신이 겪었던 일과 평등한 급여에 대한 글을 써서 책으로 펴냈다. 그리고 2020년, 그레이시는 BBC를 떠났다.[52]

한편, BBC는 임금 격차를 보고하고 이를 줄이는 노력을 계속 이어 나갔다. 실제로 임금 격차는 1년 사이에 9.3퍼센트에서 7.6퍼센트로 낮아졌다. 현재 그 수치는 6.2퍼센트까지 떨어졌는데 이는 영국 전체 평균인 17.3퍼센트에 비해 상당히 낮은 수준이다. 게다가 2018년 7월 보고서에 실린 최고 소득자 명단에는 2017년보다 더 많은 여성이 포함되었다. 비록 상위 12명 중에는 여성이 한 명도 없었지만 말이다.[53]

BBC는 그들의 실수를 바로잡는 과정에서 수차례 착오를 겪었다. 반면, 브라질 바이아 지역의 고무농장을 처분하는 과정에서 미쉐린이 접근한 방식은 여러 차원에서 분배적 공정성이 어떻게 발현될 수 있는지 잘 보여준다.

미쉐린의 스토리는 이렇다. 2004년 당시 미쉐린은 나이지리아와 브라질에서 고무농장을 운영하고 있었다. 그런데 브라질 고무농장에서 남미 잎마름병이 번졌고, 미쉐린은 그 지역에서 농장 비즈니스를 중단하려고 했다. 하지만 그 결정은 결코 쉽지 않았다.

그때 미쉐린의 브라질 고무농장은 150킬로미터 반경 내에서 최대 규모의 기업이었다. 그 농장이 문을 닫는다면 거기서 일하는 600명의 근로자는 새 일자리를 찾기가 현실적으로 어려운 상황이었다. 바이아는 브라질에서도 개발이 안 된 지역 중 한 곳이었으며, 멸종 위기에 처한 다양한 종들의 주요 서식지이기도 했다. 또한 지역의 산업 개발로 인해 산림 훼손 문제에 직면해 있었다.

고무는 환경적인 차원에서 지속가능한 작물이다. 일단 고무나무를 심으면 30~40년에 걸쳐 고무를 생산할 수 있다. 고무농장에 다른 기업이 들어설 경우, 환경적으로 부정적인 영향을 미칠 위험이 높았다. 농장을 폐쇄하는 결정과 관련해서 미쉐린은 분배적 공정성과 여러 집단의 요구에 대해 이미 많은 고민을 하고 있었다. 그들은 이런 질문을 던졌다. 브라질 고무농장은 수십 년 동안 비즈니스를 운영하는 과정에서 근로자는 물론 지역 공동체에 어떤 일을 했는가?

미쉐린은 여러 가지 선택지를 마련했다. 첫 번째는 농장을 정부에 매각해서 개발 프로그램을 통해 토지를 재분배하는 것이었다. 그러나 이 방법에는 환경적·사회적 위험 부담이 따랐다. 그 땅을 불하받은 사람이 지속가능성에 대한 교육을 충분히 받지 않을 가능성이 컸다. 다음으로 농장을 환경보호 비영리 단체나 다른 기업에 매각하는 방법이었다. 환경보호 단체에 넘길 경우 농장은 산림으로 돌아가게 될 것이다. 그러나 그 과정에서 모든 근로자는 일자리를 잃는다. 반면 기업에 넘길 경우 환경적인 지속가능성에 대한 의지를 보이지 않을 위험이 높았다.

이를 해결하기 위해 미쉐린은 신선한 접근 방식을 택했다. 그 땅을 12개의 작은 필지로 구분해서 직원들에게 팔기로 결정한 것이다. 땅을 매입한 농장 소유주는 생산된 고무를 미쉐린이나 다른 구매자에게 팔 수 있었다. 미쉐린은 엄격한 절차를 통해 12명의 농장 소유주를 선정했다(여기서 미쉐린은 단순 응보를 통한 분배적 공정성을 이용했다). 이들은 작은 농장 중 하나를 운영하게 되었다.

미쉐린은 선정한 후보들에게 농장을 매입할 수 있는 돈을 빌려주기도 했다. 씨앗과 묘목을 원가에 제공하고 기술까지 지원했다. 고무나무는 다 자랄 때까지 5~7년 정도가 걸리며, 그때가 되어야 본격적으로 수액 채취가 가능하다. 미쉐린은 바나나와 코코아를 포함하여 다양한 작물을 심는 순환 시스템을 개발했고 이를 통해 농장주는 고무나무가 자랄 때까지 소득을 올릴 수 있었다.

이렇게 미쉐린 근로자의 약 95퍼센트가 새로운 농장으로 흡수되었다. 모든 근로자에게는 고용 중단 프로그램이 적용됐다. 이는 브라질 노동법에 따른 것으로, 이를 통해 분배적 공정성을 다시 한 번 실현하게 된 것이다. 농장 소유권 이전에 대한 조건으로 새로운 농장주들은 미쉐린에서 넘어온 근로자들에게 기존과 동일한 노동권을 보장해야 했다. 여기에는 노동조합을 설립하고, 임금과 시간 및 근무 환경에 집단 교섭을 할 수 있는 권리가 포함되었다.

미쉐린이 초기에 고려했던 다른 선택지 중 하나를 결정해도 아무도 비난하지 않았을 것이다. 그럼에도 미쉐린은 미지의 영역으로 나아가는 여정을 선택했다. 농장 이전 프로젝트가 시작되고 10년이 흐른 2015년, 그 고무농장들은 여전히 운영 중이다. 농장주들도 초기의 대출을 모두 상환했다.

미쉐린의 직원 200명은 여전히 연구개발 센터와 고무농장에서 일하고 있다. 이들 농장은 미쉐린이 운영할 때보다 350명이나 더 많은 근로자를 고용했다. 그리고 바이아 지역의 1,000명이 넘는 농부들은 미쉐린이 시작한 농업 교육 프로그램에서 많은 도움을 얻고 있다. 미쉐린 근로자와 주변 지역사회는 미쉐린의 분배적 공정성으로부터 많은 혜택을 받았다. 미쉐린은 다양한 이해관계자 집단 사이에서 파이를 공정하게 배분했다. 뿐만 아니라 그 과정에서 모두를 위해 더 많은 파이를 만들어내는 성과를 거뒀다.


## 관계적 공정성: 존중하고 배려하라

우리 모두는 관계적 공정성, 즉 상대에 대한 존중과 배려에 관심을 보인다. 그리고 상대방이 자신을 대하는 방식에 따라 그 사람의 느낌에 색을 입힌다. 비즈니스 차원에서 우리는 기업 및 그 구성원들과의 개인적인 관계를 통해 그들이 우리를 대하는 방식을 즉각적으로 평가한다.

　기업이 구조조정을 하거나 혹은 미쉐린처럼 직원들에게 다른 사업부나 생산 라인으로 이동할 기회를 제시할 때, 관계적 공정성의 문제가 떠오른다. 그러나 아주 직설적이고 논리적으로 들리는 그 행동은 실제로는 전혀 그렇지 않다. 잠시 상상해보자. 당신이 다른 지역으로 이동한다면 무엇을 포기해야 할까? 자신이 속한 공동체에 얼마나 깊이 뿌리내리고 있는지 생각할 때, 이동은 결코 쉽게 결정할 수 있는 문제가 아니다. 그건 비단 당신만의 문제가 아니다. 홈즈-라헤[Holmes and Rahe] 스트레스 지수에 따르면 먼 지역으로의 이동은 무려 20점으로, 이는 근무 시간이 크게 바뀌는 상황과 같은 수준이다.

　앞선 이야기에서 미쉐린은 많은 노동직 근로자의 배치를 재편해야 하는 상황에 처해 있었다. 미쉐린에서 유럽 지역의 자동차 및 소형 트럭 비즈니스를 이끌었던 티에리 치셰[Thierry Chiche]는 인간적인 관점에서 구조조정의 규모를 설명했다. "1,000명의 직원을 다룰 때 그들이 서로 다른 다섯 그룹으로 이뤄져 있다면, 다섯 번의 다른 시간에 다섯 가지의 다른 감정을 다뤄야 한다는 뜻입니다. 그리고 서로 다른 문제와 가족, 구체적인 사건, 태도를 지닌 1,000명의 개인을 다뤄야 합니다. 우리는 그러한 상황에 잘 대처해야 하고, 이를 위해 준비되어 있어야 합니다."[54]

　미쉐린은 재배치를 용이하게 하기 위해 근로자들이 새로 이주할 지역을 배우는 시간을 마련했다. 그들은 실제로 새로운 공장에서 1~2주일간 시간을 보냈고, 그 지역을 미리 방문해 학교나 집을 알아보면서 새로운 환경에 적응할 수 있도록 도움을 받았다. 나아가 미쉐린은 해당 지역에서 이미 일하고 있는 직원들이 자신의 지역과 근무 환경에 관한 정보를 공유하는 모임을 마련했다. 미쉐린 프랑스에서 인사 책임자를 지낸 프란츠 블레오<sup>Franz Bléhaut</sup>는 이렇게 말했다. "이런 모임은 재배치에 대한 직원들의 걱정을 덜어주는 데 도움이 됩니다. 직원들이 함께 이야기를 나누기 시작하면 분위기가 달라집니다. 그들은 다른 누군가와 개인적인 관계를 형성하고, 이는 실제로 큰 도움이 됩니다."[55]

### 관계적 공정성의 절차

관계적 공정성은 상대방에게 보이는 존중과 배려로 판단한다. 여기서 한 가지 중요한 의문이 떠오른다. 우리는 어떻게 상대방이 자신을 존중과 배려로 대하는지 배우게 되는가? 여기서 내가 '이해한다'가 아니라 '배운다'라는 표현을 썼다는 점에 주목하자.

이해는 수동적이며 특히 다른 사람의 태도를 파악할 때 더 그렇다. 반면, 배운다는 것은 '다른 사람의 신발을 신고 1마일 걷기'라는 표현과 같다. 배움의 한 가지 형태는 다른 사람의 경험을 이해하기 위해 그것을 풍부한 상상력으로 복제하는 것이다. 한 MBA 학생은 이렇게 설명했다. "우리는 다른 사람의 '경험'을 항상 복제하지는 못합니다. 하지만 그 사람이 느낀 '감정'을 정의하고, 자신이 그렇게 느꼈던 때를 떠올리고, 공유된 느낌을 통해 그러한 감정이 어디서 비롯되었는지 배울 수 있습니다."

미쉐린은 또 다른 여정을 택했다. 이는 적극적인 탐험을 통해 배움을 얻는 여정이었다. 우리는 미쉐린 관리자들이 들려주는 이야기에서 공통적인 접근 방식을 볼 수 있다. 미쉐린 관리자들은 관계적 공정성을 연구 주제로 삼은 점이다. 공장을 전환하는 과정에서 권한 부여가 어떻게 근로자의 유연성을 높이는지 혹은 직원들을 다른 지역으로 이주시키기 위해 무엇이 필요한지 배울 때에도 말이다. 그들은 무엇이 효과가 있는지는 쉽게 드러나지 않으며, 항상 시도해야 하고 언제든 더 나아질 수 있다고 생각한다.

물론 미쉐린의 접근 방식이 다른 기업에서도 효과가 있으리라는 보장은 없다. 미쉐린의 문제에 맞춤화된 해결책이기 때문이다. 그래도 그 접근 방식은 우리에게 무엇이 가능한지 잘 보여준다. 관계적인 차원에서 공정한 절차를 설계할 때, 우리는 다음의 질문을 하며 그 걸음을 시작할 수 있다.

- 다른 사람이나 집단이 처한 상황에 놓여 있다면 어떤 느낌이 들지 상상해본 적이 있는가?
- 다른 사람이 특정 상황에 어떻게 느끼는지 알아보기 위해 질문을 던진 적이 있는가?
- 역할이 바뀌었을 때 상대방이 우리에게 보여주길 바라는 존중으로 사람들을 대하고 있는가?
- 우리의 말과 행동은 신중한가? 우리는 다른 사람의 상황과 요구를 충분히 고려하는가?

- 우리의 말과 행동은 존중을 드러내는가? 상대방이 인간이라는 이유만으로 가치 있는 존재로 대하고 있는가? 또 다른 인간이라는 이유만으로 존중하고 있는가?
- 사람은 개인 혹은 집단마다 서로 다르며, 그들이 언제 이해와 존중을 느끼는지 계속 배워야 한다고 생각하는가?

미쉐린은 2003~2013년에 걸쳐 유럽 지역에서 15개의 구조조정 프로그램을 실행했다. 그 이후로 프로세스를 개선하면서 다양한 프로그램을 추진했고 유럽 지역에서 근무하는 3만 5,000명의 직원 중 절반가량이 이 프로그램에 관여했다. 그들은 폐쇄되거나 규모가 축소된 공장의 근로자 혹은 생산시설의 이전으로 규모가 확장된 공장의 근로자였다. 그 과정에서 미쉐린이 성공을 거두었다고 말할 수 있는 증거는 무엇일까?

우선 미쉐린에 관한 스캔들이나 다른 기사가 나오지 않았다. 그리고 우리가 아는 한 미쉐린은 일련의 끔찍한 해고가 아니라 타이어로, 대단히 귀여운 로고로, 레스토랑을 대상으로 한 미쉐린 가이드로 여전히 더 유명하다. 다시 말해 미쉐린은 공정성으로 큰 성공을 거뒀고, 이를 통해 완전히 다른 단계로 올라섰다. 대부분이 불가능하다고 생각했던 새로운 길을 멋지게 열었다.

# 5장

# 영향:
## 책임을 외면하지 말라

우리가 한 일은 물론,
하지 않은 일에 대해서도 책임을 져야 한다.
—— 몰리에르Molière

**THE POWER OF TRUST**

우리는 종종 다른 사람을 위해 행동하는 선한 의도야말로 유일하게 중요한 것이라는 착각에 빠진다. 그러나 선한 의도의 결과는 예측하기 힘들다. 이는 우리 모두가 개인적으로 경험하고 있는 현실이다. 사람들이 실제로 관심 있는 것 그리고 역사에 남는 것은 우리가 창조하는 영향력이라고 할 수 있다. 물론 의도도 중요하지만 훨씬 더 중요한 것은 영향이다. 우리는 이러한 사실을 마오쩌둥毛澤東이 추진했던 재앙적인 네 가지 유해동물 캠페인에서 확인할 수 있다.

1958년, 중국의 마오쩌둥은 공중위생을 개선하는 야심 찬 계획을 세웠다. 당시 9년 동안 정권을 잡고 있었던 중국 공산당은[1] 국가를 산업화하고 서구를 따라잡기 위한 대약진정책에 한창 박차를 가하고 있었다. 공동체 삶의 방식에 큰 변화가 필요했고, 이를 위해 모두가 산업가로 변신해야 했다.[2] 사람들은 모든 쇠붙이를 끌어모아 집 마당에서 철을 생산했다. 심지어 농사일까지 쉬면서 냄비와 프라이팬을 녹여 철을 만들었다.[3]

또한 중국인들은 전국에 퍼진 치명적인 질병과도 맞서 싸웠다. 당시 결핵과 전염병, 콜레라, 소아마비, 말라리아 등이 창궐했는데 유아 사망률은 1,000명당 300명에 육박했다.[4] 마오쩌둥 정부는 공중보건 시스템을 구축하기 위한 첫 단계에 착수했다. 3억 명에 달하는 전체 인구를 대상으로 백신을 접종하고, 식수 위생시설을 만드는 작업이 시작되었다.[5] 그럼에도 죽음과 질병은 사회 곳곳에 숨어 있었기에 그들은 또 다른 노력이 필요했다.

이러한 상황에서 마오쩌둥 정부는 네 가지 유해동물에 대한 캠페인을 실시했다. 캠페인의 목표는 파리, 모기, 쥐, 참새를 박멸하는 것이었다. 파리는 장티푸스나 콜레라와 같은 질병을, 모기는 말라리아를, 쥐는 각종 전염병을 옮겼기 때문이다(오늘날 과학자들은 기생충이 전염병을 퍼뜨린 주범이며, 들쥐는 부당하게 비난을 받았다고 주장한다).[6] 참새는 들쥐나 모기, 파리보다 훨씬 귀엽긴 하지만 농부가 힘들게 재배하고 수확한 곡식을 갉아먹었다. 당시 과학자들은 참새 한 마리가 한 해에 4.5킬로그램에 해당하는 곡식을 훔쳐 먹는 것으로 추산했다.[7] 이에 마오쩌둥은 참새는 사라져야 한다고 생각했다.

마오쩌둥 정부는 삽화가 들어간 컬러 포스터를 제작해서 대중이 공공의 적과 맞서 싸우도록 했다. 이 캠페인에는 어린아이부터 노인까지 모두가 참여했다. 기업과 학교, 정부기관은 시합을 벌이기도 했다. 파리와 모기, 쥐, 참새를 가장 많이 잡은 이들에게는 보상을 지급했다.[8] 아이들은 냄비와 팬을 부딪쳐서 참새가 내려앉거나 머물지 못하게 했다.[9] 이 캠페인을 통해 사람들은 총 1억 킬로그램의 파리와 1,100만 킬로그램의 모기, 15억 마리의 들쥐, 10억 마리의 참새를 잡았다.[10] 캠페인 자체는 엄청나게 성공적이었다.

하지만 곧 부작용이 나타났다. 참새는 건강한 생태계의 필수 요소로 드러났기 때문이다. 참새는 메뚜기와 같은 벌레를 잡아먹었는데 천적인 참새가 사라지자 메뚜기 개체 수는 크게 늘었던 것이다. 그렇게 늘어난 메뚜기 떼가 들판을 뒤덮으면서 곡식을 먹어치웠다. 한편, 정부 관료들은 목표 달성에 대한 두려움으로 곡식 생산량을 부풀려 보고해버렸다. 이를 믿고 중국 정부는 수출을 하기까지 했다.[11] 이러한 요인들이 하나로 합쳐지면서 결국 중국의 대기근이 발생했고 이는 약 4,500만 명의 인구를 죽음으로 내몰았다.[12]

대기근 시대를 살았던 양지성楊繼繩이라는 기자는 삼촌이 굶어서 죽었다는 소식을 듣고 고향으로 내려갔는데 눈앞에 펼쳐진 것은 유령 마을이었다. 들판은 황폐했고,[13] 개나 닭은 모두 사라졌다. 사람들이 나무껍질로 연명을 하면서 모든 나무가 벗겨져 있었다.[14] 이후로 그는 10년이 넘는 세월 동안 기근에 관한 정보를 비밀리에 수집했다. 그리고 그 내용을 엮어 책으로 펴냈는데 현재 중국에서는 금서로 지정되었다. 2012년 양지성은 NPR과의 인터뷰에서 이렇게 밝혔다. "사람이 다른 사람을 먹은 수천 건의 보고가 있었습니다. 부모는 자녀를 먹고, 자녀는 부모를 먹었습니다."[15]

초반에 공무원들은 홍수와 같은 자연재해를 기근의 원인으로 지목했다. 그러나 양지성은 1958년에 작성된 문서를 통계국 국장을 통해 입수했는데 그 문서에는 이렇게 나와 있었다. "우리는 상부가 원하는 모든 숫자를 보고했다." 그리고 영구히 남는 공식적인 해명을 위해 기근 동안 일어난 자연재해의 발생 건수를 부풀렸다는 사실을 인정했다.[16]

공무원들이 숨기고자 했던 것은 네 가지 유해동물 캠페인을 비롯한 마오쩌둥 정책의 완전한 실패였다. 이 캠페인은 좋은 의도가 끔찍한 영향을 미칠 수 있다는 사실을 잘 보여준다. 물론 캠페인 그 자체는 성공적이었다. 마오쩌둥은 전체 인구를 동원해 수많은 벌레와 들쥐, 참새의 사체를 수집했다. 그것은 대단한 역량이다.

기업과 정부는 그처럼 거대한 규모로 사람들의 행동을 변화시키길 바란다. 캠페인의 목표는 공중보건을 개선하는 것으로, 여기에는 논란의 여지가 없다. 그러나 캠페인은 의도하지 않은 대단히 파괴적인 결과로 이어지고 말았다. 지금도 네 가지 유해동물 캠페인은 마오쩌둥의 선의나 그의 탁월한 실행 능력과는 상관없이 엄청난 실패로 기억되고 있다. 이처럼 한 정책에서 나오는 영향은 엄청나게 중요하다. 특히 이 사례에서는 삶과 죽음이라는 큰 문제에 영향을 끼쳤다.

# 행동이 판단의 기준이 된다

우리는 사람들이 왜 그런 일을 하는지에 따라 그들을 평가한다. 그리고 3장에서 살펴봤듯이 어떤 사람은 그 '의도'만으로도 신뢰할 수 없는 다양한 이유를 발견한다. 그러나 행동이 미치는 영향 또한 대단히 중요하다. 실제로 한 학생은 포스트 밀레니얼 세대가 목적보다 영향을 더 중요하게 여긴다고 말했다. 그러한 믿음은 불평등을 바로잡거나 심각한 기후변화를 억제하는 과제가 그들 세대에게 달려 있다는 깨달음에서 비롯된 것이라 할 수 있다. 신뢰는 조직 내부에서 구축되고 기업의 동기에서 시작된다. 반면에 소비자와 직원, 투자자 그리고 대중에게 영향력은 삶의 중요한 이유가 된다. 사람들이 기업의 행동에서 부정적인 영향을 경험할 때, 그들은 신뢰를 도로 거둬들인다. 그리고 '그 기업은 얼마나 역량이 있는가? 그들의 동기는 무엇인가? 다시 말해, 그들은 왜 그렇게 행동했는가?' 등의 질문을 던진다.

## 우리는 현실적인 결과로 판단한다

3장에서 언급했듯이 우리는 인간으로서 선을 추구한다. 우리는 상대가 선한 의도를 갖고 행동한다는 사실을 확인하고 싶어 한다. 상대가 선한 의도를 가졌다고 믿을 때, 우리는 그들의 허물을 기꺼이 용서하려고 한다. 하지만 선의가 어떤 행동을 긍정적으로 판단하기에 충분한 요소라면, 우리는 참새를 박멸하려던 마오쩌둥의 캠페인에도 만족해야 할 것이다. 그러나 현실은 그렇지 않다. 우리는 단지 동기나 과정만이 아니라 현실적인 결과를 기준으로 행동을 판단한다. 우리는 선의를 추구하면서도 그 결과에 깊은 관심을 기울이며 때로 둘을 혼동하여 좋은 의도가 좋은 결과로 이어지기에 충분하다고 생각하기도 한다.

덕德 자체를 추구하는 접근 방식은 철학의 역사에서 확인할 수 있다. 아리스토텔레스 역시 이와 관련해서 글을 썼다. 그리고 1500년대에 네덜란드 학자 에라스무스Erasmus와 영국 정치가 토머스 모어Thomas More 같은 인문주의 철학자들은 인간이 가진 선의 힘을 믿음으로써 명성과 업적을 쌓았다. 그들은 좋은 친구였고, 두 사람 모두 선을 기반으로 지도자를 양성하고자 했다. 1516년 에라스무스는《그리스도교 군주의 교육The Education of a Christian Prince》을 집필했으며,[17] 같은 해 토머스 모어는《유토피아Utopia》를 발표하기도 했다.

《유토피아》는 누구도 재산을 소유하지 않고 돈도 존재하지 않지만, 모두가 필요한 자원을 사용할 수 있는 가상의 세상을 그린 일종의 사고 실험이었다.[18] 에라스무스는 교육을 통해 인간에게서 최고의 가치를 이끌어냄으로써 악을 제거할 수 있다고 믿었다.[19] 반면 모어는 이성의 힘으로 악을 제어할 수 있다고 보았다.[20]

비록 이러한 생각이 악으로 가득한 현실에서는 합당하지 않을지 모른다. 그러나 우리 모두는 인간으로서 그러한 믿음을 사랑한다. 역사적으로 인류는 선 그 자체를 신뢰한 인물을 신성시해왔다. 모어의 사례를 보자. 헨리 8세는 앤 불린Anne Boleyn과 결혼하기 위해 건강한 남자 후계자를 낳지 못했던 아라곤의 캐서린Catherine of Aragon과의 결혼을 무효화시키려고 했다. 하지만 교황이 거부하자 헨리 8세는 법률 체계를 관장했던 대법관인 모어에게 대신 결혼 취소를 요구했다.[21] 5년간의 교착 상태 끝에 모어는 자신의 종교적 신념에 어긋난다는 이유로 거부했고, 결국 헨리 8세는 그를 사형에 처했다. 오늘날 우리는 모어를 순교자로 기억하고 있으며 자신의 이상과 종교를 목숨 바쳐 믿었기 때문에 그를 존경한다.

내가 도덕적인 지도자를 주제로 한 강의에서 토머스 모어를 언급할 때마다 일부 학생은 영감을 얻는 반면, 또 다른 학생은 분노한다. 특히 영국 극작가 로버트 볼트Robert Bolt가 묘사한 것처럼 토머스 모어와 같은 숭고한 인물이 타당하지 못한 이유로 죽는 장면을 지켜보는 일은 고통스럽기 때문이다. 그러나 몇몇 학생의 주장처럼 토머스 모어는 사실 비도덕적인 인물이었을 수도 있다. 그의 도덕적 믿음이 자신의 가족에게 미친 영향을 생각해보면 말이다.

### 마키아벨리의 관점

그러나 더 중요한 지점, 즉 우리가 인정하는 것보다 영향에 대해 더 깊이 생각하고 관심을 기울여야 할 지점이 있다. 그것은 모어와 에라스무스와 동시대를 살았던 인물인 마키아벨리가 주장한 개념이다. 1513년, 마키아벨리는《군주론The Prince》을 발표해 많은 논란을 일으켰다. 영국 철학자 이사야 벌린Isaiah Berlin은《마키아벨리의 독창성The Originality of Machiavelli》이라는 책에서 이렇게 설명했다.[22] 마키아벨리의 실질적인 주장은 '군주'가 일반적인 사람에게 적용되는 것과는 다른 유형의 도덕성을 갖춰야 한다는 것이다. 그의 주장은 500년이 지난 지금까지도 많은 논쟁의 대상이 되고 있다.

마키아벨리는 군주가 국가의 생존을 보장할 특별한 책임을 진다고 주장했다. 에라스무스와 모어가 교육이나 도덕적 사고를 통해 덕을 쌓아야 한다고 주장한 것과 달리, 마키아벨리는 덕의 '외형'을 강화해야 한다고 믿었다. 그는 이렇게 조언했다. "군주는 내가 열거한 좋은 자질을 모두 갖출 필요는 없다. 하지만 그러한 자질을 갖춘 것처럼 보일 필요는 있다."[23] 다시 말해, 마키아벨리는 덕을 위한 명성을 유지하면서도 모어가 살아남을 수 있는 방법을 찾고자 했다.

하지만 아이러니하게도 마키아벨리의 직설적이고 실용적인 접근 방식은 그의 명성에 도움이 되지는 못했다. 오히려 그의 이름은 묵인과 속임수의 동의어가 되었다. 심지어 그의 이름을 딴 심리학적 측정법인 '마키아벨리즘 성격 척도Mach scale'라는 것도 있다. 미국 심리학협회의 《심리학 사전Dictionary of Psychology》에서는 이를 "개인이 물질이나 다른 목적을 추구하면서 속임수와 책략을 사용하는 것을 묵인, 수용하거나 비난하는 정도를 측정하는 기준"이라고 설명한다.[24]

마키아벨리의 통찰력을 인문주의 관점에서 바라볼 때, 우리는 어떻게 신뢰하게 되는지를 좀 더 잘 이해하게 된다. 우리는 기본적으로 선의를 추구한다. 하지만 선의로 한 행동에서 비롯된 결과에 관심을 기울이지 않는 것은 아니다. 마키아벨리는 군주가 신하의 영토나 여자를 빼앗을 때 원성을 사게 된다고 경고했다.[25] 다시 말해, 군주의 행동이 부정적인 영향을 미칠 때, 신하는 군주를 증오하고 불신하기 시작하는 것이다.

3장에서 말했듯이, 우리는 기업이 선한 의도로 비즈니스를 운용하는지 알기를 원한다. 하지만 선의를 갖고 있다고 해서 피해를 유발해도 처벌을 면할 수 있다는 의미는 아니다. 3장에서 사람들이 실수와 고의에 따라 피해의 정도를 어떻게 평가하는지 알아보는 실험을 소개한 것을 기억하는가? 그 실험에 등장하는 가상의 CEO는 직원의 임금이 부분적으로 회사 수익에서 결정되는 기업을 운영한다. 그런데 잘못된 투자로 회사에 피해를 입히게 된다. 이때 피실험자에게 두 가지 다른 이야기를 들려주었다. 하나는 임금이 줄어들면 직원들이 더 열심히 일할 것이라는 기대에 CEO가 고의적으로 잘못된 투자를 했다고 설명했다. 피실험자들은 피해의 정도에 대해 0점(피해 없음)부터 100점 사이에서 평균 66점을 줬다. 반면 CEO가 수익을 확신하고 투자했다고 설명했을 때, 그들은 피해의 정도를 평균 48점으로 평가했다.

66점이 각각의 피실험자에게 무엇을 의미하는지 정확하게 말할 수는 없다. 그러나 66점과 48점을 비교할 때, 선한 의도를 인식했다고 해도 그 영향을 전적으로 무시한 것은 아니라는 사실을 알 수 있다.

이는 피실험자들이 제한적인 시나리오에서 평가를 내리는 연구실 실험의 결과다. 하지만 이러한 결과는 현실 세상에서도 똑같이 나타난다. 2019년, 몬트리올에서 미쉐린의 무빙온Movin' On 운송 콘퍼런스가 열린 적이 있다. 운송 분야에서 활동하는 기업 및 정부기관의 모든 지도자와 연구원들이 이곳에 모여 다양한 아이디어를 논의했다. 복도 여기저기에서는 서커스 단원들의 화려한 즉흥 공연과 가수와 댄서들의 미니 쇼가 펼쳐졌다. 여기서 우리는 환경적인 지속가능성의 미래를 주제로 한 어느 토론회에 참석했다.

토론회에서 한 석유 및 가스 대기업 간부가 그의 기업에서 추진하는 환경적 지속가능성에 대한 계획을 설명했다. 그의 이야기는 놀라웠다. '청정에너지'나 '녹색운동'처럼 환경보호와 관련된 다양한 용어를 사용하면서 그의 기업이 지속가능성 목표에 얼마나 많은 관심을 기울이는지 강조했기 때문이다. 우리는 흡족한 마음으로 그저 고개를 끄덕였다. 그의 설명은 합리적으로 들렸고, 우리는 그들이 세운 목표에 동의했다. 하지만 그럼에도 우리는 그 기업이 계획을 얼마나 진지하게 생각하고 있는지 파악하기 힘들었다. 실제로 탄소 메이저 데이터베이스$^{Carbon Majors database}$에 따르면, 1751년 이후로 90개 기업이 전체 이산화탄소 및 메탄가스 배출에서 63퍼센트가 넘는 책임이, 또한 상위 20개 기업이 배출에서 29.5퍼센트의 책임이 있었기 때문이다.[26]

그의 이야기가 끝나고 잠시 침묵이 이어졌다. 그때 누군가 환경적 지속가능성 목표를 어떻게 실행에 옮길 것인지 물었다. 그는 더욱 고무적인 답변을 내놨다. 그런데 청중석에 앉아 있던 한 사람이 핵심적인 질문을 던졌다. "당신의 기업과 산업은 엄청난 피해를 유발했습니다. 그런데 왜 우리가 당신의 말을 믿어야 합니까?"

그는 이 까다로운 질문을 교묘히 피해 갔다. 그는 자신이 속한 산업이 그 정도로 큰 영향력이 있기 때문에, 피해를 되돌리는 변화를 추진하는 데 중요한 위치를 차지한다고 주장했다. 좋은 답변이었다. 하지만 청중도 우리도 그 답변에 완전히 만족하지는 못했다. 단순히 좋은 의도는 우리의 마음속에 남아 있는 피해의 흔적을 지워버리지 못하기 때문이다. 그래서 일부 산업은 다른 산업에 비해 여전히 더 가혹한 평가를 받는 중이다. 예로, 석유 및 가스 기업의 간부가 환경을 되살리는 노력을 말할 때, 우리는 쉽게 신뢰하지 못한다. 혹은 담배 회사의 간부가 건강을 이야기할 때도 마찬가지다. 그들이 생산한 제품이 대중과 개인의 건강에 얼마나 위험한지 잘 알고 있기 때문이다.

## 보잉의 스캔들

대부분의 사람들은 기업의 내적 동기에 대해 분명한 입장을 취하지 않는다. 기업과 우리의 관계는 주로 기업의 행동이 우리 자신과 주변 사람에게 어떤 영향을 미치는가에 달렸다. 다시금 보잉의 사례를 보자.

737 맥스 8 항공기의 재앙이 있기 전만 해도, 대중은 보잉의 신뢰성을 의심하지 않았다. 그러나 2018년 10월과 2019년 3월에 737 맥스 8 항공기 사고로 350여 명의 희생자가 발생하면서, 전 세계 국가는 보잉 737 맥스 8 항공기의 이륙을 허가하지 않았다. 상황은 거기서 멈추지 않았다. 더욱 많은 의문이 제기되었다. 두 번의 사고로 인해 보잉은 정부와 규제기관 그리고 대중의 신뢰를 잃어버렸다. 끔찍하고 비극적인 결과 때문이었다. 737 맥스 8 사고로 많은 사람이 죽었고, 보잉은 조사를 받았다. 무슨 일이 있었으며, 그 이유는 무엇인가? 또한 누가 책임을 져야 하는가?

첫째, 역량 문제가 있었다. 그 항공기에는 설계상 결함이 있었다. 보잉의 새로운 자동화 시스템은 하나의 센서에만 의존했는데 그 센서가 오작동을 일으킬 경우, 심각한 문제가 발생할 수 있었다. 한 항공 기술자는 〈뉴욕 타임스〉와의 인터뷰에서 그 설계 방식을 치명적이며 거대한 실수라고 불렀다. 그리고 '대단히 좋지 못한 엔지니어링 시스템'이라고 말했다.[27]

그러나 보잉은 세계 최대 항공기 생산기업 중 하나다. 그들이 줄곧 결함 있는 항공기를 설계했다면, 그리고 역량 문제가 심각했다면 지금의 자리에 오르지 못했을 것이다. 그렇다면 737 맥스 8 항공기에서 무엇이 잘못된 것일까?

이러한 의문은 사고에 대한 철저한 조사로 이어졌다. 이 작업은 아우게이아스Augean의 외양간을 청소하는 일(오랫동안 누적된 난제를 한 번에 해결해야 하는 과제를 일컫는 말-옮긴이)과 같았다. 그 조사의 결과물에는 보잉의 단절된 문화를 드러내는 내부 의사소통에 관한 117쪽짜리 자료가 있었다.[28] 또한 보잉을 비판했지만 당시 발표되지 못했던 10년 전의 네덜란드 연구 보고서[29]가 있었다.

내부 의사소통과 관련해서 이미 2016년에 보잉 직원들은 737 맥스 8 항공기의 안정성에 우려를 표했고, 자기 가족은 절대 그 비행기에 태우지 않겠다는 말을 농담식으로 주고받기도 했다.[30] 보잉사 임원들은 미국 연방항공국 규제를 장애물로 여겼다. 그들은 연방항공국이 737 맥스 8에서 조종사 시뮬레이터 훈련과 같은 요구 조건을 달지 못하도록 갖은 노력을 기울였다.

이러한 노력들은 보잉사의 수익에 도움이 되었다. 보잉은 수익성을 높이기 위해 조종사 훈련 면제를 협상 미끼로 활용했다. 보잉은 연방

항공국이 사우스웨스트 항공Southwest Airlines에 시뮬레이터 훈련에 대한 투자를 요구한다면, 그들에게 항공기 한 대당 100만 달러의 리베이트를 지급하겠다고 약속했다.[31] 한 직원은 응급상황 시 737 맥스 8 항공기의 추가적인 조종법을 조종사 매뉴얼에 넣어야 한다고 주장했지만 묵살당했다. 정보가 추가될 경우, 규제기관이 보잉에게 더 많은 조종사 훈련을 요구할 수 있기 때문이다. 보잉에게 그것은 원치 않은 비용에 불과했다. 그 직원은 보잉에서 이런 말을 들었다. "우리는 아주 직관적이고 기본적인 기술의 형태로 판매해야 합니다."[32] 보잉은 737 맥스 8 항공기를 설계하는 과정에서 동기와 수단을 외면한 것이다. 보잉은 수익을 높이고, 유일한 경쟁자인 에어버스Airbus와의 끝나지 않은 전쟁에서 승리하기를 갈망했다. 이런 점에서 고객의 안전을 위해 마련된 원칙을 저버리는 접근 방식은 효과가 있었다.

한편, 10년 전 네덜란드 연구는 당시 사건이 보잉사의 첫 번째 문제가 아니었다고 지적했다.[33] 사실 그 연구 프로젝트는 2009년 보잉 737 항공기가 암스테르담에서 사고를 일으켜 아홉 명이 사망한 사건을 의뢰받아 시작됐다. 당시 사고는 737 맥스 8 사고와 비슷한 패턴을 드러냈다.[34] 이때 조종사가 실수를 인정했고, 보잉은 이러한 실수로 관심의 방향을 돌려 기업에 대한 비난을 피하려고 했다. 그 항공기 역시 단 하나의 센서에 의존하는 방식으로 설계되었다. 보잉은 설계의 결함을 알았지만, 그럼에도 센서가 오작동을 일으켰을 때 대처하는 어떠한 정보도 조종사 매뉴얼에 포함시키지 않았다.[35] 결국 그 사고는 조사로 이어졌고, 결과는 공정성과 동기의 측면에서 보잉사를 불신할 만한 타당한 이유를 보여줬다.

## ESG의 시대가 왔다

영향에 기반한 신뢰 상실이 부정적인 결과로 이어지면서, 많은 기업이 긍정적인 영향을 만들어내려는 흐름이 점점 거세지고 있다. 2019년에 기업의 목적을 정의했던 비즈니스 라운드테이블 선언문은 갑작스럽게 나온 것이 아니었다. 이 선언문은 수년 동안 비즈니스 생태계에서 추진력을 얻고 있는 힘에 대한 반응이었다. 이러한 힘은 점점 커지는 기후 변화의 위험과, 밀레니얼 세대 근로자를 끌어들이고 유지할 필요성에 따라 강화되고 있다. 밀레니얼 세대는 투명한 사회적 사명 그리고 진정성과 개인의 성장을 강조하는 문화의 기업에서 일하기를 희망한다는 점에서 이전 세대 근로자와 다르다.[36]

《포천》의 발표에 따르면, 2019년 《포천》이 선정한 500명의 CEO 중 "수익 창출에 집중해야 하며, 사회적 목표 때문에 흔들려서는 안 된다."라고 말한 이들은 7퍼센트에 불과했다.[37] 2019년 컨설팅 기업 맥킨지는 1,000명 이상의 근로자를 대상으로 한 설문조사에서 그들이 중요하게 여기는 두 가지를 확인했다. 그것은 사회에 대한 기여와 의미 있는 일을 창조하는 것이었다.[38] 이러한 결과는 단지 근로자에게만 국한되지 않는다. 맥킨지의 발표에 따르면, 사회 문제에 대한 기업의 입장에 실망한 소비자 중 47퍼센트는 그 기업의 제품 구매를 중단할 것이라고 답했다. 또한 17퍼센트는 다시 돌아오지 않을 것이라고 답했다.[39]

마음이 아니라 지갑으로 생각한다고 알려진 투자자들 역시 기업이 세상에 미치는 영향에 점차 관심을 기울이고 있다. 이러한 흐름의 대응으로 투자기업들은 사회적·환경적 목표를 금융적 기회와 결합하는 펀드를 내놓고 있다. '지속가능한' 투자 혹은 'ESG'(Environmental, Social, and Governance, 환경, 사회, 지배구조) 투자라는 이름으로 알려진 이러한 펀드는 2018년에만 30조 7,000억 달러를 끌어모았다.[40] 지속가능한 투자는 탄소 배출과 같은 환경적 영향, 인권과 같은 사회적 영향, 경영자 보수와 같은 지배구조 관행에서 기업이 이룬 성과를 고려한다. 이러한 투자를 통해 기업의 재무 성과와 더불어, 장기적 수익을 창출하는 기업의 잠재력을 보다 완전하게 파악할 수 있다. 미국의 자산운용사인 블랙록BLACKROCK 역시 기업의 탄소 발자국을 줄이는 것부터 UN의 지속가능한 개발 목표를 달성하는 것까지 다양하게 설계한 펀드를 출시하고 있다.

좀 더 세부적으로 들어가면 임팩트 투자 펀드impact investment fund가 있다. 이 펀드는 특정한 사회적 목표 달성을 추구하는 기업에 투자한다. 2001년 이후로 골드만 삭스는 뉴올리언스 지역을 되살리고, 뉴욕에 저렴한 주택을 공급하고, 뉴저지 캠던 지역 학생들의 대학 진학에 도움을 주는 임팩트 투자 펀드에 70억 달러를 투자했다.[41] 2018년 글로벌 임팩트 투자 네트워크Global Impact Investing Network의 발표에 따르면, 임팩트 투자 시장 규모는 7,150억 달러에 이른다.[42]

글로벌 투자 자산 76조 9,000억 달러의 40퍼센트에 해당하는 자금은 투자 전략에서 지속가능성 데이터를 고려한다.[43] 투자자들이 의사결정 과정에서 단지 재무 성과만이 아니라 기업의 행동과 세상에 미치는 영향까지 고려하는 방향으로 나아가고 있다는 사실만큼은 분명하다.

그런데 기업은 어떻게 긍정적인 영향을 창조할 수 있을까? 영향을 이해하기 위해 우리는 현실적인 기업 전략을 뒷받침하는 세 가지 행동을 살펴볼 것이다. 첫째, 기업은 스스로 창조하려는 영향을 정의하고 이를 약속해야 한다. 그리고 그 약속을 수익이나 단기적 이익보다 우선시해야 한다. 둘째, 기업은 실제로 변화를 이끌어내고 있는지 확인하기 위해 그들이 미치는 영향을 측정해야 한다. 셋째, 기업은 그들이 실제로 도움을 주는지 혹은 중립적이거나 의도하지 않은 피해를 주는 것은 아닌지 확인하기 위해 실질적인 검토를 해야 한다. 권력자가 참새를 잡는 게 좋은 아이디어라고 한다고 해서, 그것이 정말로 최고의 아이디어가 되는 것은 아니다.


## _____ 영향의 정의와 약속: 어떤 영향을 끼칠 것인가

많은 이들이 목적 지향적인 기업을 받아들이고 있다. 그러나 뭔가를 하기 원하는 것과 실제로 하는 것 사이에는 격차가 존재한다. 근로자 1,000명을 대상으로 한 2019년 맥킨지 설문조사에서 응답자의 62퍼센트는 그들의 기업이 목적 선언문을 갖고 있다고 답했다. 하지만 그것이 실질적으로 긍정적인 영향을 만들어낸다고 답한 이는 42퍼센트에 불과했다.[44] 많은 기업이 긍정적인 영향을 미치고 싶어 하지만, 그러한 의지를 실천으로 옮기는 데에는 그리 뛰어나지 못한 듯하다.

이 격차를 좁히기 위해서 기업은 약속을 지켜야 한다. 이 말은 단기적인 수익 대신에 긍정적인 영향을 창조하는 장기 목표에 집중해야한다는 뜻이다. 이를 위해 기업과 리더는 번지르르한 말만 늘어놓을게 아니라, 그들이 추구하는 긍정적 영향을 창조한 직원에게 보상을주어야 한다. 여기서 잠시 폭스바겐과 "우리의 고향인 지구를 구하는일을 한다."를 조직의 사명으로 삼은 미국 아웃도어 의류 기업 파타고니아Patagonia를 비교해보자.[45]

### 폭스바겐의 초대형 스캔들

폭스바겐은 세상에서 가장 엄격한 배출 기준을 충족하는 자동차를개발하겠다고 약속했지만 그들이 개발한 것은 속임수를 써서 배출 테스트를 통과하는 소프트웨어였다. 배출 감소에 투자하면서 동시에 약속한 성장 목표를 달성하기가 불가능해 보였기 때문이다. 이른바 폭스바겐 디젤 게이트다.

배출 스캔들이 터지기 2년 전인 2013년, 폭스바겐의 목표는 다음과같았다. "매력적이고, 안전하고, 환경친화적인 자동차를 생산함으로써 점점 치열해지는 시장에서 성공을 거두고, 각각의 클래스에서 세계 표준을 세운다."[46] 수정처럼 투명하고 사회적인 의식을 드러내는목표였다. 그러나 폭스바겐은 목표를 실천하는 과정에서 최악의 모습을 보여주었다. 그들은 환경친화적인 자동차 생산에 실패했다. 뿐만 아니라 직원들의 에너지와 창조성을 활용하여 배출 테스트를 속이는 자동차를 개발했다. 배출을 감소시키는 것이 아니라 환경을 계속 오염시키는 자동차를 개발함으로써 차를 더 많이 팔수록 환경에 더 큰 피해를 미쳤던 것이다.

어쩌다가 그렇게 되었을까? 폭스바겐은 야심에 찬, 하지만 잠재적으로 모순적인 목표들을 추구했기 때문이다. 2015년 폭스바겐 CEO 마르틴 빈터코른은 이렇게 선언했다. "우리는 최대 규모와 더불어 8퍼센트의 영업 이익을 달성할 것입니다."[47] 폭스바겐은 수익을 포기하지 않으면서 가장 많은 자동차를 팔기를 원했고, 동시에 세계에서 가장 엄격한 배출 기준을 충족하려고 했다.[48] 임원들은 그러한 목표가 어떻게 조직을 극단적인 상황으로 몰아갔는지 설명했다.

한 임원은 이렇게 말했다. "그러한 상황을 받아들이지 않는다면 스스로 조직을 떠나거나, 결국 쫓겨났을 겁니다."[49] 다른 임원은 빈터코른이 부정적인 소식을 받아들이지 않는 완벽주의자라고 말했다.[50] 이런 억압적인 문화, 나쁜 뉴스를 부정하고 실패가 처벌받는 업무 환경이 하나로 결합되었다. 따라서 폭스바겐은 환경적으로 지속가능한 자동차가 아니라 속임수를 쓰는 기술을 개발하는 온상이 되고 말았다.

2014년 웨스트버지니아 대학의 대학원생인 헤만스 카파나Hemanth Kappanna와 마크 베시Marc Besch, 아르빈드 티루벤가담Arvind Thiruvengadam은 자동차 배출에 관한 연구를 하고 있었다.[51] 두 대의 폭스바겐 차량을 테스트했을 때, 그들은 두 대 모두 법적인 요건에서 크게 벗어나 있다는 사실을 확인했다.[52] 게다가 추가적인 조사를 통해 폭스바겐이 전 세계적으로 1,100만 대의 자동차에 배출 기록을 속이는 소프트웨어를 설치했다는 사실을 밝혀냈다.[53] 폭스바겐 차량들은 미국의 법적 요건보다 최대 40배까지 더 많은 오염물질을 배출하고 있었다.[54] 폭스바겐이 이처럼 대규모로 부정한 소프트웨어를 설치했다는 사실은 부패가 조직 전반에 폭넓게 퍼져 있음을 말해주는 것이었다. "친환경적인" 자동차를 만들겠다는 폭스바겐의 목표는 그저 번지르르한 말에 불과했다. 폭스바겐은 그동안 다른 목표에 집중했다. 그것은 소비자, 모든 수출 국가의 대중, 규제기관 그리고 배출 감소를 위해 노력하고 있는 전 세계 정부에게 어떤 피해를 미치든 간에 더 높은 수익을 올리는 것이었다.

### 환경에 대한 진정성, 파타고니아

반면 캘리포니아 암벽 등반가 이본 쉬나드Yvon Chouinard가 1970년대에 설립한 파타고니아의 경우를 살펴보자. 쉬나드는 암벽 등반용 쇠못을 판매하는 것으로 비즈니스를 시작했다. 이후 수요가 증가하면서 의류 판매를 시작했고, 자신을 도와줄 사람들을 채용했다. 그의 계획은 이렇게 번 돈을 환경단체에 기부하는 것이었다. 한 컨설턴트는 그에게 차라리 파타고니아를 매각해서 환경단체를 설립하라고 조언했다. 하지만 쉬나드는 완전히 다른 방향을 선택했다. 그는 환경단체의 가치를 다른 방식으로 실현하고자 했다. 즉, 파타고니아를 친환경적인 제품을 생산하는 기업으로 만들었다.[55]

파타고니아는 폭스바겐과 달리 목표를 향한 열정을 보여주었다. 물론 그 과정에서 몇 번의 실수도 있었지만 1985년 이후로 파타고니아는 매출의 1퍼센트를 기부하고 있다. 그들은 실제로 환경단체에 8,900만 달러가 넘는 돈을 기부했다.[56] 2016년에는 블랙프라이데이 기간의 전체 매출인 약 1,000만 달러를 비영리 환경단체들에 기부했다. 또한 파타고니아는 2013년에 벤처 캐피털 기업을 설립했다. 이를 통해 고기잡이 그물로 선글라스를 생산하는 기업인 부레오Bureo처럼 친환경적인 사명을 추구하는 스타트업에 투자하고 있다.[57]

한편, 파타고니아는 그들이 추구하는 가치를 지키기 위해 정치적 입장을 적극 표현하고 있다. 2017년 트럼프 대통령이 유타주 베어스 이어스 국립기념물Bears Ears National Monument을 85퍼센트 규모로 축소하고, 그랜드 스테어케이스-에스컬랜티 국립기념물Grand Staircase-Escalante National Monument을 50퍼센트로 줄이겠다고 발표한 것에 대해 소송을 걸었다.[58]

환경에 대한 파타고니아의 열정은 그들의 비즈니스 프로세스와 모델 속에서 확인할 수 있다. 1993년 파타고니아는 처음으로 플라스틱 병을 재활용해서 만든 합성섬유로 옷을 생산했다.[59] 그리고 3년 후, 환경 발자국을 줄이기 위해 유기농 면을 활용하는 방향으로 전환했다. 유기농 면의 가격은 일반 면의 세 배에 달했기 때문에 생산비가 크게 증가했다. 공급마저도 제한적이라서 파타고니아는 제품 라인을 91종에서 66종으로 줄여야 했다. 이러한 결정은 당연하게도 수익 감소로 이어졌다.[60]

2005년 파타고니아 직원들은 소비자에게 그들의 장비를 수선하는 방법을 가르치는 프로그램을 시작했다. 이는 곧 소비자가 그들의 상품을 구매할 기회가 줄어든다는 것을 의미했지만, 파타고니아는 개의치 않았다.[61] 2012년에는 원웨어Worn Wear 프로그램을 시작하기도 했다. 이를 통해 소비자들은 조심스럽게 사용한 파타고니아 제품을 서로 교환할 수 있었고 중고 의류는 낮은 가격에 재판매되었다. 덕분에 더 많은 사람이 파타고니아의 제품을 사용할 수 있었다.[62]

심지어 "이 재킷을 사지 마세요."라는 광고 문구로 캠페인을 벌였다. 새로운 옷 생산이 환경에 부정적인 영향을 미치기 때문에 그들의 제품을 구매하지 말라는 공개적인 선언이었다. 이에 대해 비판자들은 파타고니아가 환경적 지속가능성을 내세워 기업 규모를 10억 달러로 확장했으며, 이번 캠페인 역시 소비자의 관심을 자극하려는 상술에 불과하다고 주장했다. 하지만 아웃도어 마니아들에게 환경을 비롯한 다양한 차원에서 사회적 동기를 실현할 의지가 없는 기업과 환경단체에 기부하고 환경 발자국을 줄이기 위해 수익을 기꺼이 희생하며 소비자에게 제품을 수리하고 재활용하라는 파타고니아 중에서 선택하라고 했을 때, 그들은 분명히 후자를 택할 것이다. 2012년 "이 재킷을 사지 마세요." 캠페인을 벌인 이후로 파타고니아의 매출은 30퍼센트 증가한 5억 4,000만 달러에 달했다.[63]

### 월마트의 총기 판매에 대한 선언

영향을 미친다고 해서 단지 제한적인 비전만을 추구해야 하는 것은 아니다. 광범위하게 말해서, 영향을 미친다는 것은 현재 상황을 파악하고 이에 대해 자신이 무언가 할 수 있는 힘이 있다는 사실을 안다는 의미다. 기업은 정책 변화를 통해서도 대중의 삶에 많은 영향을 미칠 수 있다.

예를 들어, 월마트의 경우를 보자. 그들은 뜻밖에도 총기 규제의 옹호자로 거듭났다. 사실 월마트는 총기 판매와 밀접한 관계가 있었다. 2006년에 월마트는 3층 매장에서 총기를 판매하는 비즈니스를 중단했지만 침체기 동안에 매출이 떨어지자 총기 판매를 다시 시작했다.[64] 그리고 2015년에 미국 최대 총기 및 탄약 유통업체인[65] 월마트는 일부 반자동 소총의 판매를 중단하겠다고 발표했다. 이들 제품은 1999년 이후로 코네티컷에서 라스베이거스에 이르기까지 115건의 총기난사 사건에서 사용된 무기였다.[66] 이 소총들은 총기규제 옹호자들이 판매 중단을 요청한 무기 목록에 오랫동안 포함되어 있었다.[67]

월마트는 판매 중단이 수요 감소 때문이라고 설명했다. 그러나 미국 시장에서 총기 매출이 꾸준히 이어졌고,[68] 월마트가 판매 중단을 결정한 여름 시즌에 총기 판매를 위한 신원조사 건수가 실제로 증가했다는 점에서[69] 전문가들의 생각은 달랐다. 2018년, 월마트는 다시 한 번 정책을 통해 그들의 의지를 드러냈다. 한 19세 청년이 자신이 다녔던 플로리다 파크랜드의 고등학교에서 총기를 난사해 17명을 사망케 한 사건이 벌어졌다.[70] 이후 월마트는 미국 전역에 걸쳐 총기 구매를 위한 최저 연령을 18세에서 21세로 높였다.[71]

1년이 지난 2019년 8월 3일, 또다시 텍사스 엘패소 월마트 매장에서 무장한 남성이 22명을 죽이고 26명을 부상 입히는 사건이 벌어졌다.[72] 그리고 3일 후, 월마트 전자상거래 전문가 토머스 마셜[Thomas Marshall]은 이와 같은 비극적인 사건에 월마트가 대책을 세울 것을 촉구했다. 그는 월마트 내부 시스템으로 전자상거래 팀 전체에게 보낸 이메일과 메시지에서 "우리에게는 월마트가 달라지도록 만들 힘과 기회가 있습니다."[73]라고 쓰며 월마트가 총기 판매로 수익을 올리는 것에 반대하는 파업을 추진했다. 월마트 측은 직원들의 출근 상황에 아무런 이상도 보고하지 않았기에 우리는 마셜의 파업 요청이 어떤 영향을 미쳤는지는 정확히 알 수 없었다.[74] 그러나 마셜은 혼자가 아니었다. 9월에는 12만 8,000명의 직원이 월마트가 총기 판매를 중단해야 한다는 청원서에 서명했다.[75]

이후 월마트는 권총 탄약과 총신이 짧은 소총용 탄약의 판매를 중단하겠다고 발표했고 유일하게 권총을 판매하던 알래스카주에서도 판매를 중단했다. 물론 이러한 정책은 단기적인 수익의 관점에서 유리한 선택이 아니었다. 실제로 탄약의 시장 점유율은 20퍼센트에서 6~9퍼센트로 줄어들 것으로 예측됐다.[76]

미국에서 끊임없이 대규모 총기 사고가 일어나는 상황에서 월마트의 이러한 대응은 미지근한 것처럼 보일 수 있다. 대체 왜 총기 판매를 완전히 중단하지 않는가?[77] 월마트는 총기 및 탄약 판매로 꽤 높은 수익을 올리고 있고 미국인 중 28퍼센트가 총기규제를 더욱 엄격하게 해야 한다는 생각에 동의하지 않기 때문이다. 이런 점을 감안할 때,[78] 그들의 정책 변화는 대기업으로서 충분히 뚜렷한 의지를 보인 선언이었다. 월마트의 변화는 총기 접근성에 상당한 영향을 미치고,

이는 다시 미국 내 총기 사건의 횟수에 실질적인 영향을 미칠 것이다.

월마트가 이런 새로운 변화를 발표하기 직전에, 〈비즈니스 인사이더<sup>Business Insider</sup>〉의 한 기자는 월마트에서 얼마나 쉽게 총기를 구매할 수 있는지 직접 확인했다. 그는 월마트에서 총기를 판매하는 매장을 발견하기까지 한 시간 반 동안 전화 통화를 해야만 했다. 그리고 그 매장을 찾았을 때, 다음 날 다시 오라는 말을 들었다. 총기 판매를 할 수 있는 자격을 가진 직원이 아무도 없었기 때문이다. 이틀 뒤 매장을 다시 찾았을 때 그는 신원조회를 통과하지 못했다. 집 주소가 면허증 주소와 일치하지 않았던 것이다. 결국 그는 빈손으로 매장을 떠나야 했다.[79] 총기 구매를 훨씬 더 어렵게 만든 월마트의 정책이 총기 사고 예방에 얼마나 기여했는지는 알 수 없다. 그래도 이러한 움직임은 변화를 위한 작은 시작이 된다.


## 영향의 측정: 눈에 보이는 수치로 만들기

"측정할 수 있는 문제는 해결할 수 있다." 이는 모든 조직에서 일하고 있는 이들에게 해당되는 말이다. 측정할 수 없다면 무슨 일이 일어났는지(혹은 일어나지 않았는지) 어떻게 알 수 있단 말인가? 측정은 행동 변화를 이끌어내는 유용한 도구다. 어떤 영향을 만들지 그리고 영향이 얼마나 많이 일어났는지 알고 있다면, 싸움의 나머지 절반은 어떤 추가적인 변화가 필요한지 이해하는 것이다.

데이터를 수집하고 활용해서 사람들을 문제에 주목시킬 때, 우리는 분명한 결과를 얻을 수 있다. 독일 대기업 지멘스<sup>Siemens</sup>의 새로운 CEO인 페터 뢰셔<sup>Peter Löscher</sup>는 측정과 관련해서 한 가지 작은 변화를 통해 경영진이 소비자에게 더욱 집중하도록 만들었다.

## 올바른 기준은 기업이 나침반이 된다

2007년 지멘스에 들어왔을 때, 뢰셔는 엄청난 혼란에 직면했다. 전 세계적으로 뇌물을 주는 관행이 조직 내 널리 퍼져 있었던 것이다.[80] 1990년대 말에서 2007년에 이르기까지 전 세계 지멘스 조직은 계약을 따내기 위해 정부 관료에게 공공연히 뇌물을 주고 있었다.[81] 그러던 2008년, 미국 증권거래위원회는 2001~2007년 동안 6개 대륙에 걸쳐 총 14억 달러를 뇌물로 공여한 혐의로 지멘스를 고소했다.[82]

뢰셔는 지멘스에서 이방인으로서는 처음으로 CEO가 된 인물이었다. 그는 지멘스에서 상황이 어떻게 돌아가는지, 뇌물 관행을 뿌리 뽑기 위해 어떤 변화가 필요한지 파악하려고 했다. 그는 전 세계 지멘스 지사를 돌아다니며 많은 사람과 이야기를 나눴다. 오전에는 고객들과 조식을 먹고, 정치인을 비롯한 많은 이들과 함께 회의를 했다. 그리고 주요 직원들과 점심을 먹고, 오후에는 지역 팀과 비즈니스를 검토하는 시간을 가졌다. 저녁에는 지역의 고위 간부들과 함께했고, 그러고 나서 비행기를 탔다. 바로 다음 날에는 다른 도시에서 똑같은 일정을 시작했다.[83]

일련의 만남들과 고민을 통해 그는 결론에 이르렀다. 뢰셔가 보기에 지멘스는 고객에 대한 접근 방식을 바꿔야 했다. 지멘스는 전통적으로 지역 조직을 통해서 고객과 관계를 구축했다. 반면 뢰셔는 조직 상부에서 직접 접근하는 방식을 선호했고, 이를 위해 특정 임원이 특정 고객을 맡기로 했다. 그런데 그는 임원들이 고객과 보내는 시간에 만족하지 못했다. 왜 그랬을까?

일반적으로 지멘스가 베를린에서 주최하는 리더십 콘퍼런스에는 600~700명에 달하는 간부들이 함께 모인다. 2008년 처음으로 콘퍼런스를 주최하기 전, 뢰셔는 모든 사업부의 CEO 및 임원들로부터 아웃룩 캘린더Outlook calendar를 제출받았다.

이를 통해 그는 임원들이 얼마나 많은 시간을 고객과 함께 보내는지 확인하고, 그 데이터로 그래프를 그려 순위를 매겼다. 그는 콘퍼런스에서 모두가 결과를 볼 수 있도록 대형 화면에 순위와 함께 그래프를 띄울 생각이었다. 여기서 그는 사람들의 실명을 사용할 것인지를 놓고 팀원들과 논의했다. 자칫 회의장 분위기가 어색해질 수 있기 때문이다. 그러나 결국 핵심을 분명히 하기 위해 그리고 구체적인 행동을 촉구하기 위해 임원들의 이름을 사용하는 것이 가장 효과적인 방법이라고 결정했다.

실명을 띄우는 방법은 올바른 선택이었다. 그렇게 시행했던 첫해에 순위의 맨 위에는 뢰셔의 이름이 있었다. 뢰셔는 자신의 업무 시간 중 50퍼센트를 고객과 함께 보냈다. 그러나 그는 자신이 1위라는 사실을 받아들일 수 없었다. 모든 임원이 각자의 고객을 책임지고 있다면, 실제로 그들이 고객과 보내는 시간이 자신보다 더 많아야 하지 않을까?

이후 2009~2011년 동안 똑같은 테스트를 반복했을 때, 대부분 뢰셔를 따라잡지 못했거나 그와 비슷한 수준이었다.[84] 그래도 자신의 이름이 맨 마지막에 있는 것을 원하는 사람은 없었다. 뢰셔는 이처럼 단순한 측정만으로 뚜렷한 행동 변화를 자극할 수 있었다.

여기서 뢰셔는 기업이 던져야 할 두 가지 중요한 질문을 제시했다. 무엇을 측정할 것인가? 그리고 어떻게 측정할 것인가? 뢰셔가 실행했던 단순한 순위 측정은 훌륭한 방법임을 보여주었다. 이를 주제로 책을 썼던 HBS 교수 로버트 사이먼스Robert Simons에 따르면, 효과지인 측정 시스템은 세 가지 요건을 충족시켜야 한다. 바로 객관적이고, 완전하고, 반응적이어야 한다는 것이다.

객관적인 측정 시스템이란 많은 사람이 똑같은 것을 측정하고 일관적인 결과를 얻을 수 있어야 함을 의미한다. 그리고 완전한 측정 시스템은 대상의 다양한 측면을 모두 설명할 수 있어야 한다. 마지막으로 반응적인 측정 시스템은 측정 대상의 변화를 가늠할 수 있어야 한다.

올바른 기준은 기업이 원하는 영향을 실행하도록 안내하는 나침반이다. 창조적이고 신중한 기준은 기업의 가치를 담고, 비즈니스 성과를 개선시킨다. 하지만 측정 시스템이 없을 때 기업은 그들이 어떤 영향을 미치고 있는지 알지 못한다. 회의주의자들은 영향을 전혀 미치지 못한다고 쉽게 말할 것이다. 게다가 기업 내부 혹은 외부의 누구도 장기적인 차원에서 어떤 영향을 미치는지 알지 못한다.

## 환경적 영향에도 신경 쓰라

시각적이고 외부적인 측정 시스템은 기업이 영향에 얼마나 관심을 기울이는지 보여준다. 2007년 파타고니아의 '발자국 연대기Footprint Chronicle'를 살펴보자. 이를 통해 그들은 공급망과 더불어 제품을 생산하는 과정에서 소비하는 자원의 양을 투명하게 공개했다.[85] 그 초창기 보고서는 파타고니아가 어떻게 에너지 소비와 이산화탄소 배출, 폐기물 생성, 수자원 사용을 측정했는지 보여주었다.[86] 또한 웹사이트에 17개 제품을 공개했으며, 이를 통해 소비자는 이들 제품이 환경에 미친 영향을 확인할 수 있었다.[87] 이후 발자국 연대기는 점점 진화의 과정을 거쳤다. 최종 보고서에서는 지속가능성을 위한 파타고니아의 모든 프로그램 목록을 제시하고, 공급업체의 명칭과 주소가 전부 나와 있는 지도를 보여주었다. 그리고 고용한 근로자 수와 그들이 생산하는 제품의 양을 보고했다.[88]

옥스퍼드대학 사이드 비즈니스 스쿨Saïd Business School의 로버트 에클스Robert Eccles는 통합 보고에 대한 열정적인 전도사이자, 기업과 투자자가 어떻게 함께 지속가능한 전략을 수립할지를 주도적으로 연구하고 있는 인물이다. 그는 기존의 재무 보고를 지속가능성 보고와 함께 결합하여, 투자자와 대중에게 기업의 영향에 관한 완전한 정보를 제공해야 한다고 주장한다.

HBS의 조지 세라핌George Serafeim은 환경적 지속가능성에 대한 보고에서 한 걸음 더 나아간다. 그는 기업들이 '임팩트 가중 회계impact-weighted accounts'를 사용해야 한다고 주장한다. 이는 기업의 영향을 달러 가치로 환산하여 재무제표에 추가하는 회계 방식을 말한다.[89] 예로, 보더폰Vodafone은 폐기물 생산을 중단하고 물 소비와 배출을 줄이는 노력이 미치는 영향을 재무적인 가치로 전환했다. 그들은 얼마나 많은 폐기물을 만들어내는지 열거하고, 이를 재무적으로 전환하는 방식을 설명했다. 그리고 그 최종적인 금액을 유로로 제시했다.[90]

우리는 이러한 접근 방식에 전적으로 동의한다. 기업은 그들의 재무 상황보다 사회에 훨씬 더 큰 영향을 미칠 수 있다. 파타고니아처럼 긍정직인 영향을 미치기 위해 노력하는 기업이 있는 반면, 폭스바겐을 비롯하여 세계의 오염에서 상당 부분을 책임지는 90개 업체처럼 정반대의 기업도 있다. 광범위한 세상에 긍정적인 영향을 미치고자 한다면 기업은 재무를 넘어서서, 가령 환경적 영향과 같은 다른 기준을 바라봐야 한다.

당신의 기업은 어떠한 유형의 환경 발자국을 남기고 있는가? 얼마나 많은 물을 사용하고 있는가? 환경 발자국을 줄이기 위해 어떤 단계를 밟고 있는가? 기업은 그들의 재무 보고와 조화를 이루기를 바라는 마음으로 이러한 기준을 보고해야 한다. 마지막으로 임팩트 가중 회계라고 하는 새로운 약속이 있다. 이를 통해 기업은 그들의 활동이 미치는 영향을 금전적으로 측정하고, 그 결과에 책임을 져야 할 것이다.

# 영향의 확인: 선한 의도가
# 반드시 선한 영향이 되지는 않는다

긍정적 영향의 세 번째 단계는 영향이 사람들에게 실제로 도움을 주는지 확인하는 것이다. 변화를 약속하는 것은 쉽다. 그러나 정말로 중요한 것은 직원, 고객, 공급업체, 투자자, 규제기관, 대중이 기업의 행동을 어떻게 경험하는가이다. 당연한 말이지만 기업의 약속과 그들의 실제 행동은 충격적일 만큼 다를 수 있다.

### 웰스파고의 부정 회계 스캔들

웰스파고<sup>Wells Fargo</sup>의 경우를 살펴보자. 웰스파고의 비전 선언문은 '고객의 요구를 충족시키고 그들이 재무적인 차원에서 성공하도록 돕는 것'이다.[91] 훌륭하다! 그런데 지금까지도 악명 높은 웰스파고의 부정 회계 스캔들은 어떻게 설명해야 할까? 웰스파고 직원들은 2002년에서 2016년에 이르기까지 무려 14년 동안이나 고객의 승인 없이 350만 개의 계좌를 마음대로 개설했다.[92]

직원들은 자신의 일자리를 지키려면 그 방법 외에 다른 선택권이 없었다고 말했다.[93] 한 웰스파고 지점의 직원들은 목표를 달성하든지, 아니면 '누가 총을 맞고 죽은 지점'으로 옮겨갈 준비를 하라는 말을 들었다고 했다.[94] 한 참전용사는 당시 CEO인 존 스텀프<sup>John Stumpf</sup>에게 편지를 썼는데, 웰스파고에서 보낸 시절이 전쟁보다 더 스트레스가 컸다고 말했다. 2011년에서 2016년 사이에 웰스파고는 '기준 이하'의

실적을 이유로 8,000명 이상을 해고했다.[95] 이러한 상황에서 남아 있는 직원들이 자리를 지키기 위해 새로운 계좌를 부정한 방법으로 계속 개설한 것은 전혀 놀라운 일이 아니었다.

이렇게 개설된 계좌는 고객들에게 치명적인 영향을 미쳤다. 일부 개설된 계좌에는 연 수수료가 부과되었다. 하지만 해당 고객은 계좌의 존재를 몰라 수수료를 지불하지 않았고, 그들의 신용 점수는 타격을 입었다. 또한 웰스파고 직원들은 새로운 계좌 개설에 따른 수수료를 지불하기 위해 기존 고객 계좌에서 송금했다. 물론 이에 대해서도 제대로 공지하지 않았다. 문제는 집주인이 세입자의 신용 점수를 확인할 수 있다는 점이었다. 따라서 부정하게 개설된 여러 계좌에서 당좌대월 수수료가 발생한 사람은 아파트를 임대할 때 어려움을 겪을 수 있었다.[96]

더 나아가 투자자는 웰스파고에 대해 잘못된 정보를 얻었다. 허위 계좌가 그들의 성과를 실제보다 훨씬 더 좋아보이게 만들었기 때문이다. 이후 기업의 매출 관행에 대한 조사가 시작됐을 때, 임원들은 조직이 영업사원들에게 요구한 것을 부인하며 조직적인 부정을 숨기려고 했다.[97]

폭스바겐과 마찬가지로, 웰스파고 역시 그들의 주장과는 반대로 일한 것이다. 캘리포니아 중부 지역에서 활동하는 변호사 닉 한나Nick Hanna는 웰스파고의 부정을 "은행 내부의 다양한 차원에서 드러난 리더십의 완전한 실패"[98]라고 불렀다. 그리고 대단히 보기 드문 사례로 CEO인 존 스텀프는 1,750만 달러 벌금을 물었고, 이후 은행업계에서

더 이상 일할 수 없었다. 다른 임원들 역시 과중한 벌금을 물었다.[99]

웰스파고는 대단히 극단적인 사례다. 그들의 시스템 전체는 사기로 점철되어 있었다. 이처럼 고의적으로 사기를 벌이지는 않았지만 마오 쩌둥의 참새 사례처럼, 기업이 만들어내고 있다고 상상하는 '선한 영향'이 실제로 공동체 입장에서는 전혀 그렇지 않을 때가 있다.

## 노동 문제를 들여다본 파타고니아

2011년 파타고니아는 그들의 공급업체를 대상으로 내부 조사를 실시했다. 그 결과 인신매매와 강제 노동을 비롯하여 다양한 형태의 노동착취 증거가 발견됐다. 옷감을 생산하는 공장 중 4분의 1은 대만에 있었다. 이들 공장 대부분은 중개인을 통해서 근로자를 구했다. 그런데 중개인들은 일자리를 구해주는 대가로 이주 노동자에게 엄청난 수수료를 요구했다. 또한 공장들은 이러한 근로자의 여권을 압수하여 실질적으로 이동의 자유를 박탈했다. 근로자 중개업은 대만에서 합법이지만 그 수수료에는 상한선이 있다. 파타고니아는 내부 조사를 진행하는 동안 중개인들이 수수료를 7,000달러까지 더 많이 받았다는 사실을 확인했다.

내부 조사는 2007년에 시작된 프로그램의 결과물이었다. 당시 공장에서 노동 관련 문제가 불거지면서 파타고니아는 조사를 강화했다. 이후 파타고니아는 공급업체 수를 108개에서 75개로 줄였다. 이는 노동자를 잘 대우하는 공장과 함께 일하겠다는 정책에 도움이 되었다. 하지만 공급망 내부에서 인권침해 사례가 더 많을 거라는 우려가 있었고, 파타고니아는 원자재를 가공해서 그것을 공장으로 보내는 일을 하는 공급업체까지 조사를 확대한 것이다. 이를 당연한 것이라고 생각하지 말자. 노동 문제와 관련해서 내부를 들여다보려는 노력은 결코 일반적인 현상이 아니다. 2013년 파타고니아는 40개 기업을 초빙해서 강제 노동을 일삼는 공급업체 문제를 논의하고자 했지만, 단 7개 기업만이 참석했다.[100]

파타고니아가 내부 조사 결과를 받았을 때, 그들은 새로운 고용 기준을 마련했다. 그리고 공급업체들에게 불법 수수료를 상환하도록 요구했다. 그들은 2015년 6월을 시작으로 모든 공급업체에게 채용 수수료 관행을 중단시켰다. 더 나아가 공급망에 관한 전문지식을 갖춘 비영리 단체인 베리테Verité와 손을 잡았다. 그리고 고용 절차와 관련 법률을 이해하고, 공급업체를 교육하면서 그들을 감사하고 있다.[101] 파타고니아는 또한 대만 노동개발청과도 협력을 시작했다. 이들은 기업이 이주 노동자를 중개인 없이 고용할 수 있도록 도와주는 일을 하고 있다. 파타고니아는 그들의 근로기준과 근로자를 대하는 방식을 세계적인 공급망에도 적용하고 있다. 그리고 그 기준과 방식을 공표함으로써 다른 기업도 그것을 받아들이도록 촉구하고 있다.[102]

누군가는 파타고니아를 위선자라고 생각할 수도 있다. 사회적 영향을 이야기하면서 어떻게 강제 노동을 사용할 수 있단 말인가? 하지만 우리는 파타고니아와 같은 기업이 그들의 공급망 속으로 한 걸음 더 들어가 원재료 생산자의 차원에서, 즉 두 번째 공급망 단계에서 노동착취를 뿌리 뽑는 노력을 환영해야 한다. 파타고니아는 의도적으로 강제 노동을 사용하지 않았다. 그리고 두 번째 공급망 단계에서 내부 조사를 실시함으로써 문제를 발견하고 제거하고자 했다.

의류 브랜드들이 실시한 4만 458건의 공급망 감사를 검토했던 2020년 코넬Cornel 연구에 따르면, 이들 감사 중 45퍼센트는 부정확한 정보를 담고 있었다. 그러한 정보를 기반으로 한 감사 결과는 실제보다 더 짧은 근무일수와 더 높은 노동법 준수처럼 현실보다 긍정적인 그림을 보여줬다.[103] 그러나 이러한 부정확성은 의류 브랜드가 근로조건과 관련된 문제를 인식하고 해결하는 것을 더 힘들게 만든다. 파타고니아가 전면적인 내부 감사를 실시하고 문제를 발견했다는 사실은 그들이 일반 의류 브랜드보다 더 많은 노력을 기울이고 있다는 증거다.

그러나 내부 조사는 신뢰를 쌓는 과정의 절반 정도에 불과하다. 기업이 선의로 행동함에도 외부 시선에서 오해를 살 때가 있기 때문이다. 따라서 기업은 다양한 관점에서 그들의 영향력을 평가하고 이해해야 한다. 그렇지 못할 때는 마치 밀폐된 반향실에 있는 것과 같다. 다른 이들에게 어떤 영향을 미치는지 이해하기 위해서는 항상 관심을 가지고 주의 깊게 살피는 마음가짐이 필요하다. 그리고 외부 시선으로 스스로를 바라보려는 노력이 중요하다.

나는 이러한 사실을 힘들게 깨달았다. 1986년 12월 피델리티에 입사했을 때, 나는 세 곳의 콜센터에서 통화품질 책임자 역할을 맡았다. 당시 선견지명이 있던 한 마케팅 관리자는 강세 시장이 조만간 끝날 것이라고 예언했다. 1987년 1월, 나는 고객들이 미래를 더 많이 고민하게 만들려고 했다. 그 방법으로 고객과 통화를 마무리하면서 "올해 IRA에 투자를 하셨나요?"라고 질문하는 콜센터 직원에게 서비스 품질에 대한 추가적인 점수를 주겠다고 했다. 하지만 1987년 10월 다우존스 산업평균지수는 실제로 508포인트나 떨어졌다.[104]

여기서 내가 고려하지 못했던 부분이 있었다. 우리의 업무가 디지털화되기 이전의 세상에서 뮤추얼 펀드 투자자들은 일주일에 수차례 전화를 걸어 그 가치가 얼마나 올랐는지 계속 확인했다(기억하자. 당시는 강세 시장이었다). 그럼에도 나는 우리 기업이 관리하는 자산 가치를 높이는 과제에 너무 몰두하고 말았다. 그래서 똑같은 질문을 계속 던짐으로써 고객을 괴롭히고 있다는 생각은 미처 하지 못했다. 그렇게 몇 주 동안 고객의 불만이 쌓였다. 결국 사태의 심각성을 파악했을 때, 이미 콜센터 직원들에게 그 질문을 '중단'시키기가 더 어렵다는 사실을 깨달았다. 어쩌면 나는 세상에서 가장 형편없는 통화품질 관리자인지도 몰랐다. 동시에 내 행동이 다른 이에게 미칠 영향에 무감각하면 어떤 일이 벌어지는지 비로소 알게 되었다.

여기서 이런 궁금증이 들지도 모른다. 왜 아무도 문제에 대해 말하지 않았을까? 이 질문에는 여러 가지 대답을 할 수 있다. 그중 한 가지는 문제가 발생했을 때 관리자에게 쉽게 보고하지 못하는 피델리티의 기업 문화를 꼽을 수 있다. 내 유일한 역할이 직원 및 관리자들이 문제를 즉각 보고하도록 격려하는 일이었음에도, 나는 기업 문화를 제대로 바라보지 못했다. 이는 결코 과소평가해서는 안 될 문제였다. 우리는 앞서 폭스바겐과 웰스파고 사례에서 진실을 은폐하고 불안감을 조성하는 독성 있는 조직 문화가 얼마나 오래 살아남을 수 있는지 확인했다.

## 애빌린 역설의 위험을 피하는 법

이제 다른 사람과 함께 일하면서 자신의 영향력에 관심을 기울이는 이들에게 도움이 될 만한 아이디어를 알아보자. 여기서 살펴볼 아이디어는 흔히 '애빌린의 역설Abilene paradox'이라고 불린다. 이는 한 집단에서 모두가 원하지 않지만 다른 사람은 원할 것이라는 생각으로 의사결정을 내리는 현상을 뜻한다.[105] 1974년 조지워싱턴대학 경영학교수이자 크리에이터인 제리 하비Jerry Harvey는 애빌린의 역설이라는 개념을 유쾌하면서도 핵심을 찌르는 이야기를 통해 세상에 소개했다.

텍사스의 어느 무더운 7월에 하비의 장인어른은 온 가족이 함께 에어컨이 없는 차를 타고 85킬로미터나 떨어진 애빌린이라는 마을로 저녁을 먹으러 가자고 제안했다. 하비의 아내는 좋은 생각이라고 말했고, 그의 시어머니 또한 동의했다. 그렇게 모두 차를 타고 애빌린으로 가서 그저 그런 저녁을 먹었다.

집으로 돌아오자마자 모두들 더위에 지쳐 선풍기 앞으로 모여들었다. 하비는 모두에게 즐거웠는지 물었다. 그러자 하비의 장모님이 털어놓았다. 사실 자신은 가기 싫었지만 모두가 좋아하는 것 같아서 어쩔 수 없이 동의했다고 말이다. 하비의 아내 역시 내키지 않았지만 다른 사람들의 뜻에 따랐다고 했다. 그러자 모두가 그 아이디어를 제안했던 하비의 장인어른에게 눈을 돌렸다. 그 또한 그냥 집에 있고 싶었지만 혹시나 외식을 원하는 사람이 있을까 봐 애빌린 이야기를 꺼낸 것뿐이라고 했다.[106] 그렇게 애빌린 효과는 가족 모두에게 고통을 주었다. 여기서 하비는 이렇게 지적했다. 애빌린 효과는 조직 전반에 걸쳐 더 크게 확대될 수 있으며, 그럴 때 어마어마한 '인간적인 불행과 경제적 손실'을 유발한다는 것이다.[107]

그렇다면 이러한 애빌린 역설의 위험을 피하면서 타당한 관점을 취하기 위해서는 어떻게 해야 할까? 아마도 다양한 방법이 있을 것이다. 2003년 글로벌 광산기업인 앵글로 아메리칸Anglo American은 그들이 비즈니스를 운영하는 공동체에 미치는 영향을 이해하기 위해 지역 공동체와 광범위한 의사소통을 추진한 적이 있다.[108] 광산기업은 특정 지역에서 자원을 채굴하는 일을 한다. 그렇기 때문에 그들의 활동이 공동체에 즉각적이고 장기적인 영향을 미치며, 이와 관련해서 발생하는 문제를 잘 해결해야 한다.

앵글로 아메리칸 경영진은 영향 평가 툴을 개발해 상을 받았다. 약자로 SEATSocio-Economic Assessment Toolbox(사회-경제적 평가시스템)라고 하는 이 툴은 그들이 협력하는 공동체를 이해하기 위한 세부 과정을 설명한다. SEAT의 목표는 사회적 피해를 최소화하고 다양한 이해관계자와 보다 나은 장기적인 관계를 구축하는 것이다.

앵글로 아메리칸 관리자는 갓 입사했든 아니면 오랫동안 일을 했든 간에, 3년마다 SEAT 평가를 해야 한다. SEAT를 이루는 7단계 과정은 다음과 같다.

- 앵글로 아메리칸이 활동하는 지역을 분석하여 사회경제적 영향과 사회적 투자를 평가한다.
- 지역을 분석하고 이해관계자 참여 계획을 수립한다.
- 문제와 영향을 평가한다.
- 중요한 사회적 성과 항목을 관리한다. 여기에는 불만사항, 응급 시 계획 수립, 갈등 조정, 재정착, 광산 폐쇄 계약자 관리, 토착 주민, 안전과 인권에 대한 자발적인 원칙이 포함된다.
- 사회경제적 혜택을 지원한다. 지역 조달을 확대하는 것은 물론 소액 대출에서 지역 인프라 개발, 저비용 주택 건설, 지속 가능한 에너지, 지역사회 보건에 이르는 모든 과제를 개선하기 위한 방안이 포함된다.
- 포괄적인 사회적 관리 계획을 수립한다.
- SEAT 보고서를 작성하고 그 결과를 이해관계자들과 공유한다.

SEAT에 대한 한 가지 비판이 있다면, 그것은 '지나치게' 구체적이라는 것뿐이다. 독립 비영리 단체인 BSR<sup>Business for Social Responsibility</sup>(사회적 책임을 위한 비즈니스)은 앵글로 아메리칸이 SEAT를 적용했던 지역에서 신뢰가 80퍼센트나 높아졌다는 사실을 확인했다.[109] 앵글로 아메리칸 경영진은 그들이 속한 지역에 긍정적인 영향을 미치기 위해 비즈니스 방식을 재검토해야 한다는 사실을 이해한 것이다. 2020년 1월 앵글로 아메리칸은 SEAT를 업데이트해서 소셜웨이 3.0<sup>Social Way 3.0</sup>을 완성했다. 여기에는 보다 구체적인 절차들이 담겨 있다. 다른 기업이 활용할 수 있도록 SEAT는 여전히 앵글로 아메리칸의 웹사이트에 걸려 있다.

현실적으로 다양한 관점을 수용하기 위해서는 이를 기업의 프로세스로 전환해야 한다. 일부 신중한 기업은 이해관계자 지도를 연례 보고서에 포함시켜 그들의 이해관계자가 누구이며, 기업 성과에 어떤 의미를 갖는지를 보여준다. 특히 BMW에는 이해관계자와 대화를 나누는 과정이 있다. 그들은 이를 통해 과학자, 비정부기구 인사, 정치인, 지속가능성 전문가, 투자자 등 다양한 이익집단 구성원을 만난다.[110]

BMW는 별도의 지속가능성 보고서를 통해 이러한 회의 결과를 검토한다. 그리고 지속가능성 전략을 세부적으로 설명하고 발전 과정을 측정하는 기준을 마련했다. 그 보고서는 환경, 직원 복지, 그리고 제품 안전성과 인권, 부패 및 뇌물 방지와 같은 사회적 사안과 관련하여 BMW의 발전 과정을 다루고 있다.[111]

2018년 보고서에서 BMW는 몇몇 중요한 지속가능성 사안에 집중해야 한다는 이해관계자들의 피드백을 검토했다.[112] 이해관계자 집단은 BMW가 교통 정체와 나쁜 공기 질 문제는 물론, 네트워크로 연결된 자율 주행 전기차를 포함하는 도시 이동성 과제에 지속적으로 집중해야 한다고 주장했다. 특히 이들은 BMW가 유해물질을 전혀 배출하지 않는 자동차 개발에 주목해야 한다고 목소리를 높였다.[113]

이러한 주장은 BMW에 대단히 소중한 피드백이다. BMW는 이를 통해 이해관계자들이 중요하게 생각하는 지속가능성과 관련된 사안을 더 깊이 들여다볼 수 있게 되었다. 동시에 최고의 자동차 제조업체로서 이끌어 나가야 할 변화에 집중할 수 있다. 이러한 피드백은 대화 당사자가 다른 사람의 관점을 배우기 위해 열심히 노력하는 솔직하고 바람직한 교류에서 비롯된다.

# 의도하지 않은 영향을 다루는 법

선의에도 불구하고 행동이 피해를 유발할 때, 경영진은 상황을 한탄하고, 책임을 전가하고, 침묵을 고수하는 대신에 책임을 지는 모습을 보여야 한다. 2015년 동물권리 운동 단체인 PETA는 파타고니아의 양모 공급업체가 양을 학대하는 영상을 폭로했다. 이후 파타고니아는 즉각 그 공급업체와 거래를 중단하겠다고 발표했다. 그리고 '파타고니아 양모 기준'을 새롭게 마련했다. 이는 동물의 처우, 토지 활용 그리고 지속가능성을 고려하는 양모 공급업체에 대한 파타고니아의 기대를 담은 일련의 원칙이다.[114] 그러나 모든 기업이 파타고니아처럼 대응하지는 않는다.

### 페이스북 가짜 뉴스 논란

페이스북(현 메타)이 가짜 뉴스 문제에 어떻게 대처했는지 생각해보자. 2011년 페이스북 CEO 마크 저커버그Mark Zuckerberg는 트위터의 인기가 치솟는 상황에서 페이스북이 뉴스를 전파하는 최고의 플랫폼으로 거듭나기 위한 전략을 수립했다.[115] 이 전략에는 본격적인 뉴스 게시 글이 눈에 더 잘 띄도록 페이스북의 뉴스 피드를 수정하는 방안이 포함되었다. 기존의 뉴스 피드에는 고양이 사진이나 친구 및 가족에 대한 은근한 자랑으로 가득했기 때문이다.[116]

하지만 페이스북은 뉴스를 퍼뜨리는 사이트가 된다는 것이 무엇을 의미하는지, 즉 논설이나 풍자와는 달리 뉴스를 어떻게 전달해야 하는지에 대해서는 그리 많은 고민을 하지 않았다. 페이스북은 스스로 중립을 지키며 모든 게시 글을 허용하는 것이 최고의 선택이라고 결정을 내렸다. 그들은 뉴스 기사와 할머니의 정원 사진이 똑같은 방식으로 게시되어야 한다고 믿었다. 하지만 이러한 방식은 가짜 뉴스 사이트가 콘텐츠를 퍼뜨리는 문을 열어주었다. 일반 사용자가 어떻게 〈워싱턴 포스트〉 기사와 가짜 뉴스 사이트인 〈덴버 가디언Denver Guardian〉 기사를 구분할 수 있겠는가?[117]

2016년 초 사우스다코타 공화당 상원의원이자 상업과 과학, 교통위원회 의장인 존 슌John Thune은 페이스북에 서한을 보냈다. 그는 25명의 언론 출신 인사가 참여하는 페이스북 트렌딩 토픽Trending Topics이 보수당에 반대하는 쪽으로 정치적인 편향을 드러내고 있다고 주장했다. 이에 페이스북은 트럼프 선거캠프 자문이 포함된 17명의 공화당 언론 인사 및 애널리스트를 초청하여 조언을 얻는 시간을 마련했다.[118]

2016년 여름 시즌에 트럼프 선거 캠프는 힐러리 클린턴 캠프보다 유권자들과 더욱 활발하게 연계하고 있었다. 그들은 유권자 데이터를 활용해서 이를 그들의 페이스북 계정과 연동했다. 그리고 특성에 따라 구분한 유권자 집단을 대상으로 맞춤화된 메시지를 발송했다. 또

한 광고를 테스트해서 효과가 없는 것은 지우고 효과가 있는 것은 적극적으로 퍼뜨렸다.[119]

그 무렵 사기꾼들이 등장해서 가짜 뉴스를 페이스북을 통해 마구 퍼뜨리기 시작했다. 한 웹사이트는 교황이 도널드 트럼프를 지지했다는 가짜 뉴스를 퍼뜨렸고, 이는 페이스북에서 100만 건에 달하는 반응을 얻었다. 전반적으로 가짜 뉴스가 진짜 뉴스보다 더 많은 반응을 이끌어냈다. 이로 인해 도널드 트럼프가 선거에서 이겼을 때, 많은 비난이 페이스북을 향했다.

한편, 케임브리지 애널리티카Cambridge Analytica 스캔들을 떠올려보자. 트럼프 선거 캠프가 고용한 이 데이터 기업은 8,700만 명이 넘는 페이스북 사용자의 개인정보에 접근권을 얻었다.[120] 케임브리지 애널리티카는 페이스북 사용자를 대상으로 성격유형 검사를 하도록 유도했다. 이 방식으로 검사를 수행한 사람은 물론, 그의 친구들의 개인정보를 빼냈다. 물론 어느 누구도 데이터 수집에 동의한 적이 없었다.[121]

케임브리지 애널리티카는 그렇게 수집한 데이터를 바탕으로 유권자들을 심리적인 차원에서 분석했다. 그리고 부동층을 흔들 수 있는 메시지를 가지고 유권자를 공략했다. 가령 총기 소지 권리에 관심이 많은 사용자는 총기 권리에 관한 광고를, 종교에 관심이 많은 사용자는 낙태 반대 광고를 더 많이 접하게 된다.[122] 이는 단지 미국만의 문제는 아니었다. 인도에서는 2018년 총선 기간에 페이스북의 메시지 전송 플랫폼인 왓츠앱WhatsApp을 이용한 유권자 조작 사건이 있었다. 물론 구글과 트위터, 레딧을 포함하여 다양한 플랫폼이 가짜 뉴스 확

산에 힘을 실어줬지만, 가장 많은 화살은 페이스북으로 향했다.[123]

이런 상황에서 저커버그는 재빠른 반응을 보이지 않았다. 그는 이렇게 말했다. "페이스북 콘텐츠에서 아주 작은 부분을 차지하는 가짜 뉴스가 선거에 영향을 미쳤다는 주장은 말도 안 되는 소리입니다."[124] 물론 몇 가지 조치를 취하기는 했다. 2016년 12월 페이스북은 사용자가 가짜 뉴스라고 의심되는 게시 글에 표시를 할 수 있는 시스템을 도입했다. 그리고 많은 표시를 받은 게시 글은 팩트체크 전문가에게 넘겨졌다.[125]

결국 2018년 저커버그는 페이스북의 문제를 해결하는 것이 자신의 개인적인 프로젝트가 될 것이라고 선언했다. 그해 1월 페이스북은 가짜 뉴스의 성장세를 막기 위해 버락 오바마Barack Obama 행정부에서 사이버보안 정책 책임자로 일했던 너새니얼 글레이처Nathaniel Gleicher를 영입했다. 그리고 여름에는 거짓 정보를 퍼뜨리는 러시아나 이란 관련 계정 수백 개를 삭제했다.[126] 이는 어느 정도 성공을 거뒀다.

그럼에도 2018년 4월, 저커버그는 의회 증언을 요청받았다. 거기서 그는 이틀 동안 질문 공세를 받았다. 특히 사용자 데이터를 보호하고 거짓 정보의 확산을 통제하는 페이스북의 기술을 포함하여 다양한 주제와 관련된 600개의 질문을 받았다.[127] 당시 청문회의 전반적인 분위기는 페이스북을 규제해야 한다는 것이었다. 저커버그는 '올바른 규제'라면 받아들이겠다는 입장을 취했다.[128]

2020년 페이스북은 정부에 규제 요청을 하면서 대상 목록을 제시했다. 그 대부분은 이미 규제가 이뤄지고 있는 것이었다.[129] 어쨌든 저커버그의 페이스북 '바로잡기' 시도의 성공 여부에는 논란의 여지가 있다. 저커버그가 페이스북을 바로잡겠다고 선언했던 같은 해에 《와이어드Wired》지는 21개에 달하는 주요 페이스북 스캔들을 열거했다. 여기에는 데이터 프라이버시, 가짜 계정, 가짜 뉴스 그리고 해킹과 관련된 사례가 포함되어 있었다.[130]

2020년에도 페이스북은 주요한 가짜 뉴스 문제로 시달렸다. 이번에는 코로나 바이러스19에 관한 것이었다. 공동체 캠페인을 조직화하는 비영리 단체인 아바즈Avaaz는 코로나19에 관한 잘못된 정보 중 40퍼센트 이상이 여전히 페이스북상에 존재하며 계속 공유되고 있다는 사실을 확인했다. 이러한 정보가 공유된 횟수는 놀랍게도 170만 회에 달했다.[131] 페이스북은 사용자의 뉴스 피드 위에 정부의 공중보건 경고 문구를 삽입하는 조치로 3억 5,000만 명이 다시 신뢰할 만한 정보를 접하게 만들겠다는 계획을 발표했다. 그럼에도 전문가들은 페이스북이 더 많은 노력을 기울여야 한다고 생각했다.[132] 페이스북이 가짜 뉴스를 담은 콘텐츠를 검토하는 동안에도 가짜 뉴스는 계속해서 퍼지고 있기 때문이다. 그 엄청난 피해에도 불구하고 페이스북은 아직 교훈을 얻지 못했다.

### 핀터레스트의 현명한 대처

페이스북의 가짜 뉴스 문제를 취미 관련 사진을 공유하는 소셜미디어 플랫폼인 핀터레스트의 경우와 비교해보자. 2018년 초 핀터레스트는 뜻밖에도 가짜 뉴스와의 전쟁에서 영웅으로 떠올랐다. 백신 반대자들이 핀터레스트에서 백신의 위험성에 관해 오해를 불러일으킬 만한 정보를 퍼뜨리기 시작했을때 핀터레스트는 즉각 행동에 착수했던 것이다. 플랫폼상에서 백신에 반대하는 콘텐츠를 완전히 제거할 수는 없었기 때문에 백신 접종에 대한 검색을 차단했다.[133]

또한 가짜 암 치료법에 대해서도 검색을 차단하는 비슷한 결정을 내렸다. 그러한 치료법을 홍보하거나 관련 웹사이트로 연결되는 계정을 모두 차단했다.[134] 사용자들은 이와 관련된 콘텐츠를 여전히 올릴 수 있지만, 그 콘텐츠는 더 이상 검색 결과에 나타나지 않는다.[135] 핀터레스트는 코로나19에 대해서도 적극적인 행동을 취했다. 사용자들이 코로나19나 이와 관련된 용어를 검색하면, 질병통제센터와 세계보건기구 그리고 미국소아과학회 같은 대표적인 공중보건 기구가 운영하는 핀터레스트 게시판이 자동으로 뜬다. 핀터레스트 정책 책임자 세라 브롬마Sarah Bromma는 이렇게 설명했다. "당신과 당신의 가족 혹은 공동체의 건강을 위협하는 거짓 정보를 부추기는 요소는 전혀 없습니다."[136]

핀터레스트는 사람이 직접 검토하는 팀을 운영하고 있다. 이들 검토자는 특정 게시 글이 정보 지침을 위반하는지 판단한다. 게다가 검토자에게 제공하는 교육 자료를 6개월마다 업데이트하여 계속 진화하는 지하세계의 가짜 뉴스를 따라잡고 있다.[137] 또한 핀터레스트는 무엇이 그 플랫폼에 적절하고 혹은 적절하지 않은 콘텐츠인지 판단하는 지침을 세부적이고 철저하게 세웠다. 그 지침은 콘텐츠 안전과 유료 광고, 스팸 등의 범주로 구분되어 있다. 그리고 핀터레스트는 각각의 범주 안에서 무엇이 수용 가능하고 무엇이 그렇지 않은지 명확히 밝히고 있다.[138] 나아가 그 사이트에서 어떤 사진이 허용되지 않는지에 대한 사례까지 제시한다.

페이스북은 알면서도 사용자 데이터를 노출했지만, 고의적으로 선거에 영향을 미치거나 엄청난 규모의 거짓 정보를 퍼뜨리려고 하지는 않았을 것이다. 그렇지만 행동해야만 했을 때 페이스북은 움직이지 않았고 다만 사실을 부인했다. 그리고 결국 행동에 착수했을 때도 충분한 성과를 보여주지 못했다. 특히 핀터레스트의 신속하고 결단력 있는 행동과 비교하면 더욱 그렇다. 페이스북의 입장을 옹호하자면, 그들 역시 비슷한 전술을 시도했는데 가령 누드 사진의 게재를 막고자 했다. 그러나 모유 수유를 하는 사진까지 차단하면서 논란을 일으켰다.[139] 어쨌든 전문가들은 페이스북의 정책이 충분히 구체적이지 않다고 지적한다.[140]

페이스북의 엄청난 힘을 감안할 때, 그들의 느리고 비효과적인 대응은 심히 우려스럽다. 페이스북은 대선이 끝나고 4년이 흘러서도 가짜 뉴스 문제로 시달리고 있다. 이러한 점에서 그들이 사용자들의 신뢰를 유지하는 데 어려움을 겪고 있는 것은 놀랄 일이 아니다.

데이터 프라이버시와 보호 관련 전문조사기업인 포네몬 연구소 Ponemon Institute에 따르면, 케임브리지 애널리티카 스캔들이 터진 이후로 페이스북에 대한 신뢰는 66퍼센트나 떨어졌다.[141] 그리고 저커버그가 의회에서 증언을 한 이후로 페이스북이 사용자의 프라이버시에 관심을 기울이고 있다고 생각하는 사람들의 비중은 28퍼센트에 불과했다. 이 수치는 작년도 79퍼센트에 비해 크게 떨어진 것이다.[142] 이러한 흐름은 일시적인 현상으로 보이지 않는다. 뉴스 사이트 〈더 버지 The Verge〉는 설문조사를 통해 페이스북이 가장 신뢰를 얻지 못하는 IT 기업임을 확인했다. 이 조사에 참여한 사람들 중 41퍼센트만이 페이스북을 신뢰하는 것으로 드러났다. 그리고 72퍼센트는 페이스북이 너무 강력한 힘을 갖고 있다고 응답했다.[143]

페이스북의 잘못된 대처를 이해하기 위해 구글과 한번 비교해보자. 〈뉴욕 타임스〉의 한 기자는 구글과 페이스북에서 자신에 관한 데이터를 다운로드 받아 확인해보았다. 놀랍게도 구글에는 8기가바이트에 달하는 정보가 있었다. 이는 음악을 83일 동안 들을 수 있는 데이터 양이다. 반면 페이스북에는 650메가바이트가 있었고 이는 음악을 6일 동안 들을 수 있는 양이다.[144]

2019년 NBC 뉴스와 〈월스트리트 저널 The Wall Street Journal〉의 설문조사에서는 구글과 페이스북이 개인정보를 다루는 방식에 대한 신뢰도를 조사했다. 그 결과 미국인의 37퍼센트가 구글을 신뢰하지 않는다고 답한 반면, 60퍼센트가 페이스북을 신뢰하지 않는다고 응답했다.[145] 물론 37퍼센트도 높은 수치다. 하지만 구글이 우리에 대해 얼마나 많은 데이터를 갖고 있는지를 감안할 때, 실제로 우리는 구글을 어느 정도 신뢰한다는 뜻이다. 반면 페이스북은 훨씬 더 적은 개인정보를 갖고 있음에도 훨씬 덜 신뢰를 받고 있다.

지금이라도 행동을 시작한다면 페이스북은 아직 기회를 놓친 게 아니다. 일단 허물어진 신뢰를 복원하는 노력은 실제로 대단히 길고 복잡하지만 불가능하지는 않다. 다음 장에서는 신뢰 위기에서 어떻게 회복할 수 있는지를 다룰 것이다. 여기에는 사과를 하는 방법부터 장기적인 신뢰 회복을 위한 다양한 노력이 포함된다.

그러나 일단 피해를 입혔을 때, 기업이 가장 먼저 해야 할 일이 있다. 바로 그들이 영향을 미쳤고, 그 영향은 그들의 책임이라는 사실을 인정하는 것이다. 기업과 우리의 관계는 기업의 행동에 따라, 그리고 우리가 그 행동을 느끼는 방식에 따라 결정된다. 그렇기 때문에 기업은 고객과 직원, 투자자, 대중과 맺고 있는 다양한 관계를 고민하고, 이들 집단에 미친 영향에 책임지는 모습을 보이려는 노력이 매우 중요하다. 기업은 그들이 미친 영향에 대처하기 위해 최선을 다해야 한다. 그렇지 못하면 아무도 그들과 관계를 맺으려 하지 않을 것이다.

# THE POWER OF TRUST

## 6장

# 잃어버린 신뢰를
# 회복하는 법

배신만이 절대 변하지 않는
유일한 진실이다.

— 아서 밀러Arthur Miller

**THE POWER OF TRUST**

1988년 일본 열도를 흔들어놓은 기업 스캔들
이 터졌다. 총리는 사임했고 자살이 잇달았으며 모두가 그 기업이 살아
남지 못할 것이라고 생각했다. 그러나 스캔들로 큰 타격을 입었던 광고
및 미디어 대기업 리크루트 홀딩스는 지금 번영을 구가하고 있다.

## 신뢰는 한 번 무너지면 회복이 힘들다

리크루트 본사는 인파로 붐비는 도쿄 역에서 몇 걸음 걸어 나오면 모
습을 드러낸다. 많은 직원과 고객이 그 고층빌딩의 문으로 끊임없이
드나든다. 특히 통유리로 된 엘리베이터를 타면 도시의 멋진 장관을

감상할 수 있다.

사실 리크루트는 서구인에게는 생소한 IT 거물이다. 그들의 주력 시장은 판매자와 구매자를 연결하는 플랫폼 비즈니스다. 예를 들어, 그들은 레스토랑이나 미용실 예약을 쉽게 할 수 있는 웹사이트를 제공한다. 리크루트는 또한 일자리 검색 사이트인 인디드$^{Indeed}$와 일자리 리뷰 및 채용 기업인 글라스도어$^{Glassdoor}$를 소유하고 있다.[1] 그들은 총 264종의 디지털 잡지와 200곳의 웹사이트 그리고 350종의 모바일 앱을 통해 정보와 서비스를 제공한다. 2019년을 기준으로 리크루트 매출액은 220억 달러를 넘어섰다.[2] 고객들은 품질 높은 서비스로, 직원들은 이력서에 리크루트라는 브랜드를 집어넣어 차별화할 수 있다는 사실로 이 기업을 사랑한다.

### 리크루트에 재앙이 터지다

1960년 당시 일본에서는 미쓰비시$^{Mitsubishi}$나 마쓰시다$^{Matsushita}$(현재 파나소닉$^{Panasonic}$)[3]와 같은 대기업은 최고 대학에서 시험을 주최하는 방식으로 인재를 영입했다. 이런 기업에 들어갈 정도로 운이 좋은 사람은 아침 9시부터 밤까지 일할 각오가 되어 있었다. 그리고 일주일에 며칠은 상사와 회식을 하고 새벽 서너 시가 되어서 집으로 들어갔다.[4] 당시 소위 샐러리맨은 평생고용과 점점 올라가는 연봉, 두둑한 연금, 기업이 지원하는 주택자금을 기대했다. 이 기업에 들어가기 위해 시험장에 갔을 때, 학생들은 자신이 '경력이 아니라 기업'을 선택했다는 사실을 알고 있었다.[5] 이런 상황에서 중소기업은 설 자리가 없었다.

그들은 시험을 주최해서 유명 대학 졸업생을 유치할 여력이 없었기 때문이다.

이때 에조에 히로마사江副浩正는 기회를 포착했고, '사회에 가치를 더한다'라는 야심 찬 비전과 함께 리쿠르트를 설립했다. 에조에는 일자리 광고 잡지를 시작했고, 이를 통해 중소기업은 시험을 주최하는 것보다 훨씬 더 저렴한 비용으로 인재를 영입할 수 있었다. 1970년대에 그 잡지는 큰 성공을 거뒀고, 이후 리쿠르트는 개인을 기업과 연결해주는, 즉 '매칭' 문제를 해결해주는 다양한 잡지를 선보였다. 여기에는 일본 여성을 위한 최초의 일자리 잡지, 경력의 선택지를 넓히는 데 도움을 주는 잡지, 중고차를 사고파는 잡지도 있었다. 리쿠르트는 영업사원을 교육해서 고객의 이야기에 귀를 기울이고 산업 전반의 문제에 창조적인 해결책을 제시하게 했다. 이는 경쟁력의 근원이었다.

그러던 와중에 재앙이 터졌다. 1986년 에조에는 리쿠르트 계열사 주식 280만 주를 기업공개 이전에 일본 정치인과 비즈니스 및 언론 인사 159명에게 넘겼다. 그 대가로 리쿠르트는 내부 정보와 상호 비즈니스 관계 그리고 정부위원회 네 곳의 자리를 얻었다. 나중에 그 계열사가 상장되었을 때, 투자자들은 16만 5,000달러에서 35만 달러에 이르는 수익을 올렸다.[6] 하지만 리쿠르트 스캔들로 알려진 이 사건이 터지면서 다케시타 노보루竹下登 총리와 내각 전체가 사퇴해야만 했다.[7] 그리고 다케시타의 비서 아오키 이헤이靑木伊平는 자살을 선택했다.[8] 에조에는 구속되었다.

리쿠르트 경영진은 스캔들이 터진 직후에 부채가 약 140조 달러에 달한다는 사실을 발견했다. 에조에는 부동산에 크게 투자했고, 리쿠르트의 계열사 중 한 곳은 대실패를 했기 때문이다. 경영진은 에조에가 얼마나 광범위하게 투자를 했는지 미처 알지 못했다. 리쿠르트가 연간 물어야 할 이자만 약 6억 3,700만 달러에 달했다. 그러나 영업 이익은 6억 700만 달러에 불과했다. 충격을 받은 직원들은 기업에 문제를 해결할 6개월의 여유를 주었다.

문제의 심각성을 감안할 때, 이 기업은 곧 시장에서 쫓겨날 것으로 보였다. 그러나 리쿠르트는 1990년대에 걸쳐 엄격한 예산 집행, 어떤 비즈니스에 집중할지에 대한 선견지명을 통해 상환능력을 회복했다. 어떻게 가능했을까?

### 신뢰에 대한 잘못된 생각들

리쿠르트의 회생은 불가능한 이야기처럼 들린다. 과거의 엄청난 실수에도 불구하고 그들은 대중의 신뢰를 다시 얻었고 점점 더 강해지고 있다. 우리는 신뢰가 한번 무너지면 다시 회복할 수 없다고 생각하는 경향이 있다. 그러나 진실은 좀 더 복잡하다. 일단 신뢰가 무너지면 쉽게 회복하기 어렵다. 우리는 두 가지 이유로 그릇된 생각에 빠진다.

첫째, 신뢰는 대단히 어려워서 소수만이 얻을 수 있다고 생각한다. 그래서 한 번 무너진 신뢰는 영원히 회복 불가능하다고 믿는다. 둘째, 신뢰는 다시 구하기 힘들기 때문에 애초에 평판을 지키고 신뢰를 잃지 말아야 한다고 생각한다. 하지만 보잉과 폭스바겐, 웰스파고, 우버를 떠올려보자. 이들 기업 모두 신뢰를 잃었다. 하지만 여전히 비즈니스를 하고 있다. 신뢰를 저버렸다고 해서 반드시 게임이 끝난 것은 아니다.

그럼에도 유의해야 할 점이 있다. 회복된 신뢰는 무너진 적 없는 신뢰와는 다르다. 보잉과 폭스바겐, 웰스파고, 우버는 지금도 비즈니스를 하고 있지만 아직도 많은 이유로 비난을 받고 있으며, 과거의 잘못 때문에 어려움을 겪고 있다. 그들은 회복을 위해 엄청난 노력을 했지만 여전히 과거의 잘못과 씨름하고 있다. 특히 보잉과 웰스파고는 과거의 그림자에서 벗어나 앞으로 나아갈 길을 발견하기 위해 고군분투하고 있다. 리크루트 스캔들은 20세기 초유의 사건으로 알려졌으며, 심지어 초등학교 역사책에도 실려 있다.[9]

일본에 가서 누군가에게 리크루트를 물으면, 그들의 대답은 아마도 "스캔들?"일 것이다. 기업은 과거의 잘못을 용서받고, 계속해서 비즈니스를 하고, 리크루트가 그랬던 것처럼 다시 최고의 자리로 올라설 수 있다. 하지만 그렇다고 해서 잘못이 완전히 잊힌 것은 결코 아니다.

## 신뢰의 붕괴는 기회가 될 수도 있다

신뢰의 파괴는 부정적인 평판의 위험을 훌쩍 넘어선다. 신뢰를 배신할 때 고객은 다른 브랜드로 넘어가고 직원은 떠난다. 투자자는 자금을 회수하고, 정부는 제재를 가한다. 그리고 기업은 죽음의 수렁으로 빠져든다. 물론 이러한 일은 즉각적으로 일어나지 않거나, 혹은 전혀 일어나지 않을 수도 있다. 특히 자본력이 강력한 기업이라면 말이다. BP British Petroleum는 2010년 수백만 갤런의 석유를 멕시코만에 쏟아

버렸던 딥워터 호라이즌호 석유 유출 사건에도 불구하고 여전히 건재하다.[10]

그러나 BP는 그 일로 많은 고통에 시달려야 했다. 석유 유출 후 몇 달 동안 BP 주가는 54퍼센트나 떨어졌고,[11] 채무를 감당하기 위해 600억 달러에 달하는 자산을 매각했다.[12] 그리고 10년이 지난 지금도 청소 작업에 따른 비용을 지불하고 있다.[13]《이코노미스트The Economist》는 BP, 폭스바겐, 웰스파고, 유나이티드 항공United Airlines을 포함해 여덟 곳의 주요 기업에서 발생한 스캔들이 미친 재무적 영향을, 스캔들을 겪지 않은 다른 기업들과 비교 분석했다. 그들의 연구 결과에 따르면 스캔들은 평균적으로 기업에 주가의 30퍼센트를 대가로 치르게 했다.[14]

그러나 신뢰 붕괴는 재구축을 위한 기회가 될 수도 있다. 금융 서비스에서는 잘못된 기관으로 자금을 이전하거나 계좌 개설 과정에서 이름이나 주소 실수 등 공통적으로 발생하는 다양한 문제가 있다. 피델리티 시절 계좌 관리에서 실수를 범한 이후에 고객이 우리 기업을 어떻게 느끼는지 알아보는 조사를 수행한 적이 있다. 그런데 실수를 한 뒤 고객이 만족하도록 수정했을 때 고객 충성도가 더 높아진다는 사실을 발견하고는 깜짝 놀랐다. 이는 대단히 고무적인 소식이었다. 중요한 것은 실수(적어도 치명적이지 않은) 자체가 아니라, 기업이 실수에 대처하는 방식이라는 사실을 말해주는 결과였기 때문이다.

이러한 발견은 처음에 기회처럼 보이는 문제에 직면했을 때 관리자가 빠지게 되는 짧고 어리석은 생각을 촉발할 수 있다. "그렇다면 고객 충성도를 높이기 위해 일부러 실수를 해야 한다는 말인가?" 그러나 고객의 충성도를 지키기 위해서는 먼저 어디서 많은 실수가 일어나는지, 어떤 실수가 치명적인 결과로 이어지는지를 확인해야 한다. 그리고 문제를 유발하는 프로세스를 체계적으로 개선하기 위해 기업의 모든 구성원이 노력해야 한다.

피델리티에서 우리의 문제는 허술한 프로세스 설계와 실행에 따른 잘못이었다. 그리고 고객들이 때로 반발하는 동안에도 이러한 잘못이 스캔들 차원으로까지 심화되었다는 인식이 없었다. 하지만 이러한 잘못들은 신뢰의 핵심이라 할 수 있는 피델리티의 높은 역량에 심각한 타격을 입혔다. 어쨌든 잘못이 스캔들의 차원이든 일반적인 실수든 간에, 신뢰 회복은 탈출구를 발견하고 더 나은 가치를 재구축하는 기회가 될 수 있다.

신뢰 회복에는 두 가지 차원이 있다. 첫째는 단기적인 수준으로, 사과와 더불어 문제를 해결하려는 노력을 말한다. 둘째는 장기적인 수준으로, 문제의 근본 원인을 해결함으로써 동일한 실수가 다시는 일어나지 않도록 예방하는 것이다. 이 장에서는 먼저 신뢰 붕괴를 진단하는 방식과 필요한 해결책의 유형을 살펴보고, 다음으로 사과의 필수 요소를 알아본다. 그것은 언제 사과를 해야 하는지, 언제 하면 안 되는지 그리고 사과를 효과적으로 전달하는 방법을 말한다. 마지막으로 장기적인 차원에서 신뢰를 재구축하는 과제를 살펴보겠다.

# 배신을 부정하는 기업들

앞서 이야기했듯 신뢰를 다시 얻는 일은 가능하다. 하지만 우리가 흔히 목격하는 장면은 기업이 대중의 신뢰를 다시 얻는 노력을 제대로 못해서 바닥으로 완전히 떨어지는 모습이다. 그들은 모든 것을 잃었다고 생각한다. 혹은 여론이라는 법정에서 재판을 받을 때까지 기다리다가 시기를 놓치고 만다. 그리고 일본의 에어백 및 안전벨트 제조업체인 다카타Takata처럼 궁지에 몰려서야 의사소통 노력과 움직임을 보인다.

### 다카타의 리콜 사태

2004년 다카타 에어백이 폭발하면서 앨라배마주의 한 운전자가 부상을 당하는 사건이 벌어졌다. 이후 다카타는 내부 검사를 통해 에어백에 결함이 있으며 충격으로 폭발할 수 있다는 사실을 발견했다.[15] 엔지니어들은 리콜을 준비했다. 하지만 경영진은 검사 데이터를 삭제하고 에어백을 계속해서 판매하라고 지시했다.[16] 이후 4년의 세월이 흘러서야 다카타는 에어백 리콜을 시작했지만 소규모에 불과했다. 약 4,000대의 차량만이 리콜 대상이었다.[17] 2011년 혼다Honda는 리콜범위를 100만 대 이상의 차량으로 확대했지만,[18] 다카타는 계속 질질 끌면서 상황을 어렵게 만들었다. 그리고 결국 2013년 미국 고속도로교통안전국National Highway Traffic Safety Administration, NHTSA에 결함 보고서를 제출했다.[19]

이는 첫 번째 에어백 폭발 사고가 있고 무려 9년이 지난 시점이었다. 2015년 다카타는 고속도로교통안전국의 강한 압박으로 에어백 결함을 시인했고, 미국 전역에 걸쳐 2,200만 대 차량을 리콜했다.[20] 하지만 법률 비용과 벌금, 리콜에 들어가는 비용을 감당하지 못했던 다카타는 2017년 최종 파산 신청을 했다.[21] 파산 당시를 기준으로, 다카타 에어백은 16명의 사망과 180명의 부상을 일으킨 것으로 드러났다.[22] 그리고 1년 후 4,200만 대에 달하는 차량이 리콜 대상에 올랐다.[23]

다카타가 문제를 발견한 순간 즉각 행동을 취했다면 상황이 어떻게 되었을까? 물론 결함을 인정하고 4,200만 대의 리콜을 발표하는 것은 길고도 힘든 여정의 시작이었을 것이다. 하지만 다카타는 생존을 위한 싸움의 기회를 잡을 수도 있었다. 그러나 다카타는 그 길을 선택하지 않았다. 처음부터 결함을 시인하고 충분한 해결책을 세우는 일은 아마 상상하기 힘들었을 것이다. 비슷한 상황에서 많은 기업은 다양한 이유로 신속하게 움직이지 않는다. 그들이 생산한 제품이 위험하다고 알려지면 평판에 심각한 타격을 입기 때문이다. 대신 앞으로 있을 소송에 대비해 자금의 보유고를 마련하는 길로 도피하려 한다.

물론 그 자금은 기업의 수익에서 비롯되기에 그들은 어떻게든 리콜 소식을 알리지 않으려고 한다. 또한 어떻게든 피해를 인정하지 않는다. 일단 인정을 하면 재판에서 불리한 위치에 서게 되며, 인정하지 않았을 때보다 더 많은 보상을 지불해야 한다는 두려움 때문이다. 결국 기업은 애초에 행동을 취했을 때 발생하는 비용보다 훨씬 더 많은 비용을 지불하게 된다.

## 인간의 정상화 편향

그런데 기업이 이런 방식으로 대응하게 만드는 뭔가가 존재하지 않을까? 사람들은 종종 중요하고 심각한 일이 일어나고 있는데도 그 위험을 인정하기를 거부한다. 우리는 이처럼 위기 상황에서 사람들의 합리적인 사고를 가로막는 어떠한 체계적인 장애물이 존재하는지 확인하고자 했다. 이를 위해 인지 편향에 관한 연구를 살펴보았다.

연구 결과는 우리에게 정상화 편향$^{normalcy\ bias}$(위험 상황이 발생해도 조만간 정상화될 것이라는 막연한 기대를 갖는 심리 현상 - 옮긴이)이 있다는 것을 말해주었다. 이 개념은 급박하고 재앙적인 상황에 직면했을 때 사람들이 어떻게 반응하는지를 들여다본 연구에서 비롯되었다. 가령 9·11 테러 당시 비행기가 날아오는 동안 세계무역센터 건물 안에 있거나 좌초된 배에 갇혀 있거나 활주로에서 불길에 휩싸인 비행기 안에 있을 때처럼 말이다.

이러한 상황에서 약 70퍼센트의 사람은 말 그대로 '자동차 헤드라이트에 갇힌 사슴$^{deer\ caught\ in\ a\ car's\ headlights}$'처럼 꼼짝도 하지 못한다. 실제로 정상화 편향을 다룬 한 논문의 제목은 〈정상화 편향이라는 얼어붙은 차분함$^{The\ Frozen\ Calm\ of\ the\ Normalcy\ Bias}$〉이었다. 여기서 사람들이 보이는 가장 공통적인 반응은 상황을 받아들이지 않는 것이다. 이로 인해 사람들은 적절한 대처를 하지 못하고, 대신 지금 상황이 실제로 벌어지는 일이 아니라고 소망하게 된다. 9·11 테러 당시 세계무역센터 건물에 있었던 한 여성은 이렇게 회상했다. "저는 '대체 무슨 일이 일어난 거야?'라고 소리를 질렀습니다. 여기서 제가 정말로 듣고 싶은 말은 이런 것이었습니다. '괜찮습니다! 걱정 마세요. 당신의 상상일 뿐입니다.'"[24]

사람들은 자신이 살고 있는 정상적인 세상이 여전히 그대로 존재한다고 믿으려는 강한 욕망이 있다. 이런 점에서 '정상화normalcy'라고 부른다. 그리고 실제로 존재하는 새로운 현실을 부정하려고 하는 데서 '편향bias'이라고 부른다. 사람들의 다음 반응은 상황에 관한 정보를 수집하는 것이다. 눈에 보이는 장면이 실제로 일어나는 상황이라고 확신하려면 정보가 충분히 많아야 한다.

연구 결과에서 정상화 편향을 보이는 사람은 그들이 행동할 준비가 되었다고 느끼기 전에 네 가지 이상의 정보를 구한다.[25] 똑같이 위험한 상황을 경험했던 사람은 다른 사람이 보지 못하는 패턴을 인식함으로써 정상화 편향에서 보다 용이하게 벗어날 수 있다. 여기서 도움이 되는 것은 사람들이 시간을 들여서 집중하고 믿을 수 있는 타당한 정보다. 사실 이는 대단히 힘든 일이다. 위급 시 비행기 내부의 탈출구처럼 생명을 살리는 정보를 전달해야 하는 항공사 직원을 생각해보라.

혹시 당신은 수백만 대 차량에서 에어백이 폭발했던 일처럼 치명적인 재앙에 직면한 기업에 속해 있는가? 그렇다면 당신과 다른 사람들이 정상화 편향에 갇혀 있다는 사실을 말해주는 신호를 찾아보자. 먼저 현실을 부정하는 모습이 보인다. 현재 상황을 입증하는 정보를 제시하는 이들은 마치 악마처럼 묘사된다. 특히 우려스러운 부분은 피해의 잠재 규모를 축소하려는 움직임이다. 이러한 태도는 시간 끌기와 최소한의 반응 그리고 신뢰를 저버린 기업들의 특징인 무기력함으로 이어지기 때문이다.

여기서 우리가 해야 할 일은 재앙의 잠재적 규모와 신뢰를 저버렸을 때의 결과를 객관적으로 보여주는 정보를 찾는 것이다. 우리는 신제품의 작동 방식, 경쟁사의 현명한 움직임이 미치는 영향, 새로운 코로나 바이러스의 대응 방식 등 기업 내부에서 일어나는 모든 상황을 상상해볼 수 있다. 우리는 정상화 편향을 깨닫고, 상상의 범위를 이처럼 중요한 영역으로 확장해야 한다. 이러한 영역은 다른 이들에게 미치는 기업의 영향력을 그리고 근본적으로 기업의 신뢰를 좌우하기 때문이다.

## 고정 마인드셋과 성장 마인드셋

세상에는 많은 유형의 사람들이 있고, 그만큼이나 신뢰의 방식과 모습도 제각각이다. 조직은 사람들을 한 번에 모두 만족시킬 수는 없기에 그들이 지속적이고 다양한 변화를 이루고 있다는 사실을 계속적으로 입증해야 한다. 이런 것을 고려할 때 신뢰의 회복은 복잡하며 하룻밤 새에 이루어지기 힘든 것이라 할 수 있다. 관련해서 한 비즈니스 교수 집단은 우리가 어떻게 신뢰하고 용서하는지에 관한 메커니즘을 깊게 살펴보았다. 이를 위해 그들은 MBA 학생들이 협상 과정에서 어

떻게 행동하는지 관찰했다.[26]

그들은 사람들을 크게 두 범주로 구분할 수 있다는 사실을 발견했다. 첫째는 고정 마인드셋fixed mindset을 가진 사람들로, 이들은 생각을 바꾸는 데 어려움을 겪는다. 그들은 많은 정보를 원한다. 한편, 성장 마인드셋growth mindset을 가진 이들은 새로운 정보를 얻자마자 재빨리 생각을 바꾼다. 이 두 범주의 사람들이 신뢰가 허물어진 상황에서 각각 다르게 반응한다는 사실은 놀랄 일이 아니다.

고정 마인드셋을 가진 이들은 신뢰의 끈을 놓지 않으려는 성향이 있다. 이들은 상황을 한번 의심해볼 만하며, 신뢰를 저버릴 수밖에 없었던 타당한 이유를 제기하려고 한다. 에어백 폭발 사고를 들었을 때, 이들은 그것이 일회성 사건이라고 생각할 것이다. 기업은 이러한 범주의 사람을 충성스러운 고객이나 직원으로 간주한다. 그러나 에어백이 반복해서 폭발하는 것처럼 신뢰 위반이 계속 일어날 경우, 이들은 결국 마음을 바꿀 것이다. 그리고 이들의 마음을 되돌리려는 노력은 길고 힘든 과정이 될 것이다.

반면, 성장 마인드셋을 가진 이들은 쉽게 신뢰를 잃어버린다. 에어백 폭발 사고를 들었을 때, 그들은 자신의 차량에는 문제가 없는지 점검할 것이다. 그러나 이들의 신뢰를 다시 얻는 것은 비교적 쉽다. 기업이 에어백 폭발 원인을 찾아냈다고 하거나, 개선된 생산 방식으로 폭발 원인을 제거했다는 데이터를 제시하면 가능하다. 이 범주에 해당하는 이들은 그 기업의 에어백을 장착한 차량을 다시 구매할 것이다. 반대로 고정 마인드셋을 가진 이들은 기업의 이러한 노력에도 마음을 쉽게 열지 않는다.

신뢰를 되찾고자 노력하는 기업은 그들이 두 범주의 사람을 모두 상대하고 있다는 사실에 유념해야 한다. 계속 실수를 저질러도 어쨌든 충직한 고객은 남을 것이라고 자만해서는 안 된다. 또한 일부의 신뢰를 다시 얻었다고 해서 싸움이 끝났다고 단정해서도 안 된다. 고정 마인드셋을 가진 사람들의 신뢰를 되찾기 위해서는 일관적인 모습을 충분히 보여줘야 한다.

잃어버린 신뢰를 되찾기 위한 기업의 여정은 사람들이 긍정적인 사건보다 부정적인 사건에 더 주목하는 경향 때문에 더욱 험난해진다. 일반적으로 사람들은 신뢰를 구축한 긍정적인 이야기보다 신뢰를 저버린 부정적인 이야기에 더 많은 관심을 보이는데 이러한 성향은 우리의 심리에 내재되어 있다. 여기서 의문점이 생길 수 있다. 긍정적인 사건보다 위험한 사건에 더 많은 관심을 기울이는 성향은 인류의 진화와 생존에 얼마나 중요한 역할을 했는가?

폴 슬로빅Paul Slovic은 핵발전소에 대한 신뢰를 연구하는 심리학자다. 그는 대학생들에게 핵발전소에 관한 45가지 가상의 기사가 미치게 될 영향을 1~7점으로 평가하도록 했다. 여기서 1점은 신뢰에 별 영향이 없는 것이고, 7점은 아주 강력한 영향을 미친다는 뜻이다. 이들 기사는 모두 신뢰를 높이거나 떨어뜨리기 위해 작성됐다. 신뢰를 높이기 위한 기사에는 작년에 발전소에 아무런 안전사고가 없었고, 직원을 철저하게 선발하여 교육시키며, 관리자는 발전소 인근에 거주하고, 발전소 주변에 사는 주민의 건강 수준이 다른 지역보다 높다는 이야기를 썼다.

반면 신뢰를 떨어뜨리기 위한 기사에는 내부 직원이 잠재적인 안전 문제를 제기했고, 안전 검사가 연기되었고, 다른 지역 발전소에서 사고가 일어났으며, 발전소 주변에 사는 주민의 건강 수준이 다른 지역보다 더 열악하다는 이야기를 썼다.[27] 그 결과 그 이야기를 들은 응답자 절반이 부정적인 이야기에 6, 7점을 줬다. 반면 긍정적인 이야기에 6, 7점을 준 응답자는 다섯 명 중 한 명 미만에 불과했다.[28]

보잉이나 웰스파고와 같은 기업이 직면하는 도전과제는 한 번의 잘못을 지우기 위해 오랫동안 올바른 행동을 이어나가야 한다는 사실이 확인된 것이다. 그리고 이는 다소 쉽게 마음을 바꾸는 사람들에게 판단받을 것이다. 이러한 도전과제를 해결하기 위해 기업은 신뢰의 올바른 편에 계속 머물러야 한다.

## 신뢰 위반의 유형

신뢰 위반에 대처하는 첫 번째 단계는 기업이 저지른 신뢰 위반의 유형을 이해하는 일이다. 《안나 카레니나Anna Karenina》에서 톨스토이가 보여준 유명한 통찰이 있다. 바로 모든 행복한 가정은 서로 비슷하지만, 모든 불행한 가정은 서로 다른 방식으로 불행하다는 것이다. 이는 기업이 유발한 신뢰 문제에 대해 경영자가 생각해볼 유용한 방법을 제시한다. 신뢰 위반은 저마다 다른 특성을 드러낸다. 그러나 신뢰를 뒷받침하는 네 가지 요소(역량, 동기, 수단, 영향)를 기준으로 구분함으로써 해결책을 발견할 수 있다. 이들 요소와 관련된 신뢰 위반은 각각 다른 특성을 갖고 있다. 그렇기 때문에 위반된 요소에 따라 사과 및 보수 전략을 설계할 때 더 효과적일 수 있다.

### 역량: 실수를 사과하고 바로 잡아라

제품이나 서비스의 신뢰성 혹은 사용 적합성과 관련된 실패가 이에 해당한다. 즉, 제품이나 서비스가 제대로 기능하지 않거나 기업이 했던 약속을 지키지 못하는 경우다. 이는 회복하기가 비교적 쉬운 유형의 신뢰 위반이다. 2017년 아카데미 시상식 사례에서 살펴보겠지만, 사과와 문제 수정을 통해 신뢰를 회복할 수 있다.

사과는 매번 효과적인 것은 아니지만, 그럼에도 역량에 의한 신뢰 위반을 만회하는 중요한 첫 번째 단계다. 그러나 우리는 종종 사과를 하는 일에 소극적이다. 사과를 하면 스스로 무능하고 책임이 있음을 시인하는 것처럼 보이기 때문이다. 그러나 이는 잘못된 생각이다. 역량에 의한 신뢰 위반에서 최고의 행동은 다름 아닌 '사과하기'다.

사과는 실수에 책임을 지겠다는 의지를 드러낸다. 이는 다른 사람과 함께 일할 때 우리가 중요하게 여기는 자질이다. 우리는 실수를 외면하는 사람보다 책임지려는 사람과 함께할 때 더 많은 위험을 감수한다. 일어날 수 있는 문제에 대해 그들이 훨씬 더 솔직하기 때문이다. 그리고 이 말은 우리가 그들을 두 번 신뢰할 수 있다는 뜻이다. 먼저 그들은 상황을 솔직하게 설명할 것이며, 그 상황에서 자신의 역할을 기꺼이 받아들이기 때문이다.

기업은 좀처럼 사과를 하지 않는다. 이는 그들에게 책임이 있음을 인정하는 것이며, 그러한 인정이 불리하게 작용할 것이라는 두려움 때문이다. 하지만 사과는 종종 실수를 저지른 기업의 이미지를 떨어뜨리기보다 오히려 높인다.

2017년 아카데미 시상식이 열리는 날, 심사위원 투표와 집계 및 보안을 책임지는 프라이스워터하우스쿠퍼스[PwC]는 큰 실수를 저질렀다. 최우수 작품상과 최고 여배우상이 든 봉투가 바뀐 것이다. 이로 인해 시상자가 〈문라이트〉가 아닌 〈라라랜드〉를 최우수 작품상으로 호명하는 해프닝이 벌어지고 말았다.[29] PwC는 고의로 봉투를 바꾸지 않았기에 이는 분명히 진정성의 문제가 아니라 역량의 문제였다.

그럼에도 PwC는 여전히 많은 아쉬움을 남겼다. CBS 최고경영자 레슬리 문베스[Leslie Moonves]는 ABC 뉴스와의 인터뷰에서 이렇게 말했다. "우리 회계사들이 그런 실수를 했다면 당장 해고했을 겁니다." 그리고 트위터에서는 #envelopegate(봉투 게이트)와 #Oscarfail(오스카 실수)가 유행이 되었다. 트위터에서 해시태그는 곧 대중의 분노를 뜻한다. 심지어 어떤 이는 PwC 측이 '아마도 잘못된 카드'[30]를 지지했을 것이라고 농담했다.

이 사건에 PwC는 즉각 반응했다. 이른 아침 그들은 웹사이트를 통해 다음과 같은 사과문을 게재했다.

"최우수 작품상 발표 과정에서 빚어진 실수에 대해 〈문라이트〉

와 〈라라랜드〉, 워런 비티Warren Beatty, 페이 더너웨이Faye Dunaway 그리고 오스카 시청자들께 진심으로 사과를 드립니다. 잘못된 봉투가 실수로 시상자에게 전해졌으며, 발견 즉시 수정했습니다. 현재 어떻게 이런 일이 벌어졌는지 알아보고 있으며, 이번 일에 깊은 유감을 느낍니다. 그 상황에 부드럽게 대처해준 후보자들과 아카데미, ABC 그리고 지미 키멀Jimmy Kimmel에게 감사를 드립니다."[31]

이후 PwC는 2018년 아카데미 시상식에서 그런 실수가 다시 일어나지 않도록 예방하는 다양한 방안을 내놨다. 우선 담당 직원들에게 휴대전화 사용을 금지했다. 2017년 시상식에서 봉투를 관리하는 직원이 실수 직전에 통화를 했다는 사실이 발견됐기 때문이다. 그리고 시상식에 관여하는 모든 PwC 직원들에게 수상자 이름을 전부 암기시켰다. PwC는 실수를 저질렀고, 인정했고, 사과했고, 바로잡았다. 대중은 그들이 하던 일을 계속하도록, 즉 오스카 시상식을 관리하도록 허락했다. 모두의 승리였다.[32]

## 동기와 수단: 진실성을 증명하라

고객과 투자자 혹은 직원이 기업이 고의적으로 신뢰를 저버렸다고 생각할 때 신뢰 회복은 더욱 힘들다. 악의가 있든 불공정한 수단을 사용했든 의도적인 신뢰 배반은 진실성 위반으로 보인다. 의도하지 않았지만 공정하지 않은 수단을 활용한 경우에도 진실성 위반으로 보일 수 있다. 물론 보잉은 사람들을 죽이기 위해 비행기를 고의적으로 결함 있게 설계하지 않았다. 하지만 그들은 많은 비용을 줄여서 안전보다 수익을 우선시했다. 비용 삭감에 대한 동기는 물론 그들이 어떻게 비행기를 설계하고, 생산하고, 판매했는지를 감안할 때, 737 맥스 8 항공기 사고는 진실성에 의한 신뢰 위반으로 볼 수 있다.

이러한 상황에서 신뢰를 회복하자면, 보잉은 동기(왜 그렇게 행동했는지)와 수단(어떻게 목표를 달성했는지) 모두를 수정했다는 사실을 계속 입증해야 한다. 하지만 신뢰 회복을 향한 그들의 여정은 견코 순탄치 않을 것이다. 역량에 의한 신뢰 위반의 경우에서 사과는 큰 힘을 발휘하지만, 이 경우는 그렇지 않기 때문이다.

사과와 부인의 효과에 관한 한 연구에서 과학자들은 진실성에 의한 신뢰 위반의 경우, 스스로 결백하다면 부인이 사과보다 더 낫다는 사실을 발견했다. 결백한 사람은 아무런 잘못이 없음에도 불구하고 사과를 하고 나서 진실성이 떨어져 보였다.[33] 반면, 잘못을 인정한다고 생각해서 사과를 외면한 사람들은 오히려 진실성이 있는 것으로 보였다. 그 논리는 다음과 같다.

진실성은 도덕적인 특성을 의미한다. 그래서 누군가 자신이 결백하다며 문제를 부인할 때, 그것은 진실성의 차원에서 일관된 논리를 보여준다. 즉, 나는 그런 일을 하지 않았기 때문에 잘못을 부인한다. 하지만 잘못이 없는 사람이 사과할 경우, 사람들은 혼란을 느낀다. 그리고 그가 스스로 결백을 입증하지 않는 한 결코 신뢰할 수 없다고 결론을 내린다.

그러나 주의할 점은 사과 대신에 부인하라는 것이 아니다. 한 실험에서 과학자들은 피실험자들에게 지원자가 잘못이 있다는 명백한 증거를 주었다. 그때 피실험자들은 잘못을 부인했던 지원자보다 사과를 한 지원자를 더 많이 고용하려고 한 연구 결과가 나왔다. 게다가 지금은 누구나 온라인으로 글을 쓰고 데이터에 쉽게 접근할 수 있기에 잘못이 있다면 언젠가는 드러나게 된다.

그러므로 신뢰를 저버린 경우, 기업은 그들이 직면한 문제의 유형을 먼저 파악해야 한다. 즉, 역량에 의한 위반인지 아니면 진실성에 의한 위반인지 살펴보라. 그리고 그에 따라 전략을 수립해야 한다. 신뢰붕괴는 그것이 진실이고 증거로 지지될 수 있을 때에만 역량에 의한 위반이라고 간주된다.

한편, 기업이나 개인이 아무런 잘못도 하지 않았음에도 고발을 당한 경우 당연히 혐의를 부인해야 한다. 1996년에 타미 힐피거를 둘러싼 소문이 돈 적이 있다. 그가 유색 인종이 입을 줄 알았다면 옷을 '그처럼 멋있게' 디자인하지는 않았다고 말했다는 것이었다. 다행히 조사에서 진실이 밝혀졌다. 반명예훼손연맹Anti-Defamation League 역시 그 소문이 인터넷 거짓말에 불과하다는 사실을 확인시켜 주었다.[34]

2007년 오프라 윈프리Oprah Winfrey는 힐피거를 자신의 쇼에 초대해 그 소문에 대한 이야기를 나눴다. 거기서 힐피거는 사실을 다시금 바로잡았고, 윈프리는 근거 없는 말이라고 일축했다.[35] 실제로 타미 힐피거는 광고에 다양한 인종의 모델을 쓰는 것으로 유명하며, 당시로서는 보기 드문 일이었다. 이는 타미 힐피거가 다양성의 힘을 중요하게 생각한다는 사실을 분명하게 말해준다.

기업이 진실성에 의한 신뢰 위반을 했다면, 당연히 사과를 해야 한다. 그리고 앞으로 멀고 험난한 여정에 대비해야 한다. 물론 사과는 힘든 일이지만 그것은 신뢰 회복을 향한 필수 단계이며, 여전히 비난받을 가능성이 있다. 하지만 사과를 하지 않는다면 상황은 더욱 나빠질 것이다. 기업이 아무런 신경도 쓰지 않는 것처럼 보일 수 있기 때문이다. 다른 한편으로, 기업은 지속적으로 일관된 모습을 보여야 한다. 또한 대중의 신뢰를 되찾으려면 올바른 일을 해야 한다. 그 여정이 얼마나 힘들지는 다음의 요소, 즉 영향에 달렸다.

## 영향: 실수는 사소하고 적을수록 좋다

신뢰 위반의 심각성과 빈도는 문제 해결이 얼마나 힘들 것인지를 결정한다. 나쁜 영향을 많이 미칠수록 부정적인 반응은 더 뚜렷하게 나타날 것이다. 이 말은 신뢰 위반이 미친 영향이 사소하면 사소할수록 더 유리하다는 뜻이다. 가령 사망 사건이나 사기와는 달리 시상식에서 봉투가 바뀌는 사고처럼 말이다. 이는 당연한 말이다. 메릴랜드 대학 교수인 데브라 셔피로[Debra L. Shapiro]는 기업의 해명을 수용하는 데 가장 중요한 요인은 개인이 겪은 피해의 수준이라는 사실을 발견했다.[36]

신뢰 있는 행동을 오랫동안 이어온 기업은 일시적인 신뢰 위반에서 어느 정도까지는 타격을 받지 않을 수 있다. 고객과 직원, 주주의 입장에서 올바른 일을 오래 해왔던 기업이 잠시 신뢰를 저버릴 경우 사람들은 용서할 것이다. 그러나 신뢰 위반이 계속 일어난다면, 각각의 위반은 그 기업을 신뢰할 수 없는 증거로 그리고 기업의 본성을 말해주는 증거로 누적된다. 이러한 추락은 한 번의 신뢰 위반 행동에서 시작된다.

리크루트 사례를 보자. 리크루트는 영업사원들에게 문제를 완전히 이해하도록 직접 고객을 방문하라고 교육했다. 그리고 이를 통해 광고를 하거나 수집한 데이터를 활용하는 방식을 바꿨다. 이러한 노력은 고객 입장에서 더 큰 가치를 만들어냈다. 따라서 이후 스캔들이 터졌을 때, 리크루트는 많은 고객을 잃지 않았다.

고객과 좋은 관계를 맺어왔고, 에조에의 내부자 거래라는 신뢰 위반이 고객들에게 직접적으로 피해를 미치지 않았기 때문이다. 그 내부자 거래는 엘리트 집단 일부에 그리고 일본 사회의 일부에 영향을 미쳤다. 반면 일반적인 고객들은 피해를 입지 않았거나, 리크루트 광고 플랫폼을 사용할 때 추가적인 위험을 겪지 않았다. 더 나아가 리크루트의 제품과 서비스는 품질을 그대로 유지했다.

## 올바른 사과의 기술

사과는 중요한 첫 번째 단계다. 여기서 핵심은 '첫 번째'에 있다. 신뢰 위반에 따른 장·단기적 영향을 모두 다뤄야 하기 때문이다.

사과는 힘든 일이며 환영받지 못할 수 있다. 그리고 사과를 잘하지 못할 경우 대가를 치러야 한다. 사과가 오히려 역풍을 일으킬 때 기업의 평판에 추가적인 피해를 입힐 수 있으며, 때로 CEO가 물러나기도 한다.

BP의 CEO 토니 헤이워드<sup>Tony Hayward</sup>가 석유 유출 이후에 했던 재앙적인 사과 발언을 생각해보자. 2010년 주요 부품이 오작동을 일으키면서 시추 장비가 멕시코만에서 폭발한 적이 있다.[37] 그 사고로 11명의 근로자가 목숨을 잃었고, 400만 배럴의 석유[38]가 텍사스에서 플로리다에 이르는 만의 습지로 쏟아져 나왔다.[39] 그리고 2,000킬로미터에 달하는 해안을 오염시켰다.[40] 그 결과 수많은 생물 종이 사라졌고, 큰돌고래 개체 수는 절반으로 줄었다.[41] 암초성 어류의 다양성이 38퍼센트 줄어들었으며,[42] 80만 마리의 새가 폐사했다.[43] 미국 역사상 최악의 환경 재난이었다.[44]

이러한 재앙에 직면해서 헤이워드는 이렇게 사과했다. "유감입니다. 사람들의 삶에 막대한 피해를 끼치게 되어 무척 송구합니다. 저만큼 이러한 일이 벌어지지 않기를 바랐던 사람은 없을 겁니다. 제 삶을 되찾고 싶습니다."[45] 이러한 발언은 어떤 상황에서도 끔찍한 사과가 될 것이다. 재앙의 규모를 감안할 때, 석유 유출이 자신의 삶에 미친 영향에 주목했던 헤이워드의 태도는 아주 역겨웠다. 이 실수의 여파는 너무도 엄청나서 그는 즉시 해고되었다.

BP처럼 거대한 피해를 입혔다면 사과는 필수적이다. 또한 사과로 인한 역풍도 고려해야 한다. 이 말은 사과를 올바른 방식으로 해야 한다는 뜻이다. 자신의 삶을 되찾고 싶다는 식의 사과는 사람들을 더욱 분노하게 만들 뿐이며, 온갖 부정적인 이유와 함께 역사책에 이름을 올릴 것이다.

그렇다면 좋은 사과란 무엇인가? 2016년 과학자들은 피실험자 755명이 다양한 유형의 사과에 어떻게 반응하는지 알아보는 두 가지 연구 결과를 발표한 적이 있다. 여기서 그들은 사과의 여섯 가지 요소를 테스트했다.[46]

- 유감의 표현: 가해자는 얼마나 미안한 마음을 갖고 있는지 표현해야 한다.
- 해명: 가해자는 문제의 원인을 설명해야 한다.
- 책임의 인정: 가해자는 신뢰 위반에 따른 책임을 이해한다는 사실을 보여줘야 한다.
- 뉘우침의 선언: 가해자는 동일한 실수를 다시는 하지 않겠다고 약속해야 한다.
- 보상의 제안: 가해자는 신뢰 회복을 위한 해결책을 제시해야 한다.
- 용서에 대한 요청: 가해자는 명시적으로 용서를 구해야 한다.

가장 효과적인 사과는 여섯 가지 요소를 모두 포함하는 것이다. 과학자들은 모든 요소를 포함할 수 없어도, 더 많은 요소를 포함할수록 좋다는 사실을 확인했다. 가장 효과가 적은 것은 하나의 요소만을 포함한 사과였다.

오직 몇 가지 요소만 활용할 수 있을 때, 가장 효과적인 조합은 책임의 인정과 보상의 제안 그리고 해명이다. 예를 들어, 이렇게 사과하는 것이다. "회의에 초대하지 못해서 죄송합니다. 지금 회의에서 논의한 내용을 말씀드려도 되겠습니까? 저는 당신이 그 팀에 합류했다는 사실을 잊었습니다. 당신의 사업부는 예전에 참여하지 않아서 제가 착각했습니다."

가장 효과가 적은 사과는 용서에 대한 요청만을 담는다. "회의에 초대하지 않은 실수를 부디 용서하시길 바랍니다." 과학자들은 다양한 요소의 조합을 시도했다. 그리고 피실험자에게 제시한 시나리오에 따라 일부 조합이 다른 조합보다 더 강력하다는 사실을 확인했다. 그럼에도 가장 강력한 조합(책임의 인정, 보상의 제안, 해명)이 가장 약한 조합(유감의 표현, 뉘우침의 선언, 용서에 대한 요청)보다 항상 효과적이었다.

마지막으로, 사과를 빨리 할수록 더 효과적이라는 사실을 명심해야 한다.[47] 기업들은 대개 최대한 사과를 미루려고 한다. 더 많은 추가 사실이 나올지 모른다는 점에서 이러한 모습은 이해할 만하다. 그러나 기업이 유발한 피해에 미안한 마음을 보여주는 것이 중요하다. 아직 해결책을 마련하지 못했더라도, 사과를 통해 문제가 있음을 이해한다는 사실을 보여줘야 한다. 그리고 이러한 시도는 가능한 한 빨리 하는 것이 중요하다.

2007년 재앙적인 결정에 사과했던 제트블루<sup>JetBlue</sup>는 그 모범을 보여준 항공사다. 그들의 사과는 책임의 인정과 해명 그리고 보상의 제안을 조합한 형태였다. 그해 밸런타인데이에 눈보라가 동부 해안 지역에 불어닥쳤다. 대부분의 항공사가 운항을 취소했지만 제트블루는 그대로 운항하기로 결정했다. 결국 항공기 아홉 대가 기상 여건이 좋아지길 기다리면서 JFK 공항 활주로에 6시간 동안 갇혀 있었다.[48] 이후 제트블루는 전체 운항 일정의 25퍼센트를 취소했다.[49] 제트블루의 CEO인 데이비드 닐먼 David Neeleman 은 불편을 겪은 승객들에게 분명히 사과했다.

> "지난주는 제트블루 7년 역사에서 최악의 한 주였습니다. 강한 눈보라가 북동부 지역을 강타하면서 여러분이 대기하고, 항공편을 취소하고, 수하물을 분실하는 등 여러 가지 불편함을 끼쳐드렸습니다. 눈보라는 항공기 이동을 막았습니다. 그리고 더 중요하게 이들 항공기에 탑승해서 서비스를 제공할 제트블루 조종사와 기내 승무원들이 제때 공항에 도착하지 못했습니다. 게다가 분주한 대통령의 날 주말을 앞둬 재예약은 힘들고, 1-800-JETBLUE로의 통화는 참을 수 없이 대기 시간이 길거나 아예 연결되지 않으면서 복구가 더욱 더디게 진행됐습니다."[50]

닐먼은 거기서 멈추지 않았다. 그는 제트블루 항공사의 고객 권리 장전을 만들겠다고 선언했다. 제트블루는 한 시간 이상 지연에 대해서 보상을 약속했다. 그리고 네 시간 이상 지연될 경우, 편도를 포함하여 일정 전체의 환불을 약속했다.[51] 이후 제트블루 이사회는 닐먼의 사퇴를 결정했다. 비록 닐먼은 자리를 잃었지만, 역사는 그에게 호의

적이었다. 당시《패스트 컴퍼니》의 헤드라인은 여론을 "닐먼을 해고하다: 제트블루의 실수"라고 간결하게 요약했다.

오늘날 닐먼의 사과는 재앙의 상황을 바로잡는 방법에 관한 교과서적인 사례로 전해진다.[52] 최고의 사과도 대중의 신뢰를 다시 구하고 경영자의 일자리를 보존하기에 충분치 않을 수 있다. 하지만 그럼에도 자신의 삶을 되돌려달라고 요구하며 기회를 날려버린 CEO가 아니라 부당하게 쫓겨난 CEO로 기억되는 편이 훨씬 더 낫다.

## CEO 해고만이 정답은 아니다

경영자 해고는 신뢰 위반에서 올바른 선택이 될 수 있다. 하지만 그러한 의사결정으로 예상치 못한 대가를 치르지 않기 위해서는 숙고가 필요하다. 기업은 민주적인 조직이 아니다. 경영자는 조직의 수직체계 전반에 걸쳐 모든 구성원에게 영향을 미치는 의사결정을 내릴 수 있다. 경영자가 칭찬하거나 묵인한 행동은 기업에서 용인되는 행동과 그렇지 않은 행동을 결정한다. 그리고 이는 다시 기업의 정체성을 결정한다.

스티브 잡스와 그의 유산을 떠올리지 않고서 어떻게 애플을 생각할 수 있겠는가? 기업은 해당 경영자를 해고함으로써 그들의 실수는 과거의 일이며 이제 새 출발을 했다는 사실을 신속하게 전할 수 있다. 하지만 경영자가 훌륭하게 일을 처리해왔고 조직의 안팎 사정을 잘 알고 있다면, 기업은 회복 과정에서 반드시 필요한 핵심 자원을 잃어버린 셈이다.

리크루트의 사례를 기억해보자. 그들이 취한 첫 번째 행동은 카리스마 넘치는 설립자이자 CEO인 에조에 히로마사를 곧바로 내보내는 것이었다. 그가 구속되었기 때문에 힘든 결정은 아니었다. 당시 관리자들은 직원들에게 리크루트가 불명예를 얻게 된 상황을 전혀 몰랐다고 답변하라고 조언했다. 그들은 청탁을 들어주는 대가로 계열사 지분을 넘긴 것은 그들의 결정이 아니었다고 고객에게 해명했다. 그리고 CEO의 잘못은 그들의 업무와 서비스 품질과는 무관하다고 설명했다.

CEO를 해고하는 결정은 '종종' 정답이 될 수 있다. 신뢰를 연구하는 과학자들은 CEO를 해고할 때 신뢰에 무슨 일이 벌어지는지 살펴보았다.[53] 그들은 피실험자들에게 가상의 CEO가 신뢰 위반을 했다는 정보를 제공했다. 가령 CEO는 10퍼센트 임금 삭감을 발표하면서 자신도 참여하겠다고 했지만, 그의 연봉은 삭감되지 않았다. 사실 이 시나리오는 아메리칸 항공American Airlines의 CEO 도널드 카티Donald J. Carty의 사례를 살짝 참조한 것이다. 실제로 2003년에 그는 10만 명 근로자의 임금 삭감을 발표하면서 임원들에게는 엄청난 보너스를 지급했다. 다음으로는 피실험자들에게 CEO가 해고되었다는 혹은 아무런 조치도 취하지 않았다는 이야기를 들려주었다.

CEO 해고 소식은 조직의 신뢰 점수를 더 높여주었다. 하지만 CEO를 해고하는 일은 기업뿐만이 아니라 CEO 자신을 위해서도 좋은 일이 될 수 있다. 기업이 CEO를 해고했을 때, CEO에 대한 신뢰 점수 역시 상승했다. 이는 그리 이상한 이야기가 아니다. CEO가 잘못을 뉘우치고 처벌을 받는 사례는 인과응보의 전통적인 시나리오다. 이는 공정성에 대한 사람들의 요구를 충족시키고, 인과응보의 도덕률이 지배하는 세상에서 살고 싶은 욕망을 강화한다.

여기서 한 가지 흥미로운 점은 과학자들이 또 다른 조건에서 실험한 결과다. CEO는 사과를 하고 20퍼센트 연봉 삭감이라는 처벌을 받았지만 해고는 되지 않았다. 놀랍게도 연봉 삭감에 따른 신뢰 점수와 해고에 따른 신뢰 점수는 비슷했다. 이는 사람들의 주요 관심사는 CEO가 처벌을 받는 것이지, 처벌하는 구체적인 방식이 아니라는 사실을 말해준다.

이 실험이 한 가지 가상 시나리오를 바탕으로 이뤄졌다는 사실에 유의할 필요가 있다. 해고의 장점과 완화된 처벌의 장점은 현실 상황에 따라 다르게 나타난다. 리크루트의 경우, CEO 해고에 대한 요구는 분명했다. 에조에 히로마사는 범죄를 저질렀고, 징역형을 받아 마땅했다. 설령 그가 구속되지 않았어도 스캔들의 규모가 너무도 거대했다. 따라서 그를 해고하지 않았다면 리크루트가 사태를 '제대로 이해하지 못했다'는 인상을 주었을 것이다. 또한 신뢰 회복을 위한 노력이 가로막혔을 것이다.

반면 눈보라에도 운항을 강행했던 제트블루 CEO 데이비드 닐먼의 경우, 이사회는 그를 해고하기보다 다른 처벌을 내리는 편이 더 나았을 것이다. 닐먼은 여전히 많은 일을 할 수 있었기 때문이다. 이사회는 다른 처벌로도 닐먼의 판단을 용인하지 못한 사실을 얼마든지 보여줄 수 있었다. 닐먼은 매출을 지키기 위해 다른 많은 항공사의 중단 결정에도 불구하고 운항을 강행했고 고객의 안전과 편안함보다 기업의 수익을 더 우선시했다. 하지만 그의 사과, 특히 승객을 위한 권리장전을 세우겠다는 결정은 획기적이었다. 이는 승객을 대우하는 방식에 제트블루가 책임을 지겠다는 혁신적인 아이디어였다. 또한 이러한 생각은 제트블루가 오늘날에도 고수하고 있는 고객관리 시스템과 조직 문화의 기반이 되었다.

해고나 처벌에 대한 의사결정은 구체적인 상황에 달라질 수 있다. 그렇기 때문에 기업 이사회는 문제의 범위와 심각성, 사안의 횟수 그리고 CEO의 과거 행적 및 회복 잠재력까지 모두 고려해야 한다.

## 신뢰를 회복하는 길고 험난한 여정

리더십의 변화는 신뢰 회복이라는 길고 힘든 여정의 첫 걸음이다. 기업은 어디서 신뢰가 무너졌는지, 어떤 요소를 보완해야 하는지를 이해하고 다시 문제가 발생하지 않도록 내부로 시선을 돌려 노력해야 한다. PwC는 2017년 오스카 시상식 실수에서 단지 사과로 끝내지 않았다. 그들은 실수를 반복하지 않기 위해 2018년에 다양한 새로운 절차를 도입하기도 했다.

그러나 알라딘의 보물 동굴 속에도 신뢰 회복을 위한 빠르고 쉬운 길을 보여주는 열쇠는 없다. 일반적으로 신뢰 위반은 체계적인 결함의 결과물이다. 신뢰 회복을 위해서는 시스템 전반을 수정하며 긍정적인 결과를 지속해서 보여줘야 한다. 그러나 이러한 체계적인 변화를 위해 기업이 고려해야 할 것은 낯설고 생소한 영역이 아니다. 모든 조직은 그것을 형성하는 기본 요소로 이뤄져 있다. 기업은 그 요소가 얼마나 중요한지, 조직 내에서 어떤 형태를 이루고 있는지 먼저 이해해야 한다. 여기서는 장기적인 신뢰 회복을 위한 네 단계 시스템을 소개한다. 이는 신뢰를 연구한 두 과학자인 그레이엄 니에츠[Graham Dietz]와 니콜 길레스피[Nicole Gilespie] 그리고 신뢰 위반에서 성공적으로 회복한 기업을 다룬 우리의 연구에서 영감을 받았다.

리크루트가 스캔들 위기를 극복하고 200억 달러 기업이 될 수 있었던 것은 단지 사과를 하고 CEO를 해고했기 때문은 아니다. 그렇게 쉬운 일이라면 얼마나 좋을까. 그들은 '전략, 문화와 가치, 구조와 정책 및 절차, 외적 지배'라고 하는 네 가지 기본 요소를 광범위한 차원에서 검토함으로써 회복할 수 있었다.

### 전략: '떠나기 좋은' 기업이 된 리크루트

'전략'은 기업이 목표 달성을 위해 수립하는 계획이다. 여기에는 다양한 문제와 기회, 성과를 위한 구체적인 행동에 자원을 할당하는 방안이 포함된다. 전략을 수정하기 위해서는 산업의 미래는 물론, 기업의 역량과 실행에 필요한 것을 현실적으로 이해해야 한다. 기업은 훌륭한 전략을 통해 경쟁에서 몇 걸음 더 앞서나갈 수 있기 때문이다.

폭스바겐은 배출 가스 스캔들을 극복하기 위해 새로운 경영자를 영입하고, 새 전략을 수립하는 쪽을 택했다. 과거에 폭스바겐은 더 많은 자동차와 브랜드 그리고 사람을 기반으로 그들의 왕국을 구축함으로써 세계 최대 자동차 생산 기업이 되었다.[54] 그러나 스캔들이 터진 후 그들은 전략을 180도 바꿨다. 우선 규모를 줄였고, 비교적 저렴한 전기차를 생산하는 최초의 기업이 되겠다는 목표를 세웠다.[55] 이러한 전략 변화는 장기적인 차원에서 탁월했다. 폭스바겐은 배출 문제에 속임수를 쓰면서 위기에 직면했지만 이제는 친환경적인 자동차를 생산하는 모범 기업으로 자리매김하고 있다. 이보다 더 나은 회복 스토리가 있을까?

그러나 폭스바겐이 정말로 그 전략을 실행할 수 있을지는 앞으로 더 지켜봐야 한다. 실제로 그들은 소프트웨어 결함으로 첫 번째 전기차 출시를 두 번이나 연기하기도 했다.[56] 또한 폭스바겐은 생산 문제에 직면해 있다. 그들은 자체 소프트웨어를 개발하기 위해 소프트웨어 엔지니어를 채용하는 반면, 공장 근로자들을 해고했다. 그리고 다른 기업과 마찬가지로 코로나 바이러스 유행에 따른 매출 부진과 직원의 출근 및 안전 문제에 대처해야 했다.[57] 그러나 폭스바겐이 2020년 9월에 최초의 전기 SUV를 선보인 것에서 희망이 보이긴 한다.[58]

리크루트는 신뢰 회복 과정에서 대단히 효과적인 두 가지 전략을 활용했다. 우선 리크루트는 제품과 서비스 차원에서 디지털이 미래가 될 것으로 내다봤다. 그들은 재빠르게 방향을 전환했다. 1995년 리크루트는 첫 번째 웹사이트인 믹스 주스[Mix Juice]를 선보였다.[59]

리크루트는 많은 고객을 잃지는 않았지만, 관리자들은 조직에 더 큰 문제가 있다는 사실을 깨달았다. 직원들의 사기가 떨어진 것이다. 리크루트 직원의 자녀들은 부모가 그 회사에 다닌다는 이유만으로 학교에서 어려움을 겪었다. 리크루트는 인재를 잡아두기 위해 대규모로 변화를 추진해야 했다.

일본 프로축구 리그 전 회장인 무라이 미쓰루村井満는 당시 리크루트 인사 책임자였다. 그는 다른 임원들과 마찬가지로 리크루트가 더 이상 평생고용을 보장할 수 없다는 사실을 인식했다. 평생고용은 일본 근로자가 대기업에 기대하는 중요한 약속이었다. 대신 그들은 전략을 바꿔서 리크루트를 떠나기 좋은 기업으로 만들기로 결심했다. 더 이상 직원들에게 평생고용을 보장할 수 없다면, 대신 다른 기업들이 선호하는 교육과 기술을 제공하겠다는 것이다. 무라이는 이렇게 설명했다. "우리는 평생고용을 보장하지 못하는 대신, 직원들의 평생고용 가능성을 높이는 데 주목했습니다."

리크루트는 이러한 전략 변화를 위해 기존의 조직 문화를 바탕으로 전반적인 정책을 수정했다. 하지만 그만한 노력을 들일 가치는 충분했다. 오늘날 리크루트 동문 네트워크에는 정치, 비즈니스, 언론 분야의 고위 인사는 물론 올림픽 메달리스트도 있다. 이 네트워크는 비공식적으로 '리크루트 마피아'라고 불린다. 사람들은 리크루트에 입사하기 위해서는 치열한 경쟁을 뚫어야 한다.

실제로 리크루트의 브랜드 및 개발 경력은 대단히 가치가 높다. 그들은 많은 이들이 바라는 3년짜리 고용 프로그램을 만들었다. 이 프로그램은 해당 경력이나 학력에서 인상적인 이력서를 갖추지 못한 이들이나 소외된 배경 출신처럼 전형적이지 않은 취업 후보자를 위해 만들어졌다. 그들은 계약한 3년 동안 개발 및 미래 고용 가능성과 관련해서 일반 직원과 동등한 혜택을 누리게 된다.

리크루트의 문화는 떠나기 좋은 기업이 되겠다는 전략을 실행하는 데 분명한 도움이 되었다. 리크루트는 가장 열정적인 직원이란 자신의 업무가 비즈니스 세상에 그리고 사회 전반에 영향을 미친다고 믿는 이들이라는 신념으로 설립되었다. 이러한 점에서 리크루트는 젊고 경력이 부족한 직원들에게 의식적으로 많은 기회를 제공하여, 부담되고 힘든 일을 처리하는 방법을 배우게 한다. 리크루트 직원들은 모든 임원에게서 공통적으로 "자신이 무슨 일을 해야 한다고 생각합니까?"라는 질문을 많이 들었다고 한다. 리크루트의 CEO 미네기시 마스미峰岸真澄는 그 당시 20대 중반이었는데, 그는 스캔들이 이러한 문화를 강화했다고 말했다. 직원들은 리크루트를 재건하기 위해 스스로 해결책을 창조했기 때문이다. 미네기시는 이렇게 설명했다.

> "스캔들은 우리를 보다 자율적인 존재로 만들었습니다. 관리자들은 기업의 생존이 그들 스스로 해결해야 할 문제라고 인식하게 되었습니다."[60]

### 문화와 가치: 변화를 기꺼이 받아들여라

'조직 문화'는 명확하게 정의하기 힘들고 이해하기 까다롭다. 그리고 기업의 모든 측면에 스며들어 있기 때문에 바꾸기 힘들다. 경영자는 변화가 일어나고 있다고 선언할 수 있지만, 여기에는 실행이 따라야 한다. 이를 위해서는 두 가지 요소가 요구된다. 그것은 수용과 일관성이다. 직원들이 변화를 수용하지 않을 때 변화는 일어나지 않거나 더디게 진행된다. 그리고 변화를 따르는 이들과 따르지 않는 이들이 섞여 있을 때 갈등이 불거지면서 새로운 문화 창조는 위기를 맞이한다. 더 나아가 경영진이 문화적 변화를 드러내는 행동에 일관적인 태도로 보상하거나 동기를 부여하지 않으면 변화는 일어나지 않는나.

2010년 일본 항공Japan Airlines, JAL이 파산을 발표했던 사건을 보자. 과거 최고의 항공사였던 JAL은 1980년대 말 민영화되었다.[61] 그리고 그 과정에서 과도한 지출을 했다. 세계 최대 규모의 항공기 선단을 확보했고, 산업 평균보다 30퍼센트 더 많은 인력을 고용했으며, 수익성 없는 여러 사업부를 그대로 유지했다.[62] 파산 이전에 JAL은 10년에 걸쳐 이미 정부에서 네 차례나 구제 금융을 받은 적이 있다.[63]

다른 한편으로, JAL의 기업 문화에도 문제가 있었다. 직원들은 파벌로 나뉘어 있었고, 아무도 문제에 책임지려고 하지 않았다. 정부는 JAL의 새 CEO로 이나모리 가즈오稲盛和夫를 임명했다. 이나모리는 수십억 달러 규모의 전자 및 반도체 기업인 교세라Kyocera를 설립한 인물이었다.[64] 하지만 항공 산업 분야의 경험은 없었다.

이나모리는 JAL의 기업 문화를 바꾸기 위해 리크루트와 비슷한 접근 방식을 택했다. 그는 직원들이 변화를 수용하도록 사내 복지에 집중했다. 그리고 직원들 스스로가 사회적 영향력이 있다고 믿는 것이 중요하다고 생각했다. 그는 직원들에게 JAL이 국가 경제에 중대한 영향력을 갖고 있다는 점을 강조했다. 그리고 기업 운영의 정상화가 모두의 고용안정에 필수적이며, 안정적인 항공 서비스를 제공하는 것이 직원들의 의무라고 주장했다.[65]

또한 그는 직원들의 발전을 중요하게 생각했다. 그는 〈월스트리트 저널〉과의 인터뷰에서 이렇게 말했다. "우리 철학의 기반에는 다음과 같은 생각이 자리 잡고 있습니다. '이 기업은 여러분의 것이다. 그리고 우리의 목표는 모두를 행복하게 만드는 일이다.' 다른 무엇보다 기업의 목표가 모두를 행복하게 만드는 일이라는 생각을 공유하는 것이 필요했습니다. 우리의 철학은 이러한 근본적인 생각 없이는 힘을 발휘하지 못할 겁니다."[66]

이나모리는 직원들을 위해 각 업무의 사회적 의미를 설명하고, 겸손과 도덕처럼 삶의 방식에 관한 불교 원칙이 담긴 책자를 펴냈다.[67] 그는 보수를 거부하고 임원들에게 리더십 훈련 프로그램을 받게 함으로써 JAL에 대한 열정을 드러냈다.[68]

이나모리는 책임을 회피하는 문화를 바꾸기 위해 교세라 시절에 개발했던 아메바 경영 시스템Amoeba Management System을 도입했다. 이 시스템 아래 각각의 사업부는 자율권을 갖고, 자체적인 목표를 세우며, 조직을 위한 계획을 수립한다. 동시에 각 사업부 책임자들은 월간 회의에서 지출과 수익 자료를 공유하고, 각각의 사업부가 JAL의 수익에 얼마나 기여하는지 확인한다.[69] 그러자 1년 만에 JAL은 다시 한 번 흑자로 돌아섰다. 또한 2012년에는 세계에서 가장 수익성 높은 항공사

로 우뚝 솟았다.[70]

## 구조와 정책 및 절차: 시스템을 혁신하라

리크루트는 '조직 구조'에 관심을 기울이고 직원들의 자기계발에 도움을 주는 '정책과 절차'에 주목했다. 그렇기 때문에 떠나기 좋은 기업으로 거듭날 수 있었다.

리크루트는 사택과 같은 일반적인 특전은 줄이는 대신, 직원들의 급여 수준을 높였다. 그리고 비즈니스 대학을 설립하여 전 세계 다양한 전문가를 강연자로 초청했다. 또한 새로운 가치 창조 보상 시스템New Value Creation Compensation System을 개발해서 혁신적인 활동에 기여한 직원들에게 보상을 지급했다. '행복한 퇴사happy exit'라는 프로그램에서는 30대부터 퇴사를 희망하는 직원들에게 일시금을 지급해서 그들의 다음 번 도전에 도움을 주었다. 또한 협력 프로그램fellowship program에서는 직원들이 그들만의 꿈을 추구하면서 파트타이머로 일할 수 있도록 허용했다.

리크루트는 지금까지 직원을 관리하는 창조적이고 실질적인 다양한 시스템을 유지하고 있다. 리크루트의 성과평가 시스템인 윌캔머스트Will-Can-Must는 직원의 목표를 분명하게 정의하여 이를 성취하도록 도움을 주겠다는 의도로 탄생했다. 이에 따르면 기업은 직원들에게 6개월마다 'Will'에 관한 질문(앞으로 3년 동안 무슨 일을 하기를 원하는가?), 'Can'에 관한 질문(자신의 강점과 약점은 무엇인가?), 'Must'에 관한 질문('Will'과 'Can' 사이의 간격을 좁히기 위해 무엇을 해야만 하는가?)을 던진다. 리크루트는 이러한 성과 시스템을 계약업체에도 똑같이 적용한다. 이를 통해 계약업체가 업무 목표에 집중하고 계약만료 시점에서 성공을 거둘 수 있도록 도와준다.

리크루트 관리자들은 그들의 부하직원들을 평가하기 위해 1년에 두 번 모인다. 그들은 자기 부하직원을 논평하는 능력뿐만 아니라 동료 관리자의 부하직원을 얼마나 파악하고 있는가를 바탕으로 평가받는다. 이러한 방식은 관리자들이 직속 부하직원뿐만이 아니라, 하위 직급에 있는 모든 직원을 파악할 수 있도록 도와준다. 덕분에 빠르게 혁신하는 리크루트는 필요할 때마다 조직 전반에 걸쳐 인재를 곧바로 승진시킬 수 있다.

스캔들이나 신뢰 위반에서 전반적인 전략과 문화를 바꾸지 않아도 되는 경우가 있다. 즉, 기업과 직원, 고객 사이에 새로운 관계를 형성하는 개별 정책과 절차의 수정만으로 충분할 때가 있다. 제트블루에서 데이비드 닐먼의 고객 권리장전은 그 좋은 사례다. 또 다른 사례로 에어비앤비Airbnb의 안전보장safety guarantee을 들 수 있다.

사람들이 낯선 이에게 자신의 집이나 아파트를 빌려주는 플랫폼인 에어비앤비는 2011년에 10억 달러 클럽에 가입했다. 그런데 당시 투자자들은 가장 큰 위험 중 하나로 안전을 꼽았다. 손님이 그 집을 함부로 부수면 어떻게 되겠는가?[71] 에어비앤비의 비즈니스 모형은 손님이 자신의 집에 조용히 머물 것이라는 사람들의 신뢰에 기반을 둔다. 그해 6월 말, 투자자들의 걱정은 사실로 드러났다. EJ라는 이름을 쓰는 한 블로거가 에어비앤비 손님으로 온 사람이 자신의 집을 완전히 망가뜨렸다는 글을 올린 것이다.

> "그들은 잠긴 옷장 문에 구멍을 뚫고는 여권과 현금, 신용카드,
> 그 안에 숨긴 할머니의 보석까지 찾아냈다. 게다가 카메라와 아
> 이팟, 오래된 노트북은 물론 사진과 여행 기록, 내 평생의 흔적으
> 로 가득한 외장 백업 드라이버까지 꺼냈다. 그들은 내 출생증명
> 서와 사회보장카드도 발견했다. 그리고 내가 손님용으로 친절하
> 게 비치한 프린터와 복사기로 그것을 복사했을 것이다. 그들은
> 모든 서랍을 뒤졌고, 내 신발을 신고 옷을 입어봤다. 그리고 그
> 옷들을 옷장 바닥에 처박힌, 곰팡이가 핀 젖은 수건 무더기에 던
> 져 놓았다."[72]

에어비앤비는 논란에 노련하게 대응하지 못했다. 처음에는 발생
한 손실에서 그들은 책임이 없으며, EJ에게 보상을 하지 않겠다고 답
했다. 그러나 이후 설립자 브라이언 체스키Brian Chesky는 〈테크크런치
TechCrunch〉 기자와의 인터뷰에서 EJ에게 경제적 지원을 줄 것이며, 그
녀가 새로운 집이나 다른 모든 것을 찾는 과정에서 도움을 주겠다고
했다.[73]

하지만 EJ는 다시 자신의 블로그를 통해 어떠한 약속된 보상이나
숙박 시설도 제공받지 못했다는 글을 올렸다. 에어비앤비 공동설립
자는 그에게 전화를 걸어 회사 이미지에 악영향을 주기 때문에 블로
그를 닫거나 접근을 제한하라고 요청했다.[74] 이후 에어비앤비는 EJ와

합의를 보는 것으로 마무리했다. 하지만 이 사건 때문에 안전과 관련하여 새로운 정책을 수립해야 한다는 요구가 대두되었다.[75] 실제로 에어비앤비는 새로운 정책을 내놨다. 이에 따르면 집주인은 최대 5만 달러까지 보상을 받을 수 있다. 그리고 보상액은 이듬해 100만 달러로 상향되었다.[76]

에어비앤비는 그 정책에서 멈추지 않았다. 그들은 또 다른 안전 시스템을 마련했다. 24시간 고객 서비스 라인을 개설하고 관련 직원의 규모를 확충했다. 또한 신뢰 및 안전 부서를 신설하는 것은 물론, 사용자 신원 인증을 더욱 철저히 하는 방안을 세웠다.[77] 이러한 움직임은 고객 보호와 신뢰 회복을 위한 에어비앤비의 노력을 체계화했고, 기업 가치를 높이는 데 기여했다.

### 외적 지배: 규제기관은 기업의 적이 아니다

'외적 지배'는 다른 기관이 마련한 법과 기준에 기업이 대처하는 방식과 관련이 있다. 이는 내적 지배와 더불어 기업과 이사회가 감시 및 통제시설을 구축하고, 협력을 통해 기업이 정상궤도를 벗어나지 않도록 만든다.

규제가 효과적으로 이뤄지는 산업 분야에서 이해관계자들은 기업에 무엇을 기대할 수 있고, 할 수 없는지 이해한다. 더 나아가 기업이 특정한 선을 넘으면, 그들의 이의 제기가 법적인 의미를 갖는다는 것을 알고 있다. 많은 기업은 규제기관을 그들의 힘을 제어하고 행보를 가로막는 적으로 바라본다. 하지만 그럴 때 기업은 신뢰를 구축할 소중한 기회를 놓치고 있는 셈이다.

역설적으로 보일 수 있지만, 기업은 외부기관의 감시를 적극적으로 허용함으로써 신뢰를 높일 수 있다. 심리학자 폴 슬로빅은 핵발전소와 관련된 위험을 조사하는 과정에서 핵발전소의 신뢰에 '실질적인' 영향을 미치는 한 가지 방법이 있다는 사실을 발견했다. 지역 주민과 환경운동가들에게 핵발전소를 감시하고 위급 시 가동을 중단할 권한을 가진 자문위원회를 설립하도록 허락했을 때, 핵발전소에 대한 신뢰는 크게 높아졌다. 실제로 신뢰 점수는 두 배가 되었다.[78] 그런데 '모두 좋고 훌륭하지만, 아무도 핵발전소를 완전히 믿지 않는다.'라는 생각이 들지도 모른다. 하지만 슬로빅의 연구와 동일한 결과를 보여주는 다른 분야의 증거가 있다.

두 과학자가 서로 아무런 연관이 없어 보이는 두 기업에서 외부 지배의 영향을 검토하는 연구를 추진한 사례다. 그 두 기업은 피아노 생산업체와 치킨 레스토랑이었다. 이 경우에서 과학자들은 똑같은 연구 결과를 발견했다. 외부 감사를 받기로 한 것은 신뢰에 영향을 주지 않았다. 하지만 문제가 발생했을 때 자발적으로 시설 중단에 동의한 것은 규제기관의 신뢰에 큰 영향을 미쳤다.[79]

특히 곤경에 처한 기업은 스스로 문을 걸어 잠그거나 감시자를 적으로 대하기보다, 규제기관과 협력하고 외부 감사 결과를 받아들이는 편이 더 낫다. 다카타가 테스트 결과를 숨기지 않고 규제기관과 협력했다면 어떠했을지 상상해보라. 그는 많은 목숨을 살리고, 리콜의 바람직한 사례로 교과서에 이름을 올렸을 것이다.

기업은 규제기관이나 대규모 시위와 같은 외부 압력 때문에 어쩔 수 없이 움직이는 것이 아니라, 숨기지 않고 잘못된 점을 바로잡기 위해 최선을 다하겠다는 의지를 보여주어야 한다. 이를 통해 기업은 신뢰할 만하다는 신호를 전달할 수 있다. 7장에서는 젊은 CEO인 사라 알수하이미Sarah Al-Suhaimi를 만나볼 것이다. 알수하이미는 사우디아라비아 최대 투자은행의 변화를 이끌어야 하는 과제에 직면했다. 여기서 한 가지 중요한 문제는 규제기관들이 다른 은행보다 그의 기업을 특히 더 주목하고 있었다는 사실이다. 이러한 상황에서 알수하이미는 숨기거나 물러서는 대신, 규제기관과 '협력'하기로 결심했다. 그녀는 구체적인 전환 계획과 일정표를 규제기관에 제시했고, 그들의 승인을 받았다.

## 신뢰는 언제든 다시 무너질 수 있다

이제 투명성에 관한 이야기를 해보자. 우리는 이 책을 쓰는 동안에 리크루트에서 만났던 한 사람에게서 이메일을 받았다. 리크루트는 다시 한 번 곤경에 처해 있었다. 리크루트의 채용 웹사이트 중 한 곳은 그들의 데이터를 38곳의 대기업에 팔았다. 그 대기업들은 구직자들이 고용 제안을 거절할 가능성을 파악하고, 사전에 대책을 마련할 수 있었다.[80] 하지만 이러한 데이터 판매는 구직자의 프라이버시를 침해한 일이다.

뿐만 아니라 기업이 채용 제안을 거부한 사람의 목록을 작성하는 데 리크루트가 일조함으로써 취업 기회의 폭을 좁히고 있다는 인상을 주었다. 이번 신뢰 위반은 원래 스캔들의 규모에 비할 바는 아니었다. 하지만 리크루트는 다시 한 번 장기적인 수정을 위해 자기성찰의 과정을 거쳐야 했다.

리크루트는 즉각 웹사이트를 따로 개설하여 사용자에게 이번 사건의 처리 상황을 알렸다. 또한 그들의 개인정보가 어떻게 사용되었는지 공개했다. 리크루트는 이러한 유형의 신뢰 위반이 그들의 혁신 문화와 관련 있다고 결론 내렸다. 그리고 조직 내에서 지속적으로 이뤄지고 있던 혁신 작업을 검토하는 새로운 프로세스를 마련했다. 여기에는 새로운 제품 및 서비스 개발을 위한 다단계 검토 절차 수립, 법적 위험을 검토하는 중앙집중식 조직 설립, 제품과 서비스 개발 단계에서 민감한 데이터를 신중하게 다루기 위한 직원 교육 강화, 데이터 사용의 광범위한 관점을 확보하기 위해 외부 인사로 구성된 자문위원회 설립 등이 있었다.

신뢰는 다시 얻을 수 있다. 하지만 신뢰 회복은 신중을 기하고, 끊임없이 노력해야 하는 힘든 과정의 결과물이다. 그 과정에서 기업이 직면하는 한 가지 까다로운 과제는 어떤 노력이 효과가 있고, 없는지 솔직한 자세로 검토하는 일이다. 신뢰를 잃었다고 해서 모든 것을 포기해야 하는 것은 아니다. 리크루트가 데이터 프라이버시 사건을 겪는 동안, 경영진은 직원이 주도하는 리크루트의 상향식 문화를 그대로 유지할지 논의했다. 리크루트에서는 개별 사업부가 스스로 의사결정을 내리는 자율권이 있었다.

하지만 그들은 결국 이 문화를 바꾸지 않기로 결정했다. 리크루트의 상향식 문화는 업무 공간으로서 기업의 다양한 역동성과 매력은 물론, 고객에게 이익을 가져다주는 새로운 아이디어를 뒷받침하고 있었기 때문이다. 대신에 리크루트는 조직이 새로운 제품 및 서비스 개발의 위험을 떠안았다. 그리고 혁신과 새로운 기술 발전을 위해 지원의 결과를 더욱 철저하게 감시하는 보다 강력한 지침을 마련하고 검토 기준을 강화했다.

리크루트 스토리는 희망과 경고의 메시지를 동시에 전하는 상징적인 사례다. 하지만 신뢰를 회복했다고 해서 기업이 위험에서 벗어났다는 의미는 아니다. 신뢰는 잃어버리기 쉽다. 그리고 다시 얻는 것은 가능하지만, 수년간의 고통스러운 여정이 뒤따라온다.

7장

# 신뢰의 리더십

**나는 성공을 꿈꾸지 않았다.
다만 성공을 위해 노력했을 뿐이다.**

— 에스티 로더<sup>Estée Lauder</sup>


## THE POWER OF TRUST

---

신뢰가 위에서 흘러내리는지 아니면 조직 전반에 걸쳐 솟구치는지는 리더에게 달렸다. 리더는 신뢰가 형성되거나 그렇지 못한 분위기를 만들어낼 힘을 갖고 있다. 리더가 신뢰를 얻는 방식은 조직의 방식과 흡사하다. 그것은 역량, 인식된 동기, 목표를 성취하기 위한 수단 그리고 그들의 행동이 미치는 영향에 기반을 둔다. 여기에 한 가지 추가적인 요소가 있다. 그것은 정당성<sup>legitimacy</sup>, 즉 리더가 정당하게 그 자리에 올랐다는 사람들의 인식이다.

사라 알수하이미가 NCB 캐피털<sup>NCB Capital</sup>의 새 CEO로 임명되었을 때, 그는 큰 도전과제에 직면했다. 그리고 그 해결책이 고객과 직원, 규제기관, 모기업으로부터 신뢰를 얻는 데 있다는 사실을 깨달았다.

NCB 캐피털은 투자은행이자 자산 기준으로 사우디아라비아 최대

은행인 NCB<sup>National Commercial Bank</sup>의 자산관리 계열사다. 2007년 NCB 캐피털이 문을 열었을 때, 그 출발은 순조로웠다. 수익률은 높았고 사우디 주식거래소의 기록적으로 높은 거래량이 큰 도움이 되었다. 그러나 2010년에 접어들면서 NCB 캐피털의 상승세는 여러 이유로 꺾이기 시작했다. 다른 은행들과 마찬가지로 시장의 변동성으로 어려움을 겪었다. 거래량이 감소하자 그에 따른 수수료 수입도 줄어들었다. 국제적인 제휴 노력이 성과를 거두지 못했고, 직원들의 사기도 꺾였다.

4년 동안 한 명의 CEO 그리고 다른 비전을 가진 또 한 명의 CEO가 NCB 캐피털을 거쳐 갔다. NCB 캐피털은 여러 핵심 자산관리 사업부를 소홀히 하면서 내부적으로도 어려움을 겪었다. 수익이 점점 줄어들면서 직원들이 떠나기 시작했다. 이후로 적자가 이어졌다. 조직을 바꾸기 위한 특별한 노력과 역량이 절실했다.

그리고 2014년, 알수하이미가 사우디아라비아의 투자은행을 이끄는 첫 여성으로서 NCB 캐피털에 합류했다. 게다가 당시 겨우 서른네 살이었다. NCB 캐피털 직원들을 처음 만났을 때, 알수하이미는 자신이 넘어야 할 수많은 장애물이 있다는 사실을 깨달았다. 우선 자신이 통제할 수 없는 개인적인 측면이 있었다. 그는 이렇게 말했다. "저는 여성입니다. 그리고 그들은 제가 누군지 모릅니다. 모두들 이렇게 생각했을 겁니다. '왜 당신이 우리의 상사인 거지?'"

알수하이미가 목격한 NCB 캐피털은 서로 정보를 공유하지 않는 수직적인 조직이었다. 직원들 모두 고개를 숙이고 자신의 일만 했다. 자신이 전체 조직에 얼마나 기여하는지에 대한 이해는 없었다. 게다가 경영진은 제 역할을 하지 못했다. 그중 절반은 이미 회사를 떠난 상태였다. 이러한 이직률은 조직 전반에서도 똑같이 나타나고 있었다. 업무 환경은 직원에 대한 고압적인 대우와 무시로 점철된 대단히 열악한 상태였다. 심지어 NCB 캐피털의 한 지사에서 근무하는 직원들은 몇 년 동안 경영진의 얼굴 한번 보지 못했다.

NCB 캐피털은 여전히 400억 리얄(약 107억 달러)이 넘는 자산을 관리하는 사우디아라비아 최대 자산관리사였다. 그럼에도 규제기관이 정기 감사를 끝냈을 때, 당시로서는 최대 규모에 해당하는 벌금을 얻어맞았다. 다른 한편으로 모기업인 NCB와의 관계도 껄끄러웠다. NCB의 주요 고객들이 당시 부진한 성과를 기록하던 NCB 캐피털의 펀드와 프로젝트에 투자하고 있었기 때문이다.

NCB 캐피털을 전환할 기회를 잡기 위해 알수하이미는 점점 경쟁이 치열해지는 상황에서 NCB 캐피털의 고유 가치를 고객에게 어필해야 했다. 그리고 조직을 재정비할 충분한 시간적 여유를 마련하기 위해 규제기관을 설득해야 했다. 또한 NCB 캐피털에 대한 모기업의 신뢰를 되찾아야 했다. 마지막으로 NCB 캐피털 직원들의 신뢰를 얻고, 목표를 달성하도록 새로운 인재를 끌어들여야 했다.

이 장에서는 리더가 어떻게 내부적으로, 즉 경영진과 관리자, 직원에게 신뢰를 이끌어낼 수 있는지 들여다본다. 그리고 광범위한 차원에서 이사회와 고객, 투자자, 규제기관 및 정부관료, 대중으로부터 신뢰를 이끌어내는 방법도 살펴본다.

# 리더는 어떻게 신뢰를 얻는가

마키아벨리는 이미 500년 전에 지도자가 따라야 할 공적 도덕성이 개인의 사적 도덕성과는 달라야 한다고 주장했다. 지도자에게는 개인과는 다른 책임과 권력이 있기 때문이다.

리더는 다른 사람이 갖지 못한 힘이 있다. 그들은 기업이 어떤 제품이나 서비스를 내놓을지, 얼마나 많은 직원을 고용할지, 어떤 유형의 일자리를 마련할지, 어떤 공급업체와 계약을 맺을지, 법률과 규제를 어떻게 해석할지에 이르기까지 수많은 결정을 내려야 한다. 이 말은 리더가 더 큰 선을 보존하기 위해 피해를 감내하는 까다로운 의사결정도 내려야 한다는 뜻이다. 한 임원은 내게 이런 말을 한 적이 있다. "공정한 의사결정은 쉽습니다. 제가 해야 할 일은 까다로운 결정을 내리는 것입니다."

이처럼 리더에게는 의사결정을 내려야 할 책임이 있기 때문에, 기업과는 다른 방식으로 신뢰를 얻는다. 우선 직원들은 리더가 그 자리에 정당하게 올랐는지 알고 싶어 한다. 리더는 개인의 경력과 삶에 영향을 미칠 의사결정을 내리는 힘을 갖고 있다. 따라서 직원들은 리더가 그러한 힘을 잘 활용하는지 확인하고 싶어 한다. 그들은 리더가 공감과 공정성을 기반으로 까다로운 의사결정을 잘 내려주길 기대한다.

## 신뢰를 얻는 과정

미국 철학자 존 롤스는 신뢰를 얻는 과정을 두 단계로 구분했다. 첫 번째 단계는 '기원적 동의originating consent'다. 리더는 자신의 지위를 정당하게 차지함으로써 구성원의 신뢰를 처음으로 얻는다.[1] 두 번째 단계는 '합류적 동의joining consent'다.[2] 이 개념은 구성원들이 리더를 계속 신뢰할지 지속적으로 평가한다는 의미다.

신뢰의 첫 단계인 기원적 동의에서 구성원들은 리더가 공정하고 올바른 절차로 자리에 올랐는지 확인하고 싶어 한다. 리더는 어떻게 지금의 자리에 올랐으며, 그에 따른 권력을 갖게 되었는가? 민주주의 사회에서 우리는 선거에서 이긴 후보자가 시장이나 주지사 혹은 대통령의 자리를 맡도록 허용함으로써 선거 결과를 인정한다. 기업의 경우에는 그 절차가 뚜렷하게 드러나지 않는다. 이사회가 CEO를 임명하고, 직원들은 그가 조직을 이끌도록 허락한다.

그러나 신뢰를 얻는 과정은 기원적 동의로 끝나지 않는다. 신뢰는 리더가 처음으로 권력을 획득했을 때 얻어지는 것이 아니다. 구성원은 합류적 동의를 통해 계속해서 평가한다. 다시 말해, 리더는 계속 신뢰를 구해야 한다.

리더는 합류적 동의의 단계에서 많은 어려움을 겪는다. 처음에 구성원의 신뢰를 얻었던 바로 그 자질이 권력을 얻은 이후에 쉽게 변질될 수 있기 때문이다. 캘리포니아대학 버클리캠퍼스에서 사회적 상호작용 연구소를 이끌고 있는 심리학 교수 대커 켈트너Dacher Keltner는 수십 년에 걸쳐 권력의 본질을 연구했다. 그는 권력을 이렇게 정의한다. "자원을 제공하거나 통제함으로써 … 혹은 처벌을 관장함으로써 다른 사람의 상황이나 정신 상태를 제어할 수 있는 능력이다."[3] 그는

《선한 권력의 탄생The Power Paradox》(원제: 권력의 역설)이라는 저서에서 자신의 연구와 함께 다른 앞서가는 학자들의 연구를 소개한다.

권력은 일종의 역설이다. 어떤 사람이 권력의 자리에 올라서도록 만든 그 행동이, 권력을 잡은 후에는 사람들의 기대와 '정반대'되는 행동으로 쉽게 변질되기 때문이다. 예를 들어, 어떤 사람이 다른 이의 말에 귀를 기울이는 능력으로 리더의 자리에 올랐다고 하자. 그러나 일단 권력을 얻고 나자 반대 의견을 내는 목소리를 무시하거나 억압하기까지 한다. 그 이유는 권력의 자리가 자기 자신을 바라보는 방식, 그리고 다른 사람이 그를 바라보는 방식 모두에 영향을 미치기 때문이다.

다음으로 역설의 후반부 내용은 생소한 게 아니다. 이런 말을 들어본 적이 있을 것이다. "권력은 부패하는 경향이 있으며, 절대 권력은 절대 부패한다." 이는 영국 사학자 액턴 경John Emerich Edward Dalberg-Acton 이 남긴 유명한 말이다.

먼저 역설의 전반부, 즉 신뢰를 얻어 권력의 자리에 오르게 만드는 행동부터 알아보자. 켈트너에 따르면, 권력과 신뢰를 얻고 유지하는 여정의 출발점은 타인을 위한 이타적인 행동이다. 집단은 리더를 만들어낸다.[4] 집단은 "더 큰 선을 추구하고, 영향력을 뒷받침하는 평판을 구축하고, 더 큰 선에 기여한 이들에게 지위와 존경으로 보상하고, 더 큰 선을 폄하한 이들을 처벌하는 사람에게 권력을 준다."[5] 켈트너가 말하는 리더는 공감을 드러내고, 다른 이에게 도움을 베풀고, 감사함을 표현하는 인물이다.[6]

7장

20년 전 켈트너는 몇몇 동료와 함께 수행한 연구에서 리더에 관한 개념을 발견했다. 그는 왜 누군가는 집단 내에서 권력의 자리에 오르는 반면, 다른 이는 그렇지 못한지 알아보았다. 그는 이를 위해 자연 상태의 실험을 설계했다. 즉, 실험실이 아니라 일상적인 장소에서 피실험자를 만나는 실험을 설계했다. 그는 위스콘신대학 매디슨캠퍼스의 1학년 기숙사에서 함께 생활하는 학생들을 연구하기 위해 승인을 받았고[7] 그해 초반에 켈트너는 이들 학생을 만나 기숙사 동료들의 영향력을 평가하게 했다.

또한 설문조사를 실시해서 친절함, 적극성(다른 사람에게 다가서려는 성향), 공동 목표에 대한 집중, 차분함, 개방성(다른 사람의 생각과 감정에 열려 있는 태도)이라고 하는 다섯 가지 사회적 성향을 기준으로 자신의 성격을 평가하도록 했다.[8] 그리고 그해 중반과 마지막에 다시 기숙사로 돌아와 학생들에게 동료들의 영향력을 평가해달라고 요청했다.

켈트너는 학생들 개개인이 받은 점수를 합산했다. 그해가 시작되고 2주일이 흐른 시점에 이미 일부 학생이 다른 학생보다 더 많은 영향력을 가진다고 평가받았다. 또한 학생들의 영향력은 한 해가 지나는 동안 등락을 거쳤다. 여기서 중요한 질문은 권력의 자리에 오른 학생들에 관한 것이었다. 그는 다음과 같은 사실을 발견했다.

"내 실험에서 어느 기숙사 학생이 대학에 입학한 첫 주에 권력의 자리에 오를지, 그리고 누가 한 해 동안 그 자리에 머무를지 예측해주는 가장 강력한 요인은 적극성이었다. 다섯 가지 주요 요인

중 다른 것들, 즉 친절함, 집중, 차분함, 개방성 역시 학생들의 권
력에 밀접한 관계가 있었다."[9]

    과학자들은 똑같은 실험을 70명의 다른 학생에게 실시했다. 그리고
권력의 자리에 오른 학생은 중요한 다섯 가지 특질을 모두 갖추고 있
다는 사실을 확인했다. 또한 병원과 금융회사, 공장, 학교, 군대 등 다
양한 환경에서도 실험이 이루어졌다. 과학자들은 승진한 사람, 유능
한 리더로 보이는 사람, 장교의 지위에 오른 사람에게서 다섯 가지 특
질을 발견했다.[10] 이러한 연구 결과는 권력을 얻고자 한다면 다른 사
람을 중요하게 여기고, 더 큰 선에 관심을 기울이고, 집단의 성공에 기
여하는 존재가 되어야 한다는 사실을 분명하게 말해준다.

    하지만 켈트너 책의 제목이 '권력의 역설'인 이유가 있다. 누군가를
권력의 자리로 올려준 특질은 권력을 잡은 순간 쉽게 사라진다. 켈트
너는 그 이유를 권력 행사가 개인에게 미치는 신경학적·심리학적 영
향을 기반으로 설명한다.

    켈트너는 권력을 '도파민 하이dopamine high'라고 부른다.[11] 도파민은
쾌감을 느끼게 하는 신경전달 물질로, 우리가 보상을 기대할 때 두뇌
에서 분비된다.[12] 켈트너는 우리가 힘을 갖고 있다고 느낄 때 흥분감
과 긍정적인 감정이 높아지며, 이는 더 많은 행동으로 이어진다는 사
실을 발견했다. 또한 권력은 이런 행동에 따른 보상을 더 많이 인식하
도록 만든다. 하지만 동시에 권력의 획득과 도파민 하이는 자기 행동
의 위험성을 잘 모르게 만든다.

타인에 대한 관심에서 자신에 대한 관심으로의 전환은 컬럼비아 비즈니스 스쿨Columbia Business School의 리더십 및 윤리학 교수인 애덤 갈린스키Adam Galinsky의 연구과제였다. 갈린스키는 동료들과 함께 권력이 개인에게 미치는 최악의 영향, 즉 공감 능력을 가로막는 방식을 잘 보여주는 간단한 실험을 수행했다.[13] 공감 능력, 다시 말해 타인의 관점에서 바라보는 능력의 핵심은 다른 사람의 입장에 서 보는 것이다. 이는 다른 사람이 세상을 경험하는 방식을 이해하고, 느끼고, 상상할 줄 안다는 뜻이다.

## 높은 권력과 낮은 권력

그런데 권력은 우리가 다른 사람의 관점을 이해하는 능력을 떨어지게 만든다. 갈린스키는 학부생 57명을 대상으로 한 실험에서 이들을 '높은 권력high-power'과 '낮은 권력low-power'으로 구분했다. 높은 권력에 속한 학생들에게는 권력의 자리에 올랐던 개인적인 경험을 쓰게 했다. 그리고 낮은 권력에 속한 학생들에게는 자신이 다른 사람의 권력 아래에 있었던 경험을 쓰게 했다.[14]

다음으로 학생들을 따로 분리된 방으로 이동시키고 일련의 과제를 할당했다. 높은 권력 그룹에게는 7장의 복권을 자신과 다른 학생들에게 나눠주게 했다. 반면 낮은 권력 그룹에게는 다른 학생이 자신에게 7장의 복권 중 몇 장을 줄 것인지 예측하게 했다. 그리고 모든 학생에게 '첫째, 자주 쓰는 손으로 최대한 빨리 손가락을 부딪쳐 다섯 번 소리를 내라. 둘째, 자주 쓰는 손으로 최대한 빨리 제공된 마커를 가지고 이마에 대문자 E를 써라.'[15] 같은 과제를 주었다.

그러자 놀라운 일이 일어났다. 높은 권력 그룹은 자신의 시선에서 바라보듯이 E를 썼다. 이 말은 상대방의 시선에서는 E가 거꾸로 보인다는 뜻이다. 그리고 낮은 권력 그룹은 '그것을 바라보는' 상대방이 쉽게 읽을 수 있도록 E를 썼다. 다시 말해, 낮은 권력 학생들은 상대방의 관점을 염두에 두고 글씨를 썼던 반면, 높은 권력 학생들은 자신의 관점에서 썼다.

여기서 갈린스키가 사용했던 실험 절차는 '프라이밍priming'이라고 불린다. 이는 사람들에게 개인적인 경험에 관한 글쓰기 같은 과제를 줌으로써 자신을 특정한 방식으로 생각하게 만드는 검증된 연구 기술이다.[16] 스스로를 높은 권력을 가진 사람으로 생각하도록 프라이밍될 때, 우리는 세상을 자신의 관점에서 바라본다.

우버의 트래비스 캘러닉과 BP의 토니 헤이워드 같은 CEO들은 권력으로 장식된 자기애, 낮은 공감 능력, 타인의 피해에 무관심한 태도에서 리더십은 어떠한 모습으로 나타나는지를 잘 보여준다.

조직 내에서 혹은 개인적인 삶에서 어떤 단계에 있는 리더는 자신을 기다리고 있는 내적인 싸움에 대비해야 한다. 한편에는 다른 사람과 집단의 선에 대한 추구가 있다. 즉, 권력과 존경을 얻게 해주는 행동나이 믿음에 초점을 맞춘다. 다른 한편으로, 리더의 자리는 자신에게 집중하게 만든다. 또한 자신의 이익에 기여하는 사람이나 집단을 제외한, 타인을 이해하고 관심을 기울이는 능력을 잃어버리게 만든다.

# 리더는 '정당성'을 가져야 한다

리더는 '정당한' 과정을 거침으로써 정당성, 즉 조직을 이끌 권리와 지위 그리고 그에 따른 힘을 얻는다. 어떤 군주는 나라를 이끌 가장 유능하거나 도덕적인 인물이 아닐 수 있다. 그럼에도 그는 상속이 권력 이양의 정당한 과정이라는 사실을 사람들이 인정하기 때문에 지위를 얻는다.

대통령 선거는 정당성에서 신뢰가 어떻게 움직이는지를 보여주는 좋은 사례다. 선거 결과에 따라 많은 사람이 새 대통령이 무능하거나 비도덕적이라고 믿을 것이다. 그럼에도 반대하는 사람들이 당선자 개인은 받아들이지 않을지언정 선거 과정은 인정하기 때문에 새 대통령은 권좌에 오를 수 있다. 민주당 후보인 버락 오바마가 재선에 성공했던 2012년 미국 대선에서, 선거 과정에 대한 공화당 지지자들의 신뢰도는 52퍼센트였다. 그러나 공화당 후보인 도널드 트럼프가 당선된 2016년 대선에서 그 수치는 71퍼센트로 뛰었다.

반면 선거 과정에 대한 민주당 지지자의 신뢰도는 2012년 76퍼센트에서 2016년에 66퍼센트로 떨어졌다.[17] 그럼에도 우리는 여전히 정당한 과정, 즉 민주적인 선거 규칙에 따라 당선된 대통령이 정당성을 갖고 있다고 믿는다. 마찬가지로 두 자리를 동시에 역임했던 NCB와 NCB 캐피털의 회장은 사라 알수하이미를 CEO로 임명할 정당한 위치에 있었다. 그리고 그 투자은행의 신중한 직원들은 그가 적어도 새로운 CEO로서 정당성을 갖고 있다고 인정했다.

이 책에서 우리가 정치적 맥락에서 정당성을 기본 사례로 활용하는 이유가 있다. 정당성의 개념은 원래 정치철학에서 비롯되었다. 정치 철학 분야에서는 무엇이 정치적 권력을 정당화하는지를 놓고 오랫동안 논쟁을 이어왔다. 이러한 차원에서 영국 철학자 파비엔 피터<sup>Fabienne Peter</sup>는 권력을 이렇게 정의했다. "권력은 통치할 권리, 즉 명령을 내리고 강압적인 힘을 동원하여 그 명령을 강제할 수 있는 권리다."[18]

서구 사회는 17세기에 이르기까지 국가를 통치할 권리가 자연법 혹은 신성한 권위에 기반을 두고 있다고 믿었다.[19] 가령 당신이 왕이나 여왕이라면, 당신의 권한은 신의 역할을 대신하는 것에서 나온다. 16세기에 영국의 헨리 8세는 앤 불린과 결혼하기 위해 가톨릭교회에 이혼을 허락해달라고 요구했는데 가톨릭교회가 이를 거부하자, 그는 가톨릭교회를 버리고 영국 성공회를 세웠다. 헨리 8세는 교황이 '로마의 주교'일 뿐인 가톨릭교회보다 자신과 신성함의 관계가 더 우월하다고 주장하면서 스스로를 옹호했다.[20] 교회는 헨리 8세를 파문했지만, 그는 여전히 왕의 자리를 지켰다.

17세기에 들어서 영국 철학자 토머스 홉스<sup>Thomas Hobbes</sup>와 네덜란드 철학자 휘호 흐로티위스<sup>Hugo Grotius</sup>는 왕의 권한이 신의 의지에서 비롯된다는 전통적인 생각에 반기를 들었다. 그들은 권한이 '동의'에서 정당화되고 적법화된다는 근대적인 사고방식을 제시했다.[21] 영국 철학자 존 로크<sup>John Locke</sup> 역시 이렇게 말했다. "어느 누구도 자신의 동의 없이 다른 이의 정치적 권력에 복속되지 않는다."[22]

정당성은 곧 리더가 권력을 획득하기 위해 거친 과정을 의미한다.

여기서 더 중요한 것은 사람들이 그 결과를 지지하는가이다. 정당성은 리더가 권력과 신뢰를 획득하는 첫 번째 단계다. 그러나 사람들은 리더의 역량, 동기, 수단, 영향을 판단하여 그의 권력에 동의한다.

# 역량: 얼마나 유능한가

역량은 리더가 신뢰를 얻고 유지하기 위해 가장 공통적으로 요구되는 요소다. 우리는 리더와 그들의 전문 분야에서 기반이 되는 것은 기술적인 역량이라고 생각한다. 또한 관리적인 역량도 마찬가지로 중요하다. 이는 내적·외적 관계를 조율함으로써 조직의 목표를 달성하고 변화하는 환경에 적응하는 능력을 말한다. 리더의 역량은 제품과 서비스를 생산할 비전을 세울 뿐만 아니라, 관계를 조율하여 그것을 성공하게 만드는 능력이다.

### 실력으로 한계를 뛰어넘다

사라 알수하이미는 NCB 캐피털에서 처음에 기술적인 역량으로 신뢰를 얻었다. 자산관리사로서 그의 오랜 경력은 탁월했다. 그는 CEO라는 새로운 역할에서 그 역량을 그대로 발휘했다. 이제 알수하이미의 삶 속에 몇 걸음 더 들어가, 그가 어떻게 남성 지배적인 산업에서 독보적인 스타가 됐는지 살펴보자.

알수하이미는 언제나 비즈니스 세상을 꿈꿨고, 이를 위해 대학에서 회계학을 전공했다. 그는 시티뱅크와 제휴를 맺고 있던 사우디 아메리칸 뱅크('삼바금융그룹<sup>Samba Financial Group</sup>' 혹은 '삼바 뱅크<sup>Samba Bank</sup>')에서 경력을 시작했다. 당시만 해도 알수하이미와 같은 사우디아라비아 여성 대부분은 집 밖에서 일하지 않았다. 특히 금융 분야는 더욱 드물었다. 그는 투자관리 사업부로 들어갔지만, 따로 분리된 층에 있는 사무실에 배치되었다. 투자관리 사업부 층에는 어떤 여성도 들어갈 수 없었기 때문이다.

알수하이미의 아버지는 사우디 중앙은행의 부행장이었으며, 사우디 자본시장국<sup>Saudi Capital Market Authority</sup>(현재 NCB 캐피털의 규제기관)이 설립되기 이전에 사우디아라비아의 투자은행을 규제하는 주요 책임자였다. 이러한 관계는 알수하이미가 자신의 능력을 입증하기 위해 더 힘들게 노력해야 한다는 사실을 의미했다. "한동안 제게 아무 일도 주지 않더군요. 나중에 안 사실이지만, 사람들은 저를 결혼하기 전까지 시간이나 때우러 온 부행장의 버릇없는 딸 정도로 생각하고 있었어요. 그래서 아무도 저를 진지하게 대하지 않았죠."

당시 삼바 뱅크에는 교육센터가 있었는데, 알수하이미는 그 교육 프로그램에 신청했다. 거기서 그는 뛰어난 성적으로 동료들의 인정을 받았다. 교육 프로그램을 이수한 후, 그는 자산관리부로 들어갔다. 2003년까지 사우디아라비아의 자산관리 업무는 인터넷으로 이뤄지지 않았다. 사람들은 모두 수기식 세상에서 일했다. 오직 프린트 형태로만 활용할 수 있는 금융 데이터를 엑셀 스프레드시트에 일일이 집어넣는 방식으로 투자 자본에 관한 정보를 얻었다.

알수하이미는 아무도 원치 않는 업무에 적극적으로 자원해서 할 수 있는 모든 일을 배웠다. 준법 감시에서 위험 보고서 작성에 이르기까지 5년 동안 자산관리 업무 중에서 그가 손대지 않은 일은 없었다.[23] 더 나아가 그는 삼바의 고객 자산관리 시스템을 수기에서 보다 유연하고, 정확하고, 자동화된 방식으로 바꾸는 프로젝트를 이끌었다. 그 은행으로서는 처음 있는 일이었다. 그는 조사분석가에서 시작해서 보조 포트폴리오 매니저를 거쳐 선임 포트폴리오 매니저로 승진했다.

그 당시 알수하이미의 상사는 자산가를 대상으로 하는 중간 규모의 투자은행인 자드와 인베스트먼트<sup>Jadwa Investment</sup>를 설립하기 위해 조직을 떠났다. 그리고 알수하이미에게 새로운 기업에서 자신과 함께하자고 제안했고 알수하이미는 그 제안을 받아들였다. 그는 자드와의 유일한 여성 직원으로서 투자자산관리 업무를 맡았다. 알수하이미의 성과는 뛰어났고, 이후 매출과 자산관리를 모두 책임지는 최고투자책임자로 승진했다. 그는 또한 사모펀드 투자에 관한 의사결정을 내리는 위원회의 일원이었다. 거기서 그는 자드와의 자금을 관리하는 투자위원회에 있었던 NCB 캐피털 회장에게 강한 인상을 남겼다. 그녀의 능력을 높이 평가한 회장은 그에게 NCB 캐피털의 CEO 자리를 제안했다.

알수하이미가 NCB 캐피털에 들어왔을 무렵, 지금은 투자금융 비즈니스를 이끌고 있는 와심 알카팁<sup>Wassim Al-Khatib</sup>은 중간관리자로 있었다. 그는 2006년부터 NCB 캐피털에 있었으며 떠날 마음이 없었다. 하지만 이번에 새로 부임한 리더가 기업을 바꿔놓지 못한다면 NCB 캐피털에서 자신의 미래가 없을 것이라고 생각했다. 그는 알수하이미의 경력을 조사했고 그 결과에 안도했다. 그는 조직에 계속 남아 있기로 결정했다. "저의 비즈니스 인맥으로 그에 대해 알아봤을 때 좋은 이야기를 많이 들었습니다. 그가 오랫동안 일했던 곳은 자산가를 대상으로 하는 투자은행이었지만, 자산관리와 사모펀드 및 투자금융 시장에서 주요한 기업이었습니다. 저는 누군가 와서 우리 비즈니스에 깊은 관심을 기울여주길 바랐습니다."[24]

2014년 NCB 캐피털에 들어왔을 때 그는 새로운 전략을 제시함으로써 역량에 대한 평판을 쌓았다. 그가 세운 새로운 전략의 핵심은 불안정한 매출 흐름에서 벗어나는 것이었다. 이는 NCB 캐피털의 지속적인 성장을 가로막고 있었다. 불안정한 매출의 주요 원천은 고객들이 주식이나 채권을 사고팔면서 NCB 캐피털에 거래 수수료를 지불하는 중개 비즈니스였다. 주식과 채권 가격이 상승할 때 투자자는 더 자주 거래했고, NCB 캐피털의 중개 비즈니스 매출은 치솟았다. 반면 주식과 채권 시장이 좋지 않을 때 사람들이 거래를 중단하면 수수료 매출도 크게 줄었다.

알수하이미는 그의 팀과 함께 거래 수수료와 불안정한 매출에 대한 기업의 의존도를 낮추는 새로운 전략을 수립했다. 가장 먼저, NCB 캐피털의 자산관리 비즈니스를 통해 보다 안정적인 매출 기반을 창출했다. 뮤추얼 펀드와 같은 자산관리 상품이나 사모펀드 혹은 그들이 개발한 다양한 투자 패키지 상품을 팔 때, NCB 캐피털은 고객이 상품에 투자하는 동안 계속 수수료를 받을 수 있었다. 이러한 수수료는 안정적인 매출의 원천이었다. 그 가치는 펀드 가치가 변동하거나 고객이 돈을 불입 혹은 인출할 때만 달라졌다.

다음은 조직을 효율적으로 운영함으로써 장기적인 차원에서 비용을 절약하는 전략이었다. 오늘날 NCB 캐피털은 안정된 매출 원천을 확보하고 비용을 크게 낮췄기 때문에 불경기에도 50퍼센트의 순수익률을 목표로 삼고 있다. 전 세계적으로 투자은행의 순수익률이 15퍼센트 정도인 것을 감안할 때, 이는 아주 야심 찬 목표다.[25]

동시에 NCB 캐피털은 성장을 위해 모기업과 관계를 지속적으로 강화하면서 새로운 고객 기반을 발견했다. 그들은 기관 투자자에 대한 접근을 또 다른 전략으로 삼았다. 더 나아가 알수하이미는 현재 자산관리 상품의 체계적인 검토를 시작했고, 구체적인 작업을 위해 상품을 소유한 사람들을 직접 만났다. 그리고 2년에 걸쳐 실적이 미비한 상품을 모두 중단했으며 그렇게 상품 포트폴리오를 정리하고 나서야 알수하이미는 새로운 투자 상품 개발을 허용했다.

사람들의 신뢰를 얻기 위해 알수하이미가 가장 먼저 한 일은 자신에게 비즈니스를 안정시킬 방안이 있음을 입증하는 것이었다. 이를 위해서는 탁월한 성과 기록 그리고 NCB 캐피털에서 그러한 기록을 수익성으로 전환시킬 신속한 행동이 필요했다.

물론 기술적 역량은 중요하지만 리더가 신뢰를 구축하기에는 충분치 않다. 이와 더불어 관리적 역량, 특히 관계를 노련하게 조율하는 역량 역시 똑같이 중요하다.

공식 취임하기 2주 전에 알수하이미는 NCB 캐피털의 핵심 인사들을 만나기 시작했다. 거기에는 그의 경력을 조사했던 알카팁도 포함되어 있었다. 그가 근무하던 사무실은 사우디아라비아 수도인 리야드 외곽에 있었지만, 알카팁은 그의 초대를 받고서 즉각 비행기를 타고 날아왔다. 알수하이미를 한 번도 직접 만난 적이 없던 알카팁은 그가 어떤 사람인지 전혀 알지 못했다.

> "걸어 들어가고 있는데 누군가와 이야기를 나누는 여성의 뒷모습이 보였습니다. 그는 제가 걸어오는 소리를 듣고서 뒤돌아보고는 곧바로 자신을 소개했습니다. 저를 자신의 사무실로 안내했고, 우리는 거기서 이야기를 나눴습니다. 저는 사우디아라비아의 골드만 삭스와 같은 기업의 CEO와 편하게 앉아 커피를 마시며 대화했습니다. 그때 저는 그의 겸손한 태도에서 강한 인상을 받았습니다."[26]

두 사람은 개인적인 삶과 배경, 경력, 경험에 관해 이야기를 나눴고 알수하이미는 알카팁에게 NCB 캐피털 투자금융 사업부 역사에 자신도 함께하게 해달라고 부탁했다. 알카팁이 자신의 이야기를 마무리 지을 때 그는 이렇게 말했다. "선택지 중 하나는 투자금융 사업부를 전면 중단하는 겁니다. 그것에 대해서는 어떻게 생각해요?" 알카팁은 곧바로 투자금융 사업부의 잠재력을 피력했고, 그의 동의에 만족했다. 그는 이렇게 말했다. "제 의견을 물어봐준 것에 고마움을 느꼈습니다. 친해질 수 있을 뿐만 아니라 함께 일할 수 있는 사람이라는 느낌이 들더군요."[27]

알수하이미는 이와 비슷한 회의를 모든 직원과 함께 가졌다. 그리고 자신의 첫 번째 과제가 은행의 전환을 이끌어갈 리더십 팀을 꾸리는 일이라는 사실을 깨달았다. 그는 이 과제를 "사는 동안 집의 형태를 크게 바꾸려는 노력"이라고 불렀다.[28]

그는 특히 조직에 활기를 불어넣기 위해 기회가 있을 때마다 새로운 직원을 채용하고 기존 직원을 승진시켰다. 나이프 알메스네드[Naif Al Mesned]는 알수하이미와의 채용 면접을 이렇게 설명했다.

> "저는 내부 감사팀장으로 면접을 봤지만, 비즈니스 쪽으로 옮겨갈 기회도 염두에 두고 있었죠. 면접이 끝나갈 무렵 그가 이렇게 말하더군요. '내부 감사팀장으로서 자격도 충분하지만, 비즈니스 쪽에 좀 더 어울릴 것 같군요.' 이런 생각이 들더군요. 와우, 어떻게 그걸 알아봤을까! 그는 저를 위기관리팀장으로 임명했습니다. 상품과 투자의 위험성을 평가하는 일을 책임진다는 점에서 그 자리는 일선 비즈니스와 훨씬 더 가까웠죠."[29]

4년 후, 알메스네드는 자산관리 사업부를 책임지게 되었다. 알수하이미는 한 달 만에 알메스네드처럼 젊고 열정적인 인재로 새로운 팀을 꾸렸다. 알메스네드는 이렇게 말했다. "우리 모두에게 기회가 주어졌습니다. 첫해 동안 저는 일주일에 네 밤을 다른 도시에서 보내야 했죠. 저는 즐겁게 그 일을 했습니다. 우리 모두는 그가 올바른 선택을 했다는 사실을 입증하기 위해 최선을 다했습니다."[30]

그의 다음 도전과제는 조직에 환멸을 느끼고 좌절한 직원들과 관계를 새롭게 형성하는 일이었다. 한 임원은 말했다. "알수하이미가 들어왔을 무렵 부서들 사이에 많은 갈등이 있었고, 열정은 찾아보기 힘들었습니다. 직원들은 사무실에서 혼자 스마트폰만 가지고 놀았죠. 모두들 막다른 골목에 있다고 느꼈을 겁니다. 성취를 갈망하는 비즈니스 환경이 절대 아니었죠."[31]

알수하이미는 조직 전반에 걸쳐 대규모 회의 시간을 마련하고, 직원들이 그들의 업무를 새롭게 바라보게 만들었다. 또한 의사소통과 아이디어 공유를 질식시킨 엄격한 수직체계의 오랜 정체 상황을 해결하고자 했다. 이를 위해 모든 지사를 직접 방문해서 자신을 소개하고, NCB 캐피털의 새로운 비전과 야심 찬 계획을 설명했다. 그는 2015년에 있었던 한 전체 회의의 분위기에 대해 이렇게 말했다. "내년까지 자산관리 규모를 두 배로 늘릴 생각이라고 말했습니다. 모두 저를 미친 사람처럼 바라보더군요. 저는 직원들에게 나를 믿어달라고, 그리고 상품 개발에 집중해달라고 말했습니다."[32]

그가 농담을 하고 있다고 생각한 사람은 직원들만이 아니었다. 새로운 자산관리팀장인 알메스네드는 재무 목표와 관련해서 알수하이미와 함께했던 첫 회의를 이렇게 떠올렸다. "처음으로 목표를 받았을 때가 기억납니다. 저는 웃으며 이렇게 말했습니다. '사라, 진심인가요? 이건 실패를 위한 계획인가요? 현실성이 없어요!' 뒤돌아보면, 그녀는 우리 모두가 불가능하다고 생각했던 목표가 사실은 가능하다는 것을 깨닫도록 설득했던 겁니다. 우리는 더 크게 생각하고, 목표 달성을 위해 스스로를 밀어붙이는 법을 배웠습니다."[33]

알수하이미가 취임했던 첫해 말에 NCB 캐피털은 흑자로 돌아섰고, 8,600만 달러의 수익까지 기록했다. 그리고 2019년에는 1억 2,200만 달러 수익을 올렸으며, 현재 NCB 캐피털은 대부분의 주요한 측면에서 사우디아라비아의 투자금융 및 자산관리 시장을 이끌어가고 있다. 알수하이미는 역량 그리고 역량에 따른 신뢰의 평판을 기대 이상으로 충족시켰다.

## 동기: 그렇게 행동한 이유는 무엇인가

동기란 기업 혹은 이 경우에서는 리더가 그렇게 행동한 이유를 말한다. 우리는 리더의 동기에 관심을 기울인다. 그것은 리더가 누구의 이익에 기여하는지를 말해주기 때문이다. 리더는 조직의 요구 그리고 그와는 상반될 수 있는 개인과 집단의 요구 사이에서 끊임없이 균형을 잡아야 한다.

### 동기를 뒷받침하는 신념

〈워싱턴 포스트〉의 발행인이었던 고 캐서린 그레이엄은 자신의 동기를 의심하게 만드는 딜레마에 직면했다. 외부의 관점에서 볼 때, 그녀의 절차적 정당성은 그리 견고하지 못했다. 1933년 그녀의 아버지는 〈워싱턴 포스트〉를 사들였고, 1946년 그의 남편이 발행인을 맡았다.[34] 그리고 1963년 남편이 세상을 떠나면서 캐서린 그레이엄이 〈워싱턴 포스트〉의 많은 지분을 물려받았다.[35] 이후 그는 여성을 찾아볼 수 없는 고위 경영자의 세상에서 살아가야 했다.

사라 알수하이미의 경우와는 달리, 그레이엄에게는 역량에 따른 신뢰를 뒷받침하는 오랜 경력이 없었다. 그레이엄은 단지 제한적인 언론 교육을 받았고, 비즈니스 경험도 많지 않았다. 1938년에 대학을 졸업한 이후로 그는 1년간 〈샌프란시스코 뉴스San Francisco News〉에서 기자 생활을 했다. 다음으로 〈워싱턴 포스트〉로 돌아가서는 편집 및 발행 관련 업무를 했다. 그러나 1945년 9월 남편이 태평양 전쟁에서 돌아오면서 그는 가족을 돌보기 위해 일을 그만둬야 했다.[36] 이후 발행인 자리를 맡게 되었을 때, 그레이엄은 임원과 모든 직급의 기자로부터 듣고 배우는 방식으로 〈워싱턴 포스트〉의 비즈니스를 어렵사리 익혀 나갔다. 몇 년 후 그는 자신의 회고록에서 이렇게 밝혔다. "내가 했던 노력의 본질은 한 걸음 나아가서 눈을 감고 과감하게 뛰어내리는 것이었다. 놀랍게도 나는 두 발로 착지했다."[37]

그레이엄이 지나치게 겸손해서 언급하지 않은 사실이 하나 있다. 바로 모든 리더가 기존 임원들의 신뢰와 존경을 얻을 수는 없다는 사실이다. 특히 충분한 전문성을 갖추지 않은 상태라면 말이다. 그는 좋은 관계를 개발했으며, 사람들의 장점을 강화하고 단점을 보완하는 방법을 알았다. 또한 어떤 사람의 조언에 귀를 기울이고 진지하게 받아들여야 하는지 파악하는 데 능했다.

그레이엄은 두 번의 힘든 시기를 겪는 동안에 특히 뚜렷한 비전과 깊은 신뢰로 평판을 얻었다. 그것은 펜타곤 문서와 워터게이트 사건을 발표하기로 결정했던 때를 말한다. 자세한 내용은 이렇다.

1971년 군사 분석가 대니얼 엘즈버그Daniel Ellsberg는 미 국방부 비밀 문건을 〈뉴욕 타임스〉에 유출했다. 펜타곤 문서로 알려진 그 자료는 총 47권으로 이뤄진 수천 페이지에 달하는 연구 문서였다. 세계 제2차 대전 이후부터 베트남 전쟁의 평화 협정에 이르기까지 인도차이나 지역에 미국이 개입한 정보를 담고 있었다.[38] 〈뉴욕 타임스〉가 이와 관련해서 두 차례 기사를 보노하고 난 뒤, 미 성부는 국가안보를 이유로 그들을 고소했다. 그리고 재판부는 〈뉴욕 타임스〉에 더 이상 관련 내용을 보도하지 말라는 금지명령을 내렸다.[39]

〈뉴욕 타임스〉가 법원의 금지명령을 받아들이면서 엘즈버그는 다시 그 자료를 〈워싱턴 포스트〉에 유출했다. 그레이엄은 그 자료를 보도해야 하는지 아닌지 딜레마에 봉착했다.[40] 당시 〈워싱턴 포스트〉는 기업공개를 준비 중이었는데 그 기사로 금지명령을 받으면 기업공개에 치명적인 영향을 미칠 수 있었기 때문이다.[41] 또한 리처드 닉슨Richard Nixon 행정부의 분노를 살 터였다. 그러나 다른 한편에서 〈워싱턴 포스트〉의 편집팀과 기자들은 〈뉴욕 타임스〉의 선례를 따라 금지명령을 감수해서라도 보도해야 한다고 주장했는데 그들은 미국 대중에게 진실을 알려야 할 책임에 주목했던 것이다. 따라서 보도를 단념하는 결정은 '〈워싱턴 포스트〉에 영원한 낙인이 찍힐 포기'가 될 것이었다.[42]

결국 그레이엄은 불확실한 상황에서 보도를 허락했다. 2017년 영화 〈더 포스트The Post〉는 그 상황을 생생하게 묘사했는데 그레이엄의 동의는 〈워싱턴 포스트〉에서 획기적인 일이었다. 이러한 사실은 〈워싱턴 포스트〉가 미국 대중에게 최우선적으로 봉사해야 하며, 기업의 이익과 법적인 우려는 부차적이라는 그의 믿음을 잘 보여준다. 벤 브래들리Ben Bradlee 편집장은 자신의 회고록에서 이렇게 밝혔다.

> "캐서린은 '좋아요. 해봅시다. 보도합시다.'라고 말했습니다. 그때 우리 신문사의 정신이 어떻게 영원히 바뀌게 되었는지, 〈워싱턴 포스트〉가 사명에 얼마나 독립적이고 결연한 확신을 갖게 되었는지, 그 사실이 어떻게 모든 편집자와 기자에게서 구체화되어 나타났는지 저는 깨닫지 못했습니다. 이러한 느낌은 날이 갈수록 더욱 뚜렷해졌습니다. 우리는 반역에 대한 고발에 맞서는 신문, 대통령과 대법원, 법무장관의 고발에 흔들리지 않는 신문 … 고개를 들어 원칙을 고수하는 신문이었습니다."[43]

펜타곤 문서 보도 후 1년의 세월이 지나, 〈워싱턴 포스트〉는 워터게이트 사건을 폭로했다. 그 이야기는 어느 괴한들이 워싱턴 D. C.의 워터게이트 빌딩에 있는 민주당 본사에 잠입하면서 시작되었다.[44] 닉슨 행정부가 어떠한 개입도 하지 않았다고 단호하게 부인하는 상황에서 〈워싱턴 포스트〉 기자들은 진실을 파헤치기 시작했다. 다시 한 번 그레이엄은 결정을 내려야 했다.[45] 당시 〈워싱턴 포스트〉는 그 사건을 보도한 유일한 신문이었다. 누구도 그 이야기가 어떻게 전개될지 혹은 기자들이 추적할 만한 가치가 있는 것을 발견할지 예상하지 못했다.

〈워싱턴 포스트〉는 워터게이트 사건을 취재하는 엄격한 지침을 마련했다. 가령 익명에서 비롯된 모든 정보는 또 다른 독립적인 정보 출처를 통해 확인해야 한다. 한편, 기자 자신이 검증하고 확인한 것이 아닌 이상 다른 신문이 보도한 어떤 내용도 다루지 않았다. 마지막으로, 모든 기사는 그 사건을 면밀히 조사한 책임편집자와 함께 고위 편집장 중 한 사람이 보도 전에 일일이 확인했다.[46]

이는 보편적인 저널리즘 원칙처럼 보인다. 하지만 그레이엄의 남편인 필립 그레이엄Philip Graham이 신문을 발행했을 때, 그는 자신의 정치적 목표를 달성하기 위해 이러한 지침을 외면했다. 당시 시와 정부 관료들은 인종차별 정책에 따라 수영장을 구분해서 운영하다가, 다음 시즌부터 통합하기로 결정했다. 그 일로 폭동이 일어났으나 그는 이 기사를 묻어두기로 결정했다.[47] 의미 있는 판단이었지만 신문의 목적 즉, 신문은 대중에게 진실을 알리기 위해 존재한다는 믿음에는 맞지 않았다.

그리고 이제는 모두가 알듯이 〈워싱턴 포스트〉는 대중의 알 권리를 지키기 위해 미국 역사상 최대의 대통령 스캔들을 폭로했고, 이는 닉슨 행정부의 몰락으로 이어졌다.

대중을 위한 캐서린 그레이엄의 의지는 〈워싱턴 포스트〉를 하나의 지역 신문사에서 〈뉴욕 타임스〉와 어깨를 겨루는 전국적인 신문사로 바꿔놓았다.[48] 1991년 그레이엄이 거의 30년간 리더의 자리를 지킨 후 물러났을 때, 그동안 놀라운 성과를 이어온 〈워싱턴 포스트〉는 매출과 주가를 기준으로 20배 가까이 성장해 있었다.[49]

# 수단: 그 행동은 공정한가

리더의 동기를 단기적인 차원에서 분명히 이해하기란 쉽지 않다. 물론 직접 물어볼 수 있다. 하지만 사교적으로 유능한 사람이라면 자신의 동기가 충분히 자비롭게 들리게끔 포장 혹은 거짓말하는 법을 알고 있을 것이다. 리더의 행동을 분석함으로써 그의 동기를 평가하는 과제는 대중에게 그리고 장기적으로 역사에 남아 있다.

우리는 그들이 어떻게 행동했는지, 자신의 판단으로 영향받을 모든 당사자를 얼마나 공정하게 대우했는지 평가해야 한다. 리더들의 행동은 그들의 말보다 더 분명한 이야기를 들려준다. 대중은 리더의 마음을 읽을 수 없기에 행동의 공정성을 들여다봐야 한다. 리더의 행동이 불공정하다고 인식될 때, 사람들은 그의 동기를 분명하게 이해하기 위해 공적인 영역에서 사적인 영역까지 더욱 면밀하게 조사할 것이다.

### 공정하게 행동하는 기술

앞서 우리는 네 가지 유형의 공정성(절차적, 정보적, 분배적, 관계적)을 기준으로 기업이 공정하게 행동할 수 있는 다양한 방식을 구분했다. 이 기준은 리더가 공정하게 행동하는 방식을 구분하는 데에도 똑같이 적용된다.

의사결정에서 '절차적 공정성'의 핵심은 일관성을 보이고, 의사결정과 그 맥락의 정확한 그림을 보여주는 절차를 활용하고, 결정에 영향을 받는 이들에게 발언권을 제공하는 것이다.

알수하이미가 자신의 팀을 꾸렸을 때, 그는 먼저 워크숍을 주최했다. 그리고 기업의 상황에 대한 솔직한 진단을 직원들에게 알렸다. 한 임원은 "그는 언제나 안건을 갖고 있었고, 데이터를 기반으로 논의를 시작하고 의사결정을 내렸습니다."라고 말했다. 임원들은 알수하이미가 정말로 그들을 자극하고자 했다는 사실을 알았다.

또 다른 임원은 이렇게 말했다. "그의 존재감은 강력했죠. 그럼에도 모두에게 말할 기회를 주었고, 직원들의 의견을 존중했습니다. 우리는 마음껏 의견과 아이디어를 제시하라고 격려받는 느낌이 들었습니다."[50] 알수하이미는 모두가 문제 해결 과정에 동참하는 비난하지 않는 분위기<sup>zero-blame environment</sup>를 조성하겠다고 약속했다.[51] 또한 그는 다른 이들이 의사결정을 내리도록 독려하며 이렇게 말했다. "저는 사람들이 단지 의사결정을 내리는 수준에 머물길 원치 않습니다. 우리가 어떤 단계에 있든 그들 스스로 리더가 되길 원합니다."[52] 그는 워크숍을 마무리하면서 매번 주요한 활동과 그것을 책임지는 사람을 정했다.

알수하이미는 언제나 문제에 대한 자신만의 관점을 갖고 회의에 참석했다. 그럼에도 자신의 관점을 사람들에게 강요하지 않았다. "제가 해답을 알고 있어도 워크숍을 할 때마다 직원들이 직접 해결책을 찾고 스스로 책임을 떠안도록 했습니다. … 그리고 제 생각이 얼마든지 바뀔 수 있다는 사실을 보여줬습니다. 저는 절대 '우리가 해야 할 일은 이것입니다.' 이런 식으로 말하지 않았습니다. 저는 모두가 성공 스토리에 참여해야 한다고 믿었습니다."[53]

알수하이미의 워크숍은 성공적이었다. 리더의 의사결정을 확인받는 자리가 아니라 그 절차를 통해 문제를 제기하고, 해결책을 논의하고, 앞으로의 여정을 확인했기 때문이다.

리더가 가진 중요한 권력 중 하나는 누구를 고용하고, 승진시키고, 해고할지 결정하는 절차를 수립하는 것이다. 사람들은 분배적 공정성을 요구한다. 리더는 이 권력을 휘두르는 과정에서 쉽게 신뢰를 쌓을 수도 혹은 허물어뜨릴 수도 있다. 여기서 말하는 분배적 공정성이란 편향에서 벗어나 일관적으로 처벌과 보상을 할당하는 접근 방식을 말한다.

NCB 캐피털에서 첫해 동안 알수하이미의 과제 중 하나는 성과가 낮은 직원을 내보내는 일이었다. 해고는 어떤 리더도 하기 싫은, 그러나 어쩔 수 없이 해야 하는 고통스러운 과제다. 그럼에도 그 일을 해야 하는 이유는 한 직원이 팀 전체를 허물어뜨릴 위험성을 갖고 있기 때문이다. 금융자문가 집단이 수행했던 한 연구에 따르면 재무적으로 잘못을 범한 사람이 어떤 팀에 합류했을 때, 그 동료들이 사기 행동에 연루될 가능성이 37퍼센트나 더 높았다.[54]

이를 위해 알수하이미는 사람들에게 스스로를 입증할 기회를 주는 절차를 마련했다. 그는 의문이 드는 직원들과 함께 일하면서 정기적인 검토를 통해 업무 계획을 수립했다. 알수하이미가 NCB 캐피털이 그들에게 적합한 직장인지 알려줄 준비를 마쳤을 때, 이들 직원은 이미 결론에 도달해 있었다.[55] 알수하이미는 그렇게 임원 중 15퍼센트를 내보냈지만, 그들은 스스로 결정을 내린 것이었기에 어떠한 불만도 없

었다.[56]

상황과 의사결정을 분명하고 신중하게 전달하는 '정보적 공정성'은 알수하이미의 대표적인 역량이자 신뢰 관계를 구축하는 근간이다. 처음부터 그는 모든 NCB 캐피털 지사를 방문해 전체 회의를 열었다. 그리고 하나의 사무실이 아니라 각 층의 모든 사무실을 방문해서 직원들을 만났다. 또한 크고 형식적인 전체 회의에서 자신과 함께하라고 요구하는 것이 아니라 스스로 그들 세상의 일부가 되었다. 그는 이러한 회의를 통해 NCB 캐피털에 대한 자신의 비전을 밝혔으며, 모기업 사람들의 신뢰를 되찾는 힘든 싸움에 동참할 것을 촉구했다. 또한 전체 회의를 진행하는 사이에 뉴스레터를 활용해서 재무 성과를 공유했고, 모든 직급에서 직원들의 성취를 치하했다.

또한 알수하이미는 솔직한 교류의 분위기를 새로운 표준으로 마련했다. 처음에 그는 자신을 알지 못하는 사람들 사이에서 존재감을 드러내야 했다.

"저는 직원들에게 인정을 받고 제 말에 확신이 있다는 것을 보여주기 위해 그들을 만났습니다. 한 관리자가 들어와서 그들이 이러저러한 일을 한다고 설명하면, 저는 세부적인 사항을 물었습니다. 그들이 숨길 수 있는 방법은 없었어요. 예전의 업무 환경에서는 직원들이 솔직하게 이야기하지 못했습니다. 하지만 이제 사람들은 다른 누군가에 관한 이야기를 하지 않습니다. 제가 그들이 말한 사람을 들어오게 해서 직접 확인하기 때문이죠. 한 번 그랬

더니 다시는 그런 일이 일어나지 않았습니다. 그러자 조직 전체
가 알게 되었습니다."[57]

　　다음으로 '관계적 공정성'이란 우리가 사람들과 교류할 때 그들에
게 보여주는 존중과 배려를 말한다. 해고에 관한 연구를 하는 동안에
나는 수많은 비인간적인 처사를 발견했다. 그중 최악의 사례는 매월
서로 붙어 있는 두 방에서 축하와 해고를 했던 기업이었다. 슬프고 암
울한 한 방에서는 상사가 부하직원에게 일자리를 잃을 것이라는 소식
을 전한다. 그리고 바로 그 옆방에서는 축하의 음악 소리가 울려 퍼진
다. 해고 방에 있는 직원에게는 살아남은 직원을 칭찬하는 "당신은 이
겼습니다! 앞으로 우리와 함께 계속 경쟁에서 이기고 시장에서 승리
할 것입니다."라는 말이 들린다.

　　해고와 관련하여 관계적 불공정성에 대한 이야기가 많다는 사실은
그리 놀랍지 않다. 관계적 공정성은 좋지 않은 상황에서 나쁜 소식을
전달해야 할 때 특히 중요하다. 문제는 상호적 관계 속에서 어떻게 상
대방에게 그들이 받아 마땅한 존중을 보여줄 것인가이다.

　　우리는 때로 말이 아니라 행동으로 존중을 표현한다. 알수하이미는
NCB 캐피털의 CEO가 되어달라는 이사회의 제안을 받은 후, 자신이
정말로 원하는 게 무엇인지 생각할 시간이 필요했다. 그는 자드와에
있는 상사에게 전화를 걸어 3주간 휴가를 신청했고, 상사는 알수하이
미가 충분히 숙고하도록 허락했다. 알수하이미는 당시를 이렇게 떠올
렸다. "3주는 제게 떠나야 할지 남아야 할지 판단하기에 충분한 시간

이었습니다. 다른 기업을 마음에 품고서 일하러 가기는 싫었거든요. 게다가 당시 우리는 제품 개발을 위해 투자를 받고 있었는데, 고객들로부터 돈을 끌어모으고 그대로 떠나기는 싫었습니다."[58]

자드와를 떠나기로 결정한 후, 그는 CEO에게 보고했다.

> "내 상사는 크게 실망했습니다. 우리의 업무적인 관계는 아주 좋았고, 그는 자드와의 성장 계획에서 많은 부분을 내게 의지하고 있었어요. 나는 그에게 아주 솔직했고, 그와의 관계는 지금도 좋습니다. 그러나 당신이 그 대화를 나눈 사무실에 함께 있었다면, 우리가 다시는 서로를 보지 않으리라고 생각했을 겁니다.
>
> 그때 나는 떠나려는 사람은 붙잡을 수 없다는 사실을 깨달았죠. 사람들은 다른 곳보다 여기서 더 잘할 수 있다고 믿을 때 머뭅니다. 나는 사람들에게 항상 이렇게 말합니다. '여러분이 여기서 하는 일은 평생 여러분을 따라다닐 겁니다. 그것은 제 것이 아닙니다. 자신의 일을 경험으로 받아들인다면 직함이나 돈이 아니어도 올바른 의사결정을 내리기 위해 노력할 겁니다.'"[59]

## _____ 영향: 어떻게 긍정적인 영향을 창조하는가

리더는 기업의 영향력을 결정한다. 보잉처럼 때로는 제품을 통해서 혹은 BP, 폭스바겐, 웰스파고처럼 비즈니스를 관리하는 방식을 통해서 영향을 미친다. 심각한 문제가 발생했을 때, 사람들은 누가 기업의 리더인지 확인하고 그들에게 책임을 묻는다.

사라 알수하이미는 NCB 캐피털에서 이와는 다른 입장에 처했다. 리더로서 그는 예전 리더들의 잘못을 바로잡아야 했다. 그는 이렇게 말했다. "그것은 내 잘못은 아니었지만 내가 책임져야 할 문제였습니다."

투자관리자로서의 성공과 NCB 캐피털 CEO로서의 성공에 힘입어, 2017년 알수하이미는 사우디아라비아 증권거래소인 타다울<sup>Tadawul</sup>의 최초 여성 의장이 되었다. 의장으로서 그가 해야 할 일은 타다울의 CEO인 칼리드 알후산<sup>Khalid Al-Hussan</sup>과 함께 증권거래소의 전략적 방향을 정하는 것이었다.

그들의 최대 과제는 타다울을 해외 투자자에게 개방하고, 전 세계 자본시장 네트워크의 일원으로 참여함으로써 증권거래소의 국제적 위상을 높이는 일이었다. 여기에는 규제와 운영의 차원에서 변화가 필요했다. 또한 잠재적인 투자와 상품, 사우디아라비아의 모든 자본시장 활동을 규제하는 자본시장국과의 의사소통 절차를 내놓아야 했다. 그리고 이를 통해 신흥시장지수에서 자리를 차지해야 했다. 여기에는 MSCI지수<sup>Morgan Stanley Capital International Index</sup>, S&P 신흥시장 BMI지수, FTSE <sup>Financial Times Stock Exchange Index</sup> 신흥시장지수 등이 포함되었다.

세계 경제에서 주식의 움직임을 추적하는 한 가지 지수가 된다는 것은 그 자체로 신뢰를 주는 신호다. 이는 그 증권거래소가 주가의 움직임을 정확하게 기록하고, 세계 경제에서 확실한 성과의 그림을 제시할 만큼 신뢰가 있다는 메시지를 전달한다. 이러한 지수를 기반으로 설계된 특정한 유형의 뮤추얼 펀드는 분야 전반의 성과에 해당하는 수익을 투자자에게 약속한다. 또한 투자자는 이러한 지수를 기준으로 자신을 대신해 투자하는 관리자의 역량을 점검한다. 즉, 펀드매니저의 성과가 세계 경제 전반의 성과보다 더 나은지 비슷한지 혹은 뒤처져 있는지 확인하는 비교의 기준으로 삼는다.

알수하이미는 NCB 캐피털 CEO로 합류한 지 5년이 되던 2019년에 매출과 순이익에서 모든 경쟁자를 앞섰다. 또한 자본수익률을 크게 끌어올리면서 NCB 캐피털의 방향을 올바로 잡았다. 2019년을 기준으로, NCB 캐피털의 수익은 4억 5,800만 리얄(1억 2,200만 달러)이었고, 자본수익률은 40퍼센트였다. 반면 비용은 40퍼센트 가까이 낮췄다.

지금까지 우리는 사라 알수하이미의 이야기를 자세히 살펴봤다. 그녀의 사례는 신뢰 구축이 현실에서 어떤 방식으로 이뤄지는지를 잘 보여준다. 신뢰는 전략과 실행 그리고 사람들을 올바로 대우하려는 의지의 조합에서 만들어진다. 물론 실천은 힘들다. 하지만 일단 이루어지면 그 결과는 놀라울 것이다.

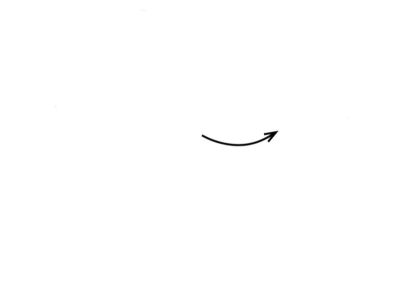

8장

# 세상을 바꾸는
# 신뢰의 힘

우리는 사람을 믿고 신뢰해야 한다.
그렇지 않으면 삶은 불가능해질 것이다.

— **안톤 체호프**Anton Chekhov

**THE POWER OF TRUST**

---

신뢰의 마법은 신뢰가 없었더라면 불가능할 풍부한 기회를 열어준다는 데 있다. 당신이 지금 이 책을 읽는 것도 굽타와 나 사이에 신뢰의 순간이 있었기 때문이다. 그 순간은 더 깊고 지속적인 신뢰로 성장했다. 굽타가 나를 신뢰하지 않았다면, 그리고 내가 그를 신뢰하지 않았다면 이는 완전히 다른 책이 되었을 것이다. 혹은 아예 출간되지 않았을지도 모른다.

## 신뢰의 잠재력

앞서 설명했던 것처럼 굽타가 내 연구에 의문을 제기했을 때, 신뢰는 한 권의 책으로 이어질 수 있었다. 더 나아가 신뢰는 수백만 명의 삶을 바꾸기도 한다.

## 가난을 신용한 그라민 뱅크

1974년 방글라데시에서는 기근이 한창이었고, 이로 인해 150만 명이 사망한 사건이 있었다.[1] 당시 한 경제학 교수는 방글라데시 사람들을 돕고 싶었지만 무엇을 해야 할지 알 수 없었다. 그는 그들이 어떻게 살아가고 어떤 문제에 직면해 있는지 이해하기 위해 인근 마을 주민들과 이야기를 나누기 시작했다.

그러던 어느 날, 스물한 살의 여성인 수피아 베굼<sup>Sufia Begum</sup>을 만났다. 그는 대나무로 의자를 만들어 근근이 살아가고 있었다. 그의 삶이 더 나아질 가능성은 보이지 않았다. 의자를 만들 재료를 구하기 위해 베굼은 대금업자에게 25센트를 빌렸는데 그는 하루 이자로 10퍼센트를 물었다.[2] 게다가 대출을 받는 조건으로 자신이 만든 대나무 의자를 대부업자에게 시장 가격보다 훨씬 낮은 수준으로 팔아야 했다. 그렇게 해서 그는 2센트를 벌었고, 이는 간신히 먹고살 만한 돈이었다. 그리고 의자를 만들기 위해 또다시 대출을 받았다.[3] 그렇게 베굼은 자신을 영원히 빈곤에 빠뜨릴 끝없는 부채의 고리 속에 갇혀 버렸다.[4]

그 교수는 조브라 마을 사람들과 계속 이야기를 나눴고, 베굼과 같은 고리에 갇힌 42명의 사람들을 발견했다. 그는 그들 각각에게 62센트씩, 총 27달러 정도를 빌려줬다.[5] 이후 놀랍게도 모두가 그 부채를 갚았다.

교수는 대출 규모를 늘려 더 많은 이에게 도움을 주고 싶었다. 하지만 자신의 힘만으로는 한계가 있다는 사실을 깨달았다. 그는 지역 은행을 찾아가 자신의 아이디어를 말했지만 담보가 없기에 거절당했다. 게다가 마을 사람들은 글을 읽고 쓸 줄 몰랐고, 신청서를 작성할 줄도 몰랐다. 교수는 자신이 신청서를 작성해주고 자신의 돈 300달러를 담보로 제공하겠다고 했고 결국 은행에서 대출을 받을 수 있었다.[6]

여기서도 다시 한 빈 교수는 담보 없는 사람들이 담보 있는 사람들보다 더 성실하게 부채를 상환했다는 사실을 발견했다. 얼마 후 그는 가난한 이들을 대상으로 담보 없이 소액을 대출해주는 시범 프로젝트를 시작했다. 프로젝트 규모가 계속 증가하면서 하나의 조직으로 성장했고, 1983년에는 방글라데시 정부로부터 공식 은행으로 인가를 받았다.[7] 교수는 나중에 자서전에서 이렇게 밝혔다. "가난한 사람들은 신용이 가난에서 벗어나기 위한 유일한 기회라는 사실을 알았다."[8]

이는 그라민 뱅크$^{Grameen\ Bank}$를 설립한 무함마드 유누스$^{Muhammad\ Yunus}$ 교수의 이야기다. 그는 2006년에 '하층민의 경제적·사회적 발전을 위한 노력'을 인정받아 그라민 뱅크와 공동으로 노벨 평화상을 받았다.[9] 그라민 뱅크는 이자율을 낮게 유지하는 것을 목표로 삼는 비영리 단체로, 평균 대출 금액은 약 200달러다.[10] 그들은 또한 여성을 대상으로 집단 대출을 실시하고 있다. 함께 대출을 받은 여성들은 상환 약속을 어기지 않도록 서로를 격려한다.[11] 2019년을 기준으로 그라민 뱅크의 회원 수는 960만 명이고, 지점은 2,568곳이며, 총 대출 규모는 240억 달러에 이른다.[12] 그리고 그들이 자랑하는 상환율은 96퍼센트에 달한다.[13] 우리는 유누스와 그라민 뱅크의 이야기 속에서 신뢰의 잠재성을 확인할 수 있다. 유누스가 가난한 이들에게 보여준 신뢰는 소액 대출 산업의 출발점이 되었다.

인도네시아의 BRI<sup>Bank Rakyat of Indonesia</sup> 역시 1984년에 소액 대출 사업을 시작했다. 당시 그들은 수익을 올리지 못했고, 문을 닫을 위기에 처해 있었다. 하지만 1986년부터 점차 수익을 올리기 시작했다.[14] BRI는 2003년에 기업공개를 했는데, 그 규모는 1997년 금융위기 이후로 최대 수준이었다.[15] 다른 한편으로, 그라민 뱅크에 자극을 받은 바클리즈 뱅크는 영국 케어<sup>Care International</sup>와 손잡고 가난한 이들을 대상으로 하는 금융 서비스를 실시했다.[16] 2013년에 소액 대출자 규모는 2억 1,100만 명에 달했다.[17]

유누스는 회고록에서 성공 사례 중 하나를 소개했다. 방글라데시 여성 무르시다<sup>Murshida</sup>는 학대하는 남편의 도박 빚을 갚기 위해 집의 지붕까지 팔아야 했다. 그러던 어느 날 무르시다는 남편에게 대들었고, 남편은 그런 그를 때리고 집 밖으로 쫓아냈다. 그리고 이혼을 했는데 생계를 위해 무르시다는 30달러의 소액 대출을 받아 염소 한 마리를 사서 염소젖 장사를 시작했다. 그리고 더 많은 돈을 빌려 바느질과 스카프 장사를 시작했는데, 이를 위해 25명의 여성을 고용하기까지 했다.[18] 물론 소액 대출자 모두가 무르시다와 같지는 않다. 소액 대출은 비록 누군가의 빈곤을 끝낸다고 보장할 수는 없지만, 기회를 주고 더 나은 삶의 가능성을 열어준다.

하지만 비판이 없진 않았다. 그라민 뱅크와 유누스는 소액 대출과 관련해서 비난을 받았다. 심지어 2010년 인도의 안드라프라데시주 Andhra Pradesh 정부는 채무자들 사이에 높은 자살률이 보고된 이후로 소액 금융 사업을 금지했다.[19] 나중에 한 연구는 소액 금융기관들이 문을 닫은 이후로 안드라프라데시주의 전체 수입이 줄어들었다는 사실을 보여주었다.[20] 유누스는 2007년 정당을 설립하면서 방글라데시 총리 셰이크 하시나 Sheikh Hasina에 맞섰다. 그리고 2011년에 그라민 뱅크의 대표 지리에서 물러났다.[21] 그라민 뱅크는 조직적인 중상모략에 시달렸고, 셰이크 하시나는 가난한 이들에게 폭리를 취했다며 유누스를 고소했다.[22] 또한 하시나는 그가 노르웨이의 지원금을 횡령했다고 고소했다.[23] 나중에 노르웨이 정부가 조사를 벌인 이후 유누스는 혐의를 벗긴 했다.[24]

어두운 이면에도 불구하고 유누스의 유산은 여전히 남아 있다. 1970년 대에 그는 가난한 마을 주민들이 부채를 갚을 것이라고 신뢰했다. 그리고 마을 주민들은 그의 대출이 가난에서 벗어나게 해줄 것이라고 신뢰했다. 이러한 신뢰의 순간 덕분에 오늘날 수백만의 인구가 소액 대출을 받게 된 것이다. 그리고 신뢰가 없다면 얻지 못했을 선택의 기회를 누리고 있다.

단기적으로 수익은 유일하게 중요한 요소처럼 보일 수 있다. 그러나 장기적으로 신뢰는 고객이 계속해서 다시 찾고, 직원들이 최선을 다하고, 대중이 기업의 운영 능력에 인내심을 갖도록 만들어준다. 이러한 신뢰는 허물어지기 쉬우나 회복하기는 어렵다. 앞으로 의사결정을 내릴 때 스스로에게 질문을 던져보자. "장기적으로 이 결정은 사람들이 나를 더 혹은 덜 신뢰하게 만드는가?" 간단한 질문이다. 하지만 안타깝게도 실제로 스스로에게 이러한 질문을 던지는 사람은 극히 적다. 관련해서 카스피 뱅크<sup>Kaspi Bank</sup>의 이야기를 들여다보자.

### 루머를 이겨내고 신뢰를 되찾은 카스피 뱅크

카자흐스탄에서 세 번째로 규모가 큰 카스피 뱅크[25]는 뱌체슬라프 김<sup>Vyacheslav Kim</sup>과 미하일 롬타제<sup>Mikhail Lomtadze</sup>가 설립한 은행으로, 두 사람은 사람들에게 사랑받는 은행을 만들고자 했다. 처음에 카스피의 목표는 거창하게도 가장 수익성 높은 최대 규모의 소액 거래 은행을 세우는 것이었다. 2012년에 카스피는 실제로 소액 거래 금융시장에서 거의 모든 기준의 첫 번째 혹은 두 번째 자리를 차지했다.[26]

하지만 경제적인 번영에도 불구하고, 카스피는 첫 번째 신뢰 테스트를 통과하지 못했다. 2014년 2월 왓츠앱<sup>WhatsApp</sup>을 통해서 카스피가 파산 위기에 처했다는 소문이 돌았다. 보험에 가입된 예치금에도 불구하고 겁을 먹은 고객들은 지점에 줄을 서서 돈을 인출하려고 했다. 비록 소문으로 시작되었지만, 이러한 상황이 지속된다면 은행의 현금 보유고는 곧 바닥을 드러낼 터였다. 은행의 현금을 유지하기 위해 그들이 내린 방안은 고객의 인출 금액을 제한하는 것이었다. 롬타제가 보기에 사람들이 돈을 찾으러 몰려드는 현상은 일종의 경고 신호였다. 그는 이렇게 말했다. "고객이 우리를 믿는다면 문밖에서 기다리지 않을 겁니다. 우리는 아직 고객들의 신뢰를 얻지 못했습니다."

이후 카스피의 대응은 인출 금액을 제한하는 것이 아니라 고객의 신뢰를 구하는 일로 집중되었다. 오히려 카스피 뱅크의 직원들은 은행 문을 활짝 열었다. 경영진은 인출 제한을 철회했고, ATM과 지점의 현금 수요를 충족시키기 위해 전세기로 현금을 실어 날랐다. 지점들 역시 문을 열어놓고 모든 고객에게 서비스를 제공할 때까지 영업했다. 게다가 기다리는 고객을 위해 피자와 따뜻한 음료를 제공했다. 임원들은 현장에서 대기하며 고객과 언제든 이야기를 나눌 준비를 하고 있었다. 롬타제는 TV에 출연해서 카스피 뱅크에는 아무런 문제가 없다고 사람들을 안심시켰다. 그는 이렇게 말했다. "상황이 안정되는 데 72시간이 걸렸습니다. 우리는 그동안 잠도 자지 않았습니다."

카스피는 신뢰를 위해 한 걸음 더 나아갔다. 그들은 기업의 사명을 '혁신적인 상품과 서비스를 개발해서 사람들의 삶을 개선하기'로 새롭게 바꾸었다. 롬타제는 이렇게 말했다. "누구도 은행을 정말로 좋아하지는 않았습니다. 우리는 고객이 사랑하는 은행, 그들의 삶을 더 좋게 바꿔주는 은행을 만들고 싶었습니다."

이를 위해 그들은 고객의 전반적인 행복을 측정하는 기준을 모색했고, 베인 앤드 컴퍼니Bain & Company가 개발한 순추천고객지수net promoter score, NPS를 활용하기로 결정했다. 순추천고객지수란 고객이 다른 사람에게 특정 기업을 추천할 가능성을 평가하는 시장조사 지표를 말한다. 카스피는 순추천고객 지수를 기업의 최고 핵심 성과 기준으로 삼았다. 이를 높이기 위해서는 은행의 상품과 프로세스를 새롭게 설계하여 고객 행복에 집중해야 했다.

신뢰를 구축하기 위한 카스피의 노력은 성과를 거뒀다. 그로부터 4년 후 롬타제가 돈을 들고 사라졌다는 소문이 돈 적이 있다. 카스피는 그날 발행된 카자흐스탄 신문을 들고 서 있는 롬타제의 사진을 왓츠앱을 통해 전송하면서 소문에 현혹되지 말라고 호소했다. 그러자 이번에는 돈을 찾기 위해 몰려든 인파는 없었다.[27]

소문에 대한 취약성을 해결했다는 점에서 카스피는 이겼다. 그리고 위기에 대응하는 모습을 보고 카스피는 믿고 맡길 수 있음을 알았다는 점에서 고객들은 이겼다. 그들은 돈을 찾기 위해 사람들이 몰려들어도 카스피가 인출을 막거나 수수료와 금액 제한 같은 장애물을 만들지 않는다는 사실을 확인했다. 이후 카스피는 예치금 규모를 네 배로 높였다. 그리고 모바일 결제 및 전자상거래와 같은 새로운 분야에 진입하면서 시장 점유율은 두 배로 증가했다. 오늘날 카스피는 이 분야에서 최고의 은행이다. 동시에 그들은 사람들에게 사랑받는 기업으로 거듭났다. 현재 카스피의 고객 유지율은 98퍼센트다.

## 포스트 팬데믹 시대, 신뢰의 가치

인류는 글로벌 공동체로서 전염병부터 기후 변화에 이르는 중대한 도전과제에 직면해 있다. 그러나 유누스가 보여준 유형의 신뢰 혹은 카스피 경영진처럼 신뢰를 우선시하는 접근 방식의 중요성을 이해하는 기업과 리더는 많지 않다. 우리는 이 책의 많은 부분을 코로나 전염병이 한창일 때 썼다. 안타깝게도 기업들은 공중보건과 수익 사이에서 균형을 잡기 위해 노력하는 가운데 너무 자주 흔들리는 모습을 보였다.

아마존Amazon은 많은 측면에서 뛰어나고 다양한 노력을 기울이는 최고의 기업이다. 코로나19가 확산된 지 한 달 만에 아마존 창고는 엄청난 판매 증가에 대응해야 했다.[28] 식료품 주문의 규모는 50배나 증가했다.[29] 이러한 변화에 대처하기 위해 아마존은 많은 똑똑한 일을 했다. 그들은 의약품 공급과 생필품 배송을 우선시했다. 또한 수요를 감소시키기 위해 들어오는 재고의 흐름을 둔화시켰다.[30] 그러는 동안 아마존 주주들은 큰돈을 벌었다. 2020년 4월 아마존 주가는 주당 2,400달러까지 치솟았고, 7월에는 3,000달러를 돌파했다.[31]

아마존은 코로나19 관련 블로그를 운영함으로써[32] 직원을 포함한 다른 사람들에게 중요한 시점에 지속적으로 정보를 제공했다. 그리고 일주일에 수차례 업데이트를 통해 사람들이 기업에 바라는 행동 목록을 제시했다. 그들은 대규모 행사를 중단하고, 채용 면접을 온라인으로 전환하고, 집기의 표면을 청소했다. 또한 아마존은 직원과 고객의 안전을 위해 코로나 프로그램에 40억 달러를 투자했다. 여기에는 150가지 비즈니스 프로세스 업데이트, 모든 아마존 및 홀푸드 매장에서 마스크 무료 제공, 코로나19 검사 속도를 높이기 위한 2,000만 달러 규모의 프로그램 추진이 포함되었다.[33]

그러나 그해 4월에 아마존 창고의 근무 여건에 대한 이야기가 유출되었다. 일부 창고에서 직원들은 보호 장비나 위생용품 없이 일했다. 철저한 방역도 이뤄지지 않은 상태에서 사람들은 지나치게 가까이 붙어서 일했다.[34] 창고 직원들의 결근율은 30퍼센트에 달했다.[35] 이는 아마존 직원들이 행동으로 그들의 의사를 드러내고 있다는 분명한 신호였다.

아마존은 즉시 창고 근로자를 위한 조치를 취했다. 2020년 5월 말까지 시간당 급여를 2달러 인상하고, 야근 수당은 정상 근무의 1.5배에서 2배로 높이기로 했다. 또한 직원들에게 무제한 무급 휴가를 허용했다. 게다가 코로나 양성 판정을 받은 경우에 격리 조건으로 2주간 병가를 주었다.[36]

그러나 아마존이 운영 센터로 마스크를 배송한 글을 블로그에 게시했던 그날, 〈뉴욕 타임스〉는 미국에 있는 50개가 넘는 아마존 창고에서 코로나가 확산되었다고 보도했다.[37] 게다가 4월 16일에는 근로자를 안전하게 보호하기 위한 충분한 노력을 기울이지 않았다는 이유로 프랑스에 있는 모든 아마존 창고를 폐쇄해야 했다.[38]

우리는 프랑스 창고 상황의 설명을 듣기 위해 아마존에 연락을 취했지만, 홍보팀으로부터 아마존에서 내놓은 데이터가 없다는 답변만 들었다. 그러나 며칠 후 아마존은 블로그를 통해 일선 근로자의 코로나 감염률을 게시했다. 미국에서만 2만 명에 달하는 근로자가 코로나에 감염된 것으로 드러났다. 아마존은 그 수치가 미국 전체 인구를 기준으로 한 예상 감염률보다 42퍼센트 더 낮다고 보고했다.[39]

기업은 신뢰를 강요할 수 없다. 대중은 기업을 360도 관찰하고 판단한다. 대중과 전문가 집단 그리고 언론은 언제나 깨어 있다. 아마존이 처음부터 직원 감염률을 공개하고 창고 상황을 인정했다면 더 많은 신뢰를 얻었을 것이다. 신뢰 구축은 의도에 관한 것이 아니다. 공정성과 영향에 관한 것이다. 그리고 그들이 관계를 맺는 모든 사람과 집단이 그러한 공정성과 영향을 판단한다.

노벨상을 수상한 경제학자 케네스 애로<sup>Kenneth Arrow</sup>는 이렇게 지적했다.

> "모든 상업적 거래 속에는 실제로 신뢰의 요소가 담겨 있다. 일정 기간에 걸쳐 이뤄지는 모든 거래에 신뢰가 필요하다는 것은 분명한 사실이다. 세상에서 일어나는 경제적 퇴보의 많은 부분은 상호 신뢰의 결핍으로 설명할 수 있다."

유누스는 그라민 뱅크를 설립했을 때 바로 그 핵심을 이해했다. 그리고 카스피 뱅크가 신뢰를 의사결정에서 가장 중요한 요소로 주목했을 때, 경영진은 그 진실을 이해했다. 기업은 신뢰를 얻음으로써 새로운 비전을 제시한다. NCB 캐피털이 믿기 힘든 변화를 일궈내고, 미쉘린 공장이 혁신을 이룩하고, 카스피 고객들이 소문에도 아랑곳하지 않았던 것처럼 말이다.

신뢰는 만화경과 같다. 신뢰의 모든 조각은 우리가 상상하지 못한 가능성을 창조한다. 그러나 만화경 안에서 모든 빨강과 녹색, 은색, 금색 조각은 정렬이 되어야 한다. 우리는 따로 떨어져 있을 때보다 함께할 때 더 강력한 힘을 얻는다. 그리고 신뢰를 향한 다른 이들의 노력에 마음을 열 때 놀라운 일이 벌어진다.

—————

**감사의 글**

나는 HBS에서 20년이 넘는 세월에 걸쳐 이 책을 완성했다. 그러나 그틀은 이전에 내가 다른 기업에서 일했던 때부터 이미 모습을 갖추었다. 나는 언제나 비틀즈의 〈Long and Winding Road(길고도 험한 길)〉라는 노래를 좋아했다. 이 노래는 지금까지 흘러온 세월에 대한 이해와 어떻게 지금에 이르게 되었는지, 누구에게 감사할지 생각하게 한다. 그리고 그 모든 기쁨과 슬픔, 만족의 감정을 하나로 엮어준다.

이 책이 어떻게 세상에 나오게 되었는지에 대해서는 많은 이야기를 했다. 이제 남은 것은 그 과정에서 다양한 역할을 맡아준 이들에게 감사를 드리는 일이다. 이는 쉬운 일이 아니며, 그 목록은 무척이나 길다.

가장 먼저 관대하게도 많은 시간을 할애해서 우리와 이야기를 나누고, 그들의 경험과 전문 지식을 공유해준 다양한 기업과 리더 및 전문가에게 깊은 감사를 드린다. 우리는 그들의 이야기와 통찰력, 견해를 이 책 곳곳에서 소개했다. 부디 당신도 우리와 함께 그들에게 고마운 마음을 느끼길 바란다.

개인적으로 나는 조지프 바다라코Joseph L. Badaracco와 린 페인Lynn Paine 에게 감사를 드린다. 두 사람은 내가 HBS에서 했던 모든 연구에서 중요한 스승이 되어주었다. 또한 마이클 터시먼Michael L. Tushman에게도 감사를 드린다. 그는 내가 풍경화(즉, 파워포인트)가 아닌 인물화(즉, 워드) 로서 그린 첫 작품에 응원을 보내줬다. 그 과정에서 나는 이러한 유형의 의사소통을 위해서는 내가 실제로 '모든 이야기'를 써야 한다는 충격적인 사실을 깨달았다.

다음에 거론하는 HBS 동료들은 중요한 순간에 대단히 유용한 조언을 줬고, 또한 따뜻한 동료애와 우정을 보여주었다. 테레사 애머빌 Teresa Amabile, 린다 애플게이트Lynda Applegate, 테드 버크Ted Berk, 진 커닝엄 Jean Cunningham, 톰 들롱Tom Delong, 로히트 데시판데Rohit Deshpande, 밥 에클 스Bob Eccles, 캐리 엘킨스Carrie Elkins, 로빈 엘리Robin Ely, 에이미 에드먼슨 Amy Edmondson, 프랜시스 프레이Frances Frei, 리나 골드버그Lena Goldberg, 얀 하몬드Jan Hammond, 리베카 헨더슨Rebecca Henderson, 스티브 코프먼, 더치 레너드Dutch Leonard, 조슈아 마골리스Joshua Margolis, 니엔헤 흐시에Nien-hê Hsieh, 가우탐 무쿤다Gautam Mukunda, 캐슬린 맥긴Kathleen McGinn, 신시아 몽 고메리Cynthia Montgomery, 마이크 노턴Mike Norton, 니틴 노리아Nitin Nohria, 카 티크 라마나Karthik Ramana, 클레이턴 로즈Clayton Rose, 아서 시걸Arthur Segel, 조지 세라핌, 로버트 사이먼스, 다케우치 히로, 뎁 월리스Deb Wallace, 제

이넵 톤<sup>Zeynep Ton</sup>에게 감사드린다.

HBS 연구 책임자들은 재정적 지원 이상의 도움을 줬다. 특히 폴 힐리<sup>Paul Healy</sup>와 레슬리 펄로<sup>Leslie Perlow</sup>, 얀 리브킨<sup>Jan Rivkin</sup>에게 내 작업을 믿어주고 구체적인 방법을 조언해준 것에 특별한 감사를 드린다. 이 책에서 세계적인 부분은 큰 비중을 차지한다. HBS 글로벌 이니셔티브 연구소 책임자들과 그 직원들의 지칠 줄 모르는 열정에 감사드린다. 그들은 세계 최고의 이야기 사냥꾼이다.

나는 굽타와 더불어 《하버드 비즈니스 리뷰<sup>Harvard Business Review</sup>》와 HBR.org의 에이미 번스타인<sup>Amy Bernstein</sup>과 그녀의 동료들에게 특별한 고마움을 느낀다. 그들은 놀라운 협력자이자 편집자로서 우리에게 훌륭함이란 무엇인지를 가르쳐줬다.

우리의 에이전트 피터 번스타인<sup>Peter Bernstein</sup>에게는 '변함없는 지원상'을 주고 싶다. 그는 어려운 순간부터 지금의 만족스러운 순간까지 인내심을 갖고 우리를 지켜봐줬다. 퍼블릭어페어즈<sup>PublicAffairs</sup>의 편집자인 존 매허니<sup>John Mahaney</sup>는 믿을 수 없을 만큼 뛰어난 인물이다. 그는 전체적인 구조와 명확성, 정확성에 대한 노련한 본능을 열정적인 스토리텔링 기술과 조합했다. 존은 여정의 모든 단계에서 함께하는 동안 우리를 부드럽게 밀어주면서도 한 번도 붙잡지 않았다.

또한 퍼블릭어페어즈의 팀이 보내준 지원에 감사드리고 싶다. 발행인인 클라이브 프리들<sup>Clive Priddle</sup>, 마케팅 책임자인 린드세이 프래드코프<sup>Lindsay Fradkoff</sup>, 마케팅 코디네이터인 미겔 세르반테스<sup>Miguel Cervantes</sup>, 제작 편집자 브린 워리너<sup>Brynn Warriner</sup>, 열정적인 홍보 담당자인 퍼블릭어페어즈의 조셀린 페드로<sup>Jocelynn Pedro</sup>와 포티에<sup>Fortier</sup>의 마르크 포티에 <sup>Mark Fortier</sup>, 메건 포스코<sup>Megan Posco</sup>에게 감사를 드린다. 책은 팀의 노력으로 만들어진다. 그리고 이들 모두 정말로 환상적인 팀이었다. 마음 깊이 감사드린다.

HBS의 지원 마법사 애덤 다비<sup>Adam Davi</sup>에게 감사를 드린다. 그는 모든 행정적인 문제에서 도움을 주었다. 그중에는 출처를 찾고, 인터뷰 대상을 물색하고, 주석을 순서대로 정렬하는 중요한 과제가 포함되어 있다. 켈시 쿠닥<sup>Kelsey Kudak</sup>에게는 비즈니스 및 그 외의 이야기로 가득한 원고, 최근 및 역사적인 사건들, 사회과학 연구, 철학 등과 관련해서 전분적인 팩트체크 작업을 수행해준 것에 감사드린다. 그럼에도 남겨진 실수는 모두 우리의 책임이다. 또한 수전 윈터버그<sup>Susan Winterberg</sup>에게도 특별한 감사를 표한다. 그녀는 나의 첫 번째 연구 영역인 해고와 관련해서 최고 사례들을 조사함으로써 이 책의 근간을 마련해줬다.

그리고 나머지는 굽타에 대한 고마움이다. 굽타와 함께하는 시간은 즐거움이었다. 그는 재능이 뛰어나고, 어두운 곳에 스스로를 가둘 만큼 용감하고, 대단히 상냥하다. 처음에 나는 그의 이러한 특징을 하나도 알지 못했음에도 함께하기로 선택했다. 나는 HBS 연구원 자리에 지원한 모두에게 일련의 정보를 제공하고, 그것을 바탕으로 사례 연구의 형태로 글을 쓰도록 했다. 나는 굽타의 글에서 예전에 미처 알지 못했던 뭔가를 보았다. 그는 확실한 사실을 작성했고, 몇 문장마다 주석을 삽입했다. '여기에 이 주장을 뒷받침할 데이터를 추가하겠다'라거나 '이 주장을 완성하기 위해 더 많은 정보를 수집하겠다'라는 식으로 말이다. 다시 말해, 굽타는 거기에 어떤 정보가 있어야 하는지 알았고, 이야기를 완성하는 데 무엇이 필요한지 파악했다. 이는 보기 드문 재능이다. 그리고 큰 그림과 전략적 건축가, 이야기를 만들어내는 사람의 특성을 모두 갖춘 굽타는 광부의 모자를 쓰고 횃불을 든 채 용감하게 기회의 굴을 향해 들어가는 사람이다.

다양한 이야기와 더불어 마오쩌둥과 네 가지 유해동물에 관한 이야기, 퀘이커 교도가 사업가로서 신뢰를 얻었던 이야기 모두 굽타의 작품이다. 나는 코로나 이전 시대에 큰 방에서 우리 모두의 그림을 그리고, 굽타에게 무엇을 그린 건지 설명하면서 축하해달라고 요청했다. 그리고 우리 모두는 박수를 쳤다. 이제 당신의 박수 소리를 듣고 싶다.

좀 더 개인적으로, 나는 운 좋게도 사랑하고 의지하는 친구들과 오랜 세월을 함께했다. 페이스 골드쇼어Faith Goldshore와 롭 프리드먼 Rob Friedman, 캐런과 앤디 엡스타인Karen and Andy Epstein, 제시카 울프Jessica Wolfe와 톰 블로흐Tom Bloch, 칼리스 볼드윈Carliss Baldwin과 랜디 호손Randy Hawthorne, 줄리앤Julianne Rose과 클레이턴 로즈 모두에게 감사드린다.

마지막으로, 신뢰가 시작된 사랑하는 가족에게 고마움을 전한다. 부모님인 제리Jerry와 진Jean은 진정한 사랑이 어떤 것인지를 보여주셨다. 함께 자란 전우인 수전Susan과 마크Mark는 지금도 여전히 전우로 남아 있다. 내가 알고 있는 가장 강인하고 현명한 남자인 남편 리처드Richard, 지칠 줄 모르는 열정적인 코치인 우리 딸 리비 제이콥슨Libby

Jacobson, 우리를 돌봐주는 항상 신중한 아들인 앤드루 서처-제이콥슨 Andrew Sucher-Jacobson, 재능 있고 사랑스러운 며느리 에이미 안Amy An, 그리고 우리의 손녀 올리비아Olivia와 이슬라Isla에게 감사한 마음을 전한다. 이들은 우리 눈앞에 펼쳐진 미래다. 신뢰에 시작은 있지만 끝은 없다.

— 샌드라 서처

샌드라의 진심 어린 감사와 함께 내 자신의 고마움의 말을 덧붙이고 싶다. HBS에서 처음으로 일을 시작했을 때, 인사담당자는 내게 이런 말을 했다. "샬린, 샌드라와 함께 일하게 되다니 대단히 운이 좋군요. 분명히 그를 사랑하게 될 겁니다. 두 사람은 환상적인 파트너가 될 거예요." 사실 그것은 그에 대한 과소평가였다. 서처에게는 상대방에게서 최고를 이끌어내는 능력이 있다. 그는 모두가 마음속에 품고 있는 아이디어를 밖으로 드러내게 만드는 일이 자신의 임무라고 믿기 때문이다. 그는 내가 미처 깨닫지 못한 방식으로 귀를 기울인다. 그는 상대방의 말을 들을 뿐 아니라, 상대가 내놓은 모든 아이디어의 장점을 진지하게 숙고한다. 사실 나는 그 정도의 지위에 있는 사람이 그들의 연구원이 제안한 아이디어를 받아들여 이야기의 틀을 다시 짤 것이라고는 상상하지 못했다. 서처는 멋지고 기분 좋게 내 제안을 받아들였을 뿐만 아니라, 그 아이디어를 적극적으로 활용했다.

우리는 전 세계를 돌며 아침 일찍 인터뷰를 하고, 그의 사무실에서 칠판에 장별 주제를 정리하며 오후 시간을 보냈다. 주말에 전화로 원고를 교정하기도 하고, 늦은 밤 편집한 내용을 주고받았다. 그와 함께 일할 수 있다는 사실은 내게 놀라운 특권이자 대단한 즐거움이었다. 서처를 알게 되어 정말로 기쁘다. 나는 그에게서 직업적으로 그리고 개인적으로 많은 것을 배웠다. 나는 때로 내 자신에게 '서처였다면 어떻게 할까?'라고 물었다. 그리고 그러한 물음으로 내 삶은 언제나 더 나아졌다. 우리의 만남에 진심으로 감사를 드린다.

이 책을 쓰기 위해 우리는 참으로 많은 사람과 인터뷰를 나눴다. 우리가 만난 사람들의 이름을 정리하는 것만으로도 한 권의 책이 만들어질 것이다. 우리와 함께 이야기를 나눠준 모든 이들에게 깊은 감사를 드린다. 비록 모두의 이야기를 소개할 수는 없었지만, 그것은 우리의 생각에 영향을 미쳤고 이 책의 기반이 되었다. 모두가 허락해준 시간과 관대함에 고마움을 전한다.

끝없는 지원과 인내, 날카로운 편집, 출판 세상의 아름다운 이야기에 대해 피터 번스타인에게 감사드린다. 그리고 '더 많은 색채를 가미하라'는 존 매허니의 끊임없는 격려는 내가 더 많은 자료를 뒤지고 인터뷰를 나눌 사람을 찾도록 만들었다. 당신의 칭찬은 내 기쁨이었고, 당신의 유머는 참호 속 불빛이었다. 당신으로 인해 이 책은 훨씬 더 좋은 작품이 되었다. 이는 내게 영광이자 특권이다. 다음으로 우리의

감사의 글

모든 문장을 꼼꼼하게 다듬어준 켈시 쿠닥에게 감사를 드린다. 구체적인 사항에 대한 그의 집중력은 참으로 놀라웠다. 마찬가지로 HBS 글로벌 연구소에게도 감사의 마음을 전하고 싶다. 그들은 이야기를 찾아내고, 인터뷰를 조율하고, 모든 질문에 대한 자문 역할을 해줬다. 특히 에셀 체킨Esel Cekin, 감즈 유카오글루Gamze Yucaoglu, 페어스 크라이스Fares Khrais, 사토 노부오, 안잘리 라이나Anjali Raina, 라흐나 타힐야Rachna Tahilyani에게 감사함을 전한다.

구체적인 편집 지침과 현명한 조언, 깊은 따스함에 대해 에이미 번스타인에게 감사드린다. 사무실 동료이자 이웃 그리고 친구인 윌 허위츠Will Hurwitz도 빼놓을 수 없다. 모든 힘든 문제를 해결해준 애덤 다비에게도 고마움을 표한다.

나는 우정에서도 대단한 행운아다. 가비 세스Garvi Sheth, 데니스 린Denise Lin, 제이미 히트먼Jamie Hittman, 닉스 존스턴Nix Johnston, 차오 카오Chao Cao, 앨프레드 밀러Alfred Miller, 윤주상Younjoo Sang, 매넌 버호트Manon Verchot, 벤저민 스나이더Benjamin Snyder, 로런 배리Lauren Barry, 시리 라시Siri Raasch, 하이디 리우Heidi Liu, 알렉산더 라비치Alexander Ravich, 켈리 카나한Kelly Carnahan, 밸러리 올리스Valerie Ollis, 샌드라와 라긴 칸지Sandra and Raageen Kanjee는 내게 현명한 조언과 지원을 아끼지 않았다. 내가 더 잘하도록 격려해주고, 넘어졌을 때 일으켜주고, 응원과 함께 신뢰와 신뢰 연구에 관한 수많은 이야기를 참고 들어준 것에 감사드린다.

우리 부모님인 수바시 굽타Subhash Gupta와 체린우Che Lin Woo는 처음부터 글쓰기에 대한 나의 사랑을 믿어주셨고, 내가 꿈을 좇을 수 있도록 많은 것을 희생하셨다. 글로는 결코 감사함을 충분히 표현할 수 없을 것이다. 항상 내 곁에 있어주고, 어려움에 처했을 때 내 말을 들어주셨다. 필요할 때마다 나를 격려해주고, 내가 글을 쓸 수 있도록 다양한 관심을 쏟아주신 것에 언제나 감사한 마음뿐이다. 마지막으로 뜨거운 관심과 인내심, 다양한 패스트리로 내게 신뢰의 용기를 줬던 어시어 칸지Usheer Kanjee에게 고마움의 말을 전한다.

— 샬린 굽타

감사의 글

## 들어가며

1. Federal Deposit Insurance Corporation, "Historical Timeline: The 1980s," accessed August 1, 2020, www.fdic.gov/about/history/timeline /1980s. html.

2. Kathleen Elkins, "A Brief History of the 401(k), Which Changed How Americans Retire," *CNBC*, January 4, 2017, www.cnbc.com/2017/01/04/ a-brief-history-of-the-401k-which-changed-how-americans-retire.html.

3. Donald Bernhardt and Marshall Eckblad, "Stock Market Crash of 1987," Federal Reserve History, www.federalreservehistory.org/essays/stock_ market_crash_of_1987.

4. Bernhardt and Eckblad, "Stock Market Crash of 1987."

5. Bernhardt and Eckblad, "Stock Market Crash of 1987."

6. Robert Rich, "The Great Recession," Federal Reserve History, accessed August 19, 2020, www.federalreservehistory.org/essays/great recession of_200709.

7. Bhargav Srinivasan, "Artificial Intelligence and Ethics Implications" (unpublished manuscript, last modified May 12, 2019), Microsoft Word file.

8. Matt Reynolds, "Biased Policing Is Made Worse by Errors in Pre-Crime Algorithms," *NewScientist*, October 4, 2017, www.newscientist.com/ article/mg23631464-300-biased-policing-is-made-worse-by-errors-in-pre-

crime-algorithms/.

9. Danielle Ensign, Sorelle A. Friedler, Scott Neville, Carlos Scheidegger, and Suresh Venkatasubramanian, "Runaway Feedback Loops in Predictive Policing," *Proceedings of Machine Learning Research* 81 (2018): 1–12, https://arxiv.org/abs/1706.09847; Srinivasan, "Artificial Intelligence and Ethics Implications."

10. Calum Chace, *The Economic Singularity: Artificial Intelligence and the Death of Capitalism* (Three Cs: 2016).

11. Jonathan Watts, "We Have 12 Years to Limit Climate Change Catastrophe, Warns UN," *The Guardian*, October 8, 2018, www.theguardian.com/environment/2018/oct/08/global-warming-must-not-exceed-15c-warns-landmark-un-report.

12. Watts, "We Have 12 Years."

13. Intergovernmental Panel on Climate Change (IPCC), "Global Warming of 1.5 °C," accessed August 2, 2020, www.ipcc.ch/sr15/chapter/summary-for-policy-makers.

# 1장

1. Judith Rehak, "Tylenol Made a Hero of Johnson & Johnson: The Recall That Started Them All," *New York Times*, March 23, 2002, www .nytimes .com/2002/03/23/your-money/IHT-tylenol-made-a-hero-of-johnson-johnson-the-recall-that-started.html.

2. Rehak, "Tylenol Made a Hero."

3. Clayton S. Rose, Sandra J. Sucher, Rachel Gordon, and Matthew Preble, "On Weldon's Watch: Recalls from 2009 to 2010" (HBS Case No. 9-311-029, Harvard Business School, October 21, 2010), 6.

4. Rose et al., "On Weldon's Watch," 3.

5. Roger C. Mayer, James H. Davis, and F. David Schoorman, "An Integrative

Model of Organizational Trust," *Academy of Management Review* 20, no. 3 (July 1995): 712; Annette Baier, "Trust and Antitrust," *Ethics* 96, no. 2 (January 1986): 235.

6. Robert C. Solomon and Fernando Flores, *Building Trust in Business, Politics, Relationships, and Life* (New York: Oxford University Press, 2001), 236.

7. Solomon and Flores, *Building Trust*, 6.

8. Rose et al., "On Weldon's Watch."

9. Baier, "Trust and Antitrust," 231–260.

10. Baier, "Trust and Antitrust," 232.

11. Baier, "Trust and Antitrust," 234.

12. Baier, "Trust and Antitrust," 238.

13. Goodreads, "Robert C. Solomon," accessed May 28, 2020, www.goodreads.com/author/show/9704.Robert_C_Solomon.

14. Stephen Knack and Philip Keefer, "Does Social Capital Have an Economic Payoff ? A Cross-Country Investigation," *Quarterly Journal of Economics* 112, no. 4 (1997): 1251–1288,www.jstor.org/stable/2951271.

15. Knack and Keefer, "Does Social Capital."

16. Kurt T. Dirks, "Trust in Leadership and Team Performance: Evidence from NCAA Basketball," *Journal of Applied Psychology* 85, no. 6 (2000): 1004–1012, https://psycnet.apa.org/record/2000-16508-016.

17. Tony Simons, "The High Cost of Lost Trust," *Harvard Business Review*, September 2002, https://hbr.org/2002/09/the-high-cost-of-lost-trust.

18. Dirks, "Trust in Leadership," 21.

19. Edelman, "2018 Edelman Trust Barometer," accessed July 16, 2018, www.edelman.com/sites/g/files/aatuss191/files/2018-10/2018_Edelman_Trust_Barometer_Global_Report_FEB.pdf.

20. Edelman, "2020 Edelman Trust Barometer," accessed July 18, 2020, www.edelman.com/sites/g/files/aatuss191/files/2020-01/2020%20Edelman%20Trust%20Barometer%20Global%20Report.pdf, 22.

21. Edelman, "2020 Trust Barometer," 7.

22. Edelman, "2020 Trust Barometer," 12.

23. PricewaterhouseCoopers, "20th CEO Survey," accessed July 16, 2018, www.pwc.com/gx/en/ceo-survey/2017/pwc-ceo-survey-report-2017.pdf.

24. Troy Segal, "Enron Scandal: The Fall of a Wall Street Darling," *Investopedia*, May 4, 2020, www.investopedia.com/updates/enron-scandal-summary/.

25. Adam Hayes, "The Rise and Fall of WorldCom," *Investopedia*, May 5, 2020, www.investopedia.com/terms/w/worldcom.asp.

26. PricewaterhouseCoopers, "20th CEO Survey."

27. Niccolo Machiavelli, "Cruelty and Compassion; and Whether It Is Better to Be Loved or Feared, or the Reverse," in *The Prince*, 53–56 (New York: Penguin Classics, 1999).

28. Machiavelli, "Cruelty and Compassion," 54.

29. Jason A. Colquitt and Jessica B. Rodell, "Justice, Trust, and Trustworthiness: A Longitudinal Analysis Integrating Three Theoretical Perspectives," *Academy of Management Journal* 54, no. 6 (2011): 1183.

## 2장

1. Adam Lashinsky, *Wild Ride: Inside Uber's Quest for World Domination* (New York: Penguin, 2017), 80.

2. Uber, "The History of Uber," accessed August 8, 2020, www.uber.com/newsroom/history/.

3. Luz Lazo, "Uber Turns 5, Reaches 1 Million Drivers and 300 Cities Worldwide. Now What?," *Washington Post*, June 4, 2015, www.washingtonpost.com/news/dr-gridlock/wp/2015/06/04/uber-turns-5-reaches-1-million-drivers-and-300-cities-worldwide-now-what/.

4. John Paul Titlow, "Uber to Riders: We Won't Screw You in the Blizzard,"

*Fast Company*, January 26, 2015, www.fastcompany.com/3041453/ uber-to-riders-we-wont-screw-you-in-the-blizzard.

5. Alison Griswold, "Uber's Response to the Chelsea Bombing Says a Lot About Uber," *Quartz*, September 19, 2016, https://qz.com/785585/ ubers-response-to-the-chelsea-bombing-says-a-lot-about-uber-and-its-handling-of-surge-pricing/.

6. Davey Alba, "A Short History of the Many, Many Ways Uber Screwed Up," *Wired*, June 21, 2017, www.wired.com/story/timeline-uber-crises/.

7. "Family of 6-Year-Old Girl Killed by Uber Driver Settles Lawsuit," Bay City News, July 15, 2015, https://abc7news.com/san-francisco-uber-driver-syed-muzaffar -muzzafar/852108/.

8. Alba, "Short History."

9. Casey Newton, "This Is Uber's Playbook for Sabotaging Lyft," *Verge*, August 26, 2014, www.theverge.com/2014/8/26/6067663/this-is-ubers-playbook-for-sabotaging-lyft.

10. Susan Fowler, "Reflection on One Very, Very Strange Year at Uber," SusanJFowler.com, February 19, 2017, www.susanjfowler.com/blog /2017 /2 /19 /reflecting-on-one-very-strange-year-at-uber.

11. Sarah Jeong, "Who Blinked First in Waymo v. Uber?," *Verge*, February 9, 2018, www.theverge.com/2018/2/9/16997394/waymo-v-uber-trial-settlement-explained.

12. Mike Isaac, "How Uber Deceives the Authorities Worldwide," *New York Times*, March 3, 2017, www.nytimes.com/2017/03/03/technology /uber-greyball-program-evade-authorities.html.

13. Kara Swisher and Johana Bhuiyan, "A Top Uber Executive, Who Obtained the Medical Records of a Customer Who Was a Rape Victim, Has Been Fired," *Vox*, June 7, 2017, www.vox.com/2017/6/7/15754316/ uber-executive-india-assault-rape-medical-records.

14. Kara Swisher, "Perkins Coie's Lawyer on Uber Firings: 'We Were Very Dogged' in Investigating Misbehavior and It's Still Not Over," *Vox*, June

6, 2017, www.vox.com/2017/6/6/15749216/perkins-coie-lawyer-bobbie-wilson-uber-firings-dogged-investigating-misbehavior-not-over.

15. Meghann Farnsworth, "Read the Full Investigation into Uber's Troubled Culture and Management," *Vox*, June 13, 2017, www.recode.net/2017/6/13/15794412/read-entire-investigation-uber-culture-management-ethics-eric-holder.

16. Kate Conger, "Uber Founder Travis Kalanick Leaves Board, Severing Last Tie," *New York Times*, December 24, 2019, www.nytimes.com/2019/12/24/technology/uber-travis-kalanick.html.

17. Rani Molla, "Lyft Has Eaten into Uber's U.S. Market Share, New Data Suggests," *Vox*, December 12, 2018, www.vox.com/2018/12/12/18134882/lyft-uber-ride-car-market-share.

18. Molla, "Lyft Has Eaten into Uber's U.S. Market Share."

19. Mike Isaac, Michael J. de la Merced, and Andrew Ross Sorkin, "How the Promise of a $120 Bilion Uber I.P.O. Evaporated," *New York Times*, May 15, 2019, www.nytimes.com/2019/05/15/technology/uber-ipo-price.html.

20. Andrew J. Hawkins, "Uber Goes Public: Everything You Need to Know About the Biggest Tech IPO in Years," *Verge*, May 10, 2019, www.theverge.com/2019/5/10/18564197/uber-ipo-stock-valuation-pricing-fares-drivers-public-market.

21. Lauren Feiner, "Uber Ends Its First Day of Trading Down More Than 7%," CNBC, May 10, 2019, www.cnbc.com/2019/05/10/uber-ipo-stock-starts-trading-on-the-new-york-stock-exchange.html.

22. Isaac, de la Merced, and Sorkin, "How the Promise of a $120 Billion Uber I.P.O. Evaporated."

23. Nick Statt, "#DeleteUber Reportedly Led 200,000 People to Delete Their Accounts," *Verge*, February 2, 2017, www.theverge.com /2017 /2 /2/14493760/dcelete-uber-protest-donald-trump-accounts-deleted.

24. Laura M. Holson, "To Delete or Not to Delete: That's the Uber Question," *New York Times*, November 21, 2014, www.nytimes.com/2014/11/23/

fashion/uber-delete-emil-michael-scandal.html.

25. Johana Bhuiyan, "Uber Powered 4 Billion Rides in 2017. It Wants to Do More—and Cheaper—in 2018," *Vox*, January 5, 2018, www.recode. net/2018/1/5/16854714/uber-four-billion-rides-coo-barney-harford-2018-cut-costs-customer-service.

26. "Aristotle's Rhetoric," Stanford Encyclopedia of Philosophy, accessed July 6, 2020, https://plato.stanford.edu/entries/aristotle-rhetoric/.

27. Roger C. Mayer, James H. Davis, and F. David Schoorman, "An Integrative Model of Organizational Trust," *Academy of Management Review* 20, no. 3 (July 1995): 709–734,www.jstor.org/stable/258792.

28. Shankar Ganesan, "Determinants of Long-Term Orientation in Buyer-Seller Relationships," *Journal of Marketing* 58 (April 1994): 1–19.

29. Daniel J. McAllister, "Affect-Based and Cognition-Based Trust as Foundations for Interpersonal Cooperation in Organizations," *Academy of Management Journal* 38, no. 1 (February 1995): 37.

30. McAllister, "Affect-Basedand Cognition-Based Trust," 52.

31. McAllister, "Affect-Based and Cognition-Based Trust," 52.

32. Michael Pirson and Deepak Malhotra, "Foundations of Organizational Trust: What Matters to Different Stakeholders?," *Organization Science* 22, no. 4 (2011): 1092.

33. Brad Stone, *The Upstarts: How Uber, Airbnb, and the Killer Companies of the New Silicon Valley Are Changing the World* (Boston: Little, Brown, 2017), 69–75.

34. Stone, *The Upstarts*, 72.

35. Richard Trenholm, "How's My Driving? Uber to Track Drivers Who Brake Too Hard or Drive Too Fast," *CNET*, June 29, 2016,www.cnet.com/news/hows-my-driving-uber-to-track-drivers-who-brake-hard-or-break-speed-limit/.

36. Douglas MacMillan, "Uber's App Will Soon Begin Tracking Driving Behavior," *Wall Street Journal*, June 29, 2016, www.wsj.com/

articles/ubers-app-will-soon-begin-tracking-driving-behavior-1467194404?mod=LS1.

37. Lisa Eadicicco, "Uber Is Tracking Drivers' Phones to Watch for Speeding," *Time*, June 29, 2016, https://time.com/4387031/uber-driver-app-tracking/.

38. Max Chafkin, "Admit It, You Love Uber," *Fast Company*, September 8, 2015, www.fastcompany.com/3050762/admit-it-you-love-uber.

39. Sandra J. Sucher and Stacy McManus, "The Ritz-Carlton Hotel Company" (HBS Case No. 601-163, Harvard Business School, 2001), 12.

40. Sucher and McManus, "The Ritz-Carlton,"28.

41. The Ritz-Carlton,"Gold Standards," www.ritzcarlton.com/en/about/gold-standards, quoted in Sucher and McManus, "The Ritz-Carlton,"28.

42. Sucher and McManus, "The Ritz-Carlton,"15.

43. Sucher and McManus, "The Ritz-Carlton,"29.

44. Sucher and McManus, "The Ritz-Carlton,"13.

45. Sucher and McManus, "The Ritz-Carlton,"13–14.

46. The Ritz-Carlton New York, "Awards, Honors, and Accolades," accessed September 21, 2020, https://s7d2.scene7.com/is/content /ritzcarlton/The_Ritz -Carlton_New_York_Central_Park_-_Awards___Accolades_as_of_Feb._2020pdf.

47. The Ritz Carlton, "Awards," accessed September 21, 2020, www.ritzcarlton.com/an/about/awards.

48. Walter Isaacson, *Steve Jobs* (New York: Simon & Schuster, 2011), 558.

49. Pete Mortenson, "iPod Week: How FireWire Changed Everything," *Wired*, October 24, 2006, www.wired.com/2006/10/ipod-week-how-f/.

50. Rod Adner, "From Walkman to iPod: What Music Tech Teaches Us About Innovation,"*The Atlantic*, March 5, 2012, www.theatlantic.com/business/archive/2012/03/from-walkman-to-ipod-what-music-tech-teaches-us-about-innovation/253158/.

51. Sayan Chatterjee and Kayleigh Fitch, "Uber: Leading the Sharing

Economy,"Ivey Business Publishing case study, February 22, 2016.

52. Stone, *The Upstarts*, 67.

53. M. G. Siegler, "Uber CEO: I Think I've Got 20,000 Years of Jail Time in Front of Me," *TechCrunch*, May 25, 2011, https://techcrunch.com/2011/05/25/uber-airbnb-jail-time/.

54. Virginia Weiler, Paul Farris, Gerry Yemen, and Kusum Ailawadi, "Uber Pricing Strategies and Marketing Communications," Darden School of Business, University of Virginia, Charlottesville, May 2, 2016.

55. Salvatore Cantale and Sarah Hutton, "Uber: An Empire in the Making?," IMD Business School, Lausanne, Switzerland, December 12, 2016, 6.

56. Matt Flegenheimer and Emma G. Fitzsimmons, "City Hall and Uber Clash in Struggle over New York Streets," *New York Times*, July 16, 2015, www.nytimes.com/2015/07/17/nyregion/city-hall-and-uber-clash-in-struggle-over-new-york-streets.html.

57. Fitz Tepper, "Uber Launches 'De Blasio's Uber' Feature in NYC with 25-Minute Wait Times," *TechCrunch*, July 16, 2015, https://techcrunch.com/2015/07/16/uber-launches-de-blasios-uber-feature-in-nyc-with-25-minute-wait-.

58. Matt Flegenheimer, "City Hall, in a Counterattack, Casts Uber as a Corporate Behemoth," *New York Times*, July 20, 2015, www.nytimes.com/2015/07/21/nyregion/city-hall-in-a-counterattack-casts-uber-as-a-corporate-behemoth.html?module=inline.

59. Matt Flegenheimer, "De Blasio Administration Dropping Plan for Uber Cap, for Now," *New York Times*, July 22, 2015, www.nytimes.com/2015/07/23/nyregion/de-blasio-administration-dropping-plan-for-uber-cap-for-now.html.

60. Nate Lanxon and Andrew Hoyle, "The Complete History of Apple's iPod,"*CNET*, October 25, 2011, www.cnet.com/pictures/the-complete-history-of-apples-ipod/.

61. "iPod Killers That Didn't," *Forbes*, October 23, 2006, www.forbes.

com/2006/10/20/ipod-zune-rio-tech-media-cx_rr_1023killers
.html#27377c9c1a91.

62. "iPod Killers That Didn't."

63. Andrew Greiner, Matt McFarland, Ivory Sherman, and Jen Tse, "A History of Lyft, from Fuzzy Pink Mustaches to Global Ride Share Giant,"*CNN Business*, April 2, 2019, www.cnn.com/interactive/2019/03/business/lyft-history/index.html.

64. Newton, "This Is Uber's Playbook."

65. Newton, "This Is Uber's Playbook."

66. Alba, "The Many, Many Ways Uber Screwed Up."

67. Cassandra Khaw, "Uber Accused of Booking 5,560 Fake Lyft Rides," *Verge*, August 12, 2014, www.theverge.com/2014/8/12/5994077/uber-cancellation-accusations.

68. Noam Scheiber, "How Uber Uses Psychological Tricks to Push Its Drivers' Buttons," *New York Times*, April 2, 2017, www.nytimes.com/interactive/2017/04/02/technology/uber-drivers-psychological-tricks.html.

69. Scheiber, "How Uber Uses Psychological Tricks."

70. Sucher and McManus, "The Ritz-Carlton,"12.

71. Sucher and McManus, "The Ritz-Carlton,"23.

72. Dawn Bailey, "Is the Customer Really Always Right? A Hotel Company Invests in Its Employees First," *NIST*, July 27, 2017, www.nist.gov/blogs/blogrige/customer-really-always-right-hotel-company-invests-its-employees-first.

73. Sucher and McManus, "The Ritz-Carlton,"6.

74. Aarian Marshall, "New York City Goes After Uber and Lyft," *Wired*, August 8, 2010, www.wired.com/story/new-york-city-cap-uber-lyft/.

75. Henry Goldman, "NYC Mayor Seeks to Extend Uber, Lyft Limits to Combat Congrestion," *Bloomberg*, June 12, 2019, www.bloomberg.com/news/articles/2019-06-12/nyc-mayor-seeks-to-extend-uber-lyft-

limits-to-combat-congestion.

76. Andrew J. Hawkins, "New York City Extends Its Cap on New Uber and Lyft Vehicles," *Verge*, August 7, 2019, www.theverge.com /2019 /8 /7 /20758796/nyc-uber-lyft-cap-extended-tlc-de-blasio.

77. Jonathan Stempel, "Uber Sues New York City over Cruising and Licensing Caps, " Reuters, September 20, 2019, www.reuters.com/article/ us -uber-new-york/uber-sues-new-york-city-over-cruising-and-licensing-caps-idUSKBN1W52AV.

78. Elizabeth Kim, "Judge Strikes Down De Blasio's Cruising Time Caps on Uber, Lyft," Gothamist, December 24, 2019, https://gothamist.com/news/ judge-strikes-down-de-blasios-cruising-time-restrictions-uber-lyft.

79. Holson, "To Delete or Not to Delete."

80. Uber, "Uber Announces Results for Fourth Quarter and Full Year 2019," February 6, 2020, https://investor.uber.com/news-events/news/press-release-details/2020/Uber-Announces-Results-for-Fourth-Quarter-and-Full-Year-2019/.

81. Heather Somerville, "Study Finds Uber's Growth Slows After Year of Scandal; Lyft Benefits," Reuters, May 14, 2018, www.reuters.com/article/ us-uber-growth/study-finds-ubers-growth-slows-after-year-of-scandal-lyft-benefits-idUSKCN1IF31A.

82. Somerville, "Study Finds."

83. Rani Molla, "Lyft Has Eaten into Uber's U.S. Market Share, New Data Suggests," *Vox*, December 12, 2018, www.vox. com/2018/12/12/18134882/lyft-uber-ride-car-market-share.

84. Elizabeth Schulze, "Uber Drivers' Strike Takes Off in Front of Company Headquarters Ahead of $90 Billion IPO," CNBC, May 8, 2019,www. cnbc.com/2019/05/08/uber-drivers-strike-over-low-wages-benefits-ahead-of-ipo.html.

85. Kate Conger, "Uber's First Earnings Report After I.P.O.: $1 Billion Loss," *New York Times*, May 30, 2019, www.nytimes.com/2019/05/30/

technology/uber-earnings-report.html.

## 3장

1. Mindy Scheier, "How Adaptive Clothing Empowers People with Disabilities," TED [video], November 2017, www.ted.com/talks/mindy_scheier_how_adaptive_clothing_empowers_people_with_disabilities/transcript.

2. Scheier, "How Adaptive Clothing Empowers."

3. Centers for Disease Control and Prevention, "Disability Impacts All of Us," accessed November 13, 2020, www.cdc.gov/ncbddd/disabilityandhealth/infographic-disability-impacts-all.html.

4. Cindy Boren, "A Timeline of Colin Kaepernick's Protests Against Police Brutality,Four Years After They Began," *Washington Post*, August 26, 2020, www.washingtonpost.com/sports/2020/06/01/colin-kaepernick-kneeling-history/.

5. The State of Fashion 2019 (New York: McKinsey & Company), 47, accessed April 24,2020, www.mckinsey.com/~/media/McKinsey/Industries/Retail/Our%20Insights/The%20State%20of%20Fashion%202019%20A%20year%20of%20awakening/The-State-of-Fashion-2019-final.pdf.

6. Mike Gröndahl, Keith Collins, and James Glanz, "The Dangerous Flaws in Boegin's Automated System," *New York Times*, April 4, 2019, www.nytimes.com/interactive/2019/03/29/business/boeing-737-max-8-flaws.html.

7. David Gelles, " 'I Honestly Don't Trust Many People at Boeing': A Broken Culture Exposed," *New York Times*, January 10, 2020,www.nytimes.com/2020/01/10/business/boeing-737-employees-messages.html.

8. Kevin Granville, "Facebook and Cambridge Analytica: What You Need to Know as Fallout Widens," *New York Times*, March 19, 2018, www.

nytimes.com/2018/03/19/technology/facebook-cambridge-analytica-explained.html?mtrref=www.google.com, accessed October 2018.

9. Martha C. Nussbaum, *Love's Knowledge: Essays on Philosophy and Literature* (New York: Oxford University Press, 1990), 163.

10. Matthew Huston, "Selfishness Is Learned," *Nautilus*, June 9, 2016, http://nautil.us/issue/37/currents/selfishness-is-learned.

11. David G. Rand, Joshua D. Greene, and Martin A. Nowak, "Spontaneous Giving and Calculated Greed," *Nature* 489, no. 7416 (2012): 427–430.

12. David G. Rand, "Cooperation, Fast and Slow: Meta-Analytic Evidence for a Theory of Social Heuristics and Self-Interested Deliberation," *Psychological Science* 27, no. 9 (2016): 1192–1206.

13. Ernst Fehr and Ivo Schurtenberger, "Normative Foundations of Human Cooperation," *Nature Human Behaviour* 2, no. 7 (2018): 458–486.

14. Daniel L. Ames and Susan T. Fiske, "Intentional Harms Are Worse, Even When They're Not," *Psychological Science* 24, no. 9 (September 2013): 1755–1762.

15. Daniel L. Ames and Susan T. Fiske, "Perceived Intent Motivates People to Magnify Harms," *PNAS* 112, no. 12 (March 2015): 3599–3605.

16. Casey Newton, "This Is Uber's Playbook for Sabotaging Lyft," *Verge*, August 26, 2014, www.theverge.com/2014/8/26/6067663/this-is-ubers-playbook-for-sabotaging-lyft.

17. "Test Act," *Encyclopedia Britannica*, accessed April 30, 2020, www.britannica.com/topic/test-act.

18. Richard Turnbull, Quaker Capitalism: Lessons for Today (Oxford: Centre for Enterprise, Markets and Ethics, 2014), 14, http://theceme.org/wp-content/uploads/2015/07/Quaker-Capitalism.pdf.

19. Niko Matouschek, "If You're Getting Ripped Off, It's Not Surprising," Kellogg School of Management, accessed April 30, 2020, www.kellogg.northwestern.edu/trust-project/videos/matouschek-ep-3.aspx.

20. "Doing Business the Quaker Way," *Forbes*, October 9, 2009, www.

forbes.com/2009/10/09/quaker-business-meetings-leadership-society-friends.html#375dfe4e29fa.

21. "Doing Business the Quaker Way."

22. Turnbull, Quaker Capitalism, 29.

23. Hope Leith, "A Community of Exiles: The Quakers in 18th-Century Literature and Society," *Man and Nature* 10 (1991): 96, www.erudit.org/en/journals/man/1991-v10-man0303/1012626ar.pdf.

24. Turnbull, Quaker Capitalism, 9.

25. Leith, "Community of Exiles," 96.

26. Turnbull, Quaker Capitalism, 30.

27. Peter Jackson, "How Did Quakers Conquer the British Sweet Shop?," *BBC News*, January 20, 2010, http://news.bbc.co.uk/2/hi/uk_news/magazine/8467833.stm.

28. Turnbull, Quaker Capitalism, 10.

29. Jackson, "How Did Quakers Conquer the British Sweet Shop?"

30. Turnbull, Quaker Capitalism, 7.

31. "Aviva Agrees Friends Life Takeover," *BBC News*, December 2, 2014, www.bbc.com/news/business-30288738.

32. The Wharton School, "History of Wharton," accessed September 21, 2020, www.wharton.upenn.edu/history/.

33. William T. Allen, "Our Schizophrenic Conception of the Business Corporation," *Cardozo Law Review* 14, no. 2 (1992): 261, https://heinonline-org.ezp-prod1.hul.harvard.edu/HOL/Page?lname=&public=false&collection=journals&handle=hein.journals/cdozo14&men_hide=false&men_tab=toc&kind=&page=261.

34. John Danley, "Beyond Managerialism: After the Death of the Corporate Statesperson," *Business Ethics Quarterly* (1998): 21–30, www-jstor-org.ezp-prod1.hul.harvard.edu/stable/41968760?pq-origsite=summon&seq=1#metadata_info_tab_contents.

35. Allen, "Our Schizophrenic Conception," 269.

36. Thomas M. Garrett, *Ethics in Business* (New York: Sheed and Ward,1963), 16.

37. Allen, "Our Schizophrenic Conception," 266.

38. Allen, "Our Schizophrenic Conception," 266.

39. Milton Friedman, "The Social Responsibility of Business Is to Increase Its Profits," *New York Times Magazine*, September 13, 1970, http://umich. edu/~thecore/doc/Friedman.pdf.

40. Allen, "Our Schizophrenic Conception," 266.

41. Andrew Ross Sorkin, "How Shareholder Democracy Failed the People," *New York Times*, August 20, 2019, www.nytimes.com/2019/08/20/ business/dealbook/business-roundtable-corporate-responsibility.html.

42. "Confidence in Major Companies," GSS Data Explorer, accessed May 15, 2020, https://gssdataexplorer.norc.org/trends/Politics?measure=conbus.

43. "Redefining the C-uite: Business the Millennial Way," American Express, 2020, www.americanexpress.com/content/dam/amex/uk/staticassets/ pdf/AmexBusinesstheMillennialWay.pdf.

44. Unilever, "Our History," accessed August 15, 2020, www.unilever.com/ about/who-we-are/our-history/.

45. "Unilever," *Encyclopedia Britannica*, last modified March 13, 2020, www.britannica.com/topic/Unilever.

46. Unilever, "Dove," accessed August 15, 2020, www.unilever.com/brands/ personal-care/dove.html.

47. P. J. Bednarski, "Unilever Chief Says Some of Its Brands Without 'Purpose' May Have to Go," *MediaPost*, July 26, 2019, www.mediapost. com/publications/article/338664/unilever-chief-says-some-of-its-brands-without-pu.html.

48. Unilever, "Unilever's Approach to Corporate Social Responsibility," 2000, www.unilever.com/Images/2000-social-review-of-1999-data_tcm244-409696_en.pdf.

49. Andrew Ross Sorkin, "World's Biggest Investor Tells C.E.O.s Purpose

Is the 'Animating Force' for Profits," *New York Times*, January 17, 2019, www.nytimes.com/2019/01/17/business/dealbook/blackrock-larry-fink-letter.html.

50. Berkeley Lovelace Jr., "Billionaire Sam Zell: BlackRock's Larry Fink Is 'Extraordinarily Hypocritical' to Push Social Responsibility," *CNBC*, January 16, 2018, www.cnbc.com/2018/01/16/sam-zell-blackrock-ceo-fink-is-hypocritical-to-push-social-responsibility.html/.

51. Sorkin, "World's Biggest Investor."

52. Business Roundtable, "Members," accessed August 15, 2020, www.businessroundtable.org/about-us/members.

53. Business Roundtable, "Statement on the Purpose of a Corporation," August 2019, https://opportunity.businessroundtable.org/wp-content/uploads/2019/08/BRT-Statement-on-the-Purpose-of-a-Corporation-with-Signatures.pdf.

54. Sumantra Ghoshal, Gita Piramal, and Sudeep Budhiraja, "Housing Development Finance Corporation," in *World Class in India: A Casebook of Companies in Transformation* (New York: Penguin Books), 592.

55. Lynn S. Paine, Carin-Isabel Knoop, and Suma Raju, "HDFC" (HBS Case No. 301-093, Harvard Business School, March 2001).

56. Paine, Knoop, and Raju, "HDFC."

57. Joydeep Ghosh, "40 Years Ago . . . and Now: Home Loan: A Tale of Three Institutions," *Business Standard*, October 30, 2014, www.business-standard.com/article/pf/40-years-ago-and-now-home-loan-a-tale-of-three-institutions-114091400747_1.html.

58. Ghosh, "40 Years Ago."

59. Ghosh, "40 Years Ago."

60. Paine, Knoop, and Raju, "HDFC," 3.

61. Paine, Knoop, and Raju, "HDFC," 3.

62. Ghoshal, Piramal, and Budhiraja, "Housing Development Finance Corporation."

63. Paine, Knoop, and Raju, "HDFC," 5.

64. Paine, Knoop, and Raju, "HDFC," 5.

65. Manu Balachandran, "The Satyam Scandal: How India's Biggest Corporate Fraud Unfolded," *Quartz*, April 9, 2015, https://qz.com/india/379877/the-satyam-scandal-how-indias-biggest-corporate-fraud-unfolded/.

66. Tamal Bandyopadhyay, "Deepak Parekh: Satyam Was Rescued to Preserve India's Image," Mint, January 6, 2010, www.livemint.com/Companies/rerv1jG2O5YD6C0I50oZgL/Deepak-Parekh--Satyam-was-rescued-to-preserve-India8217s.html.

67. Alissa de Carbonnel, "EU Seeks More Powers over National Car Regulations After VW Scandal," Reuters, January 27, 2016, www.reuters.com /article/us-volkswagen-emissions-eu-regulations/eu-seeks-more-powers-over-national-car-regulations-after-vw-scandal-idUSKCN0V 51IO.

68. Matthew Campbell, Christopher Rauwald, and Chris Reiter, "How Volkswagen Walked Away from a Near-FatalCrash," *Bloomberg*, March29, 2018, www.bloomberg.com/news/features/2018-03-29/how-volkswagen-walked-away-from-a-near-fatal-crash.

69. Julia Kollewe, "VW Profits Down 20% After Diesel Emissions Scandal," *The Guardian*, May 31, 2016, www.theguardian.com/business/2016/may/31/vw-volkswagen-profits-down-20-diesel-emissions-scandal.

70. Jae C. Jung, "The Volkswagen Emissions Scandal and Its Aftermath," *Global Business and Organizational Excellence* 38, no. 4 (May 2019): 9, www.researchgate.net/publication/332327135_The_Volkswagen_emissions_scandal_and_its_aftermath.

71. Stephen Wilmot, "The Long-Term Cost of Volkswagen's Emissions Scandal," *Wall Street Journal*, September 24, 2019, www.wsj.com/articles/the-long-term-cost-of-volkswagens-emissions-scandal-11569343060.

72. Ivana Kottasová, "German Prosecutors Charge Former Volkswagen CEO

Martin Winterkorn with Fraud," *CNN Business*, April 15, 2019, www.cnn.com/2019/04/15/business/winterkorn-volkswagen-diesel-fraud-charges/index.html.

73. Edward Taylor and Jan Schwartz, "German Prosecutors Charge 6 VW Employees over Emissions Scandal," *Automotive News*, January 14,2020, www.autonews.com/automakers-suppliers/german-prosecutors-charge-6-vw-employees-over-emissions-scandal.

74. Christopher Rauwald, "VW Fires 204 Staff for Breaching Rules in Compliance Crackdown," *Automotive News*, August 23, 2019, www.autonews.com/automakers-suppliers/vw-fired-204-staff-breaching-rules-compliance-crackdown.

75. David Cote, *Winning Now, Winning Later: How Companies Can Win in the Short Term While Investing for the Long Term* (Nashville: HarperCollins Leadership, 2020), xi.

76. Sandra J. Sucher and Susan J. Winterberg, "Honeywell and the Great Recession (A)" (HBS Case No. 315-022, Harvard Business School, October 2014), 4.

77. Sucher and Winterberg, "Honeywell," 5.

78. Cote, *Winning Now, Winning Later*, xi.

79. Sucher and Winterberg, "Honeywell," 3.

80. Sucher and Winterberg, "Honeywell," 6.

81. Sucher and Winterberg, "Honeywell," 7–8.

82. Cote, *Winning Now, Winning Later*, 65.

83. Cote, *Winning Now, Winning Later*, 66.

84. Sandra Sucher and Susan Winterberg, "Leadership Lessons of the Great Recession: Options for Economic Downturns," *Harvard Business School Working Knowledge*, September 9, 2015, https://hbswk.hbs.edu/item/leadership-lessons-of-the-great-recession-options-for-economic-downturns/.

85. Sucher and Winterberg, "Leadership Lessons."

86. Center on Budget and Policy Priorities, "Great Recession Created an Unusually Large and Long-Lasting Gap Between Actual and Potential GDP," June 6, 2019, www.cbpp.org/research/economy/chart-book-the-legacy-of-the-great-recession.

87. Till von Wachter, Jae Song, and Joycee Manchester, "Long-Term Earnings Losses Due to Job Separation During the 1982 Recession: An Analysis Using Longitudinal Administrative Data from 1974 to 2004" (Columbia University discussion paper, April 2009), https://doi.org/10.7916/D8WM1RPR.

88. Sandra J. Sucher and Susan J. Winterberg, "Furloughs: An Alternative to Layoffs for Economic Downturns" (Harvard Business School note 314-097, February 2014).

89. Cote, *Winning Now, Winning Later*, 233.

90. Morgan Stanley Research North America, "Honeywell International: Trick Is in the Doing; Initiate at Overweight," January 4, 2012.

91. Sucher and Winterberg, "Honeywell," 4.

92. Steven Bushgong, "Honeywell's David Cote Selected 'CEO of the Year,'" *Windpower*, July 3, 2013, www.windpowerengineering.com/honeywells-dave-cote-selected-ceo-of-the-year/.

93. Honeywell, "Five Years in a Row! Dave Cote on Barron's World's Best CEOs," March 30, 2017, www.honeywell.com/en-us/news room /news /2017/03/five-years-in-a-row-dave-cote-on-barrons-worlds-best-ceos.

94. Alex Ismail, interview by Susan J. Winterberg, December 20, 2013.

# 4장

1. Sandra J. Sucher and Susan J. Winterberg, "Michelin: Socially Responsible Restructuring" (Harvard Business School research report, 2016), 11.

2. Sucher and Winterberg, "Michelin," 10–11.

3. Corine Vēdrine, "Des espaces disciplinaires aux espaces de jouissance: Les transformations de Michelinville," *Espaces et sociétēs* 158, no. 3(January 2014): 135–149.

4. Herbert L. Lottman, *The Michelin Men: Driving an Empire* (London: I. B. Tauris, 2003), 235.

5. Katherine McAuliffe, Peter R. Blake, and Felix Warneken, "Do Kids Have a Fundamental Sense of Fairness?," *Scientific American*, August 23, 2017, https://blogs.scientificamerican.com/observations/do-kids-have-a-fundamental-sense-of-fairness/.

6. Maria Szalavitz, "Even Babies Can Recognize What's Fair," *Time*, February 20, 2012, http://healthland.time.com/2012/02/20/even-babies-can-recognize-whats-fair/.

7. Matteo Tonello, "CEO and Executive Compensation Practices: 2017 Edition," *Conference Board, Inc.*, October 4, 2017, https://corpgov.law. harvard.edu/2017/10/04/ceo-and-executive-compensation-practices-2017-edition/.

8. David F. Larcker and Brian Tanyan, "Does Your CEO Compensation Plan Provide the Right Incentives?," *McKinsey Quarterly*, April 1, 2012, www. mckinsey.com/business-functions/organization/our-insights/does-your-ceo-compensation-plan-provide-the-right-incentives.

9. Jeff Cox, "CEOs See Pay Grow 1,000% in the Last 40 Years, Now Make 278 Times the Average Worker," *CNBC*, August 16, 2019, www.cnbc. com/2019/08/16/ceos-see-pay-grow-1000percent-and-now-make-278-times-the-average-worker.html.

10. Jordan Crook, "Netflix Learns from Past Mistakes, Increases Prices the Right Way," *TechCrunch*, May 9, 2014, https://techcrunch. com/2014/05/09/netflix-learns-from-past-mistakes-increases-prices-the-right-way/.

11. Daniel Indiviglio, "Netflix to Lose a Million Subscribers: It's Worse Than It Looks," *The Atlantic*, September 15, 2011, www.theatlantic.com/

business/archive/2011/09/netflix-to-lose-a-million-subscribers-its-worse-than-it-looks/245175/.

12. Crook, "Netflix Learns from Past Mistakes."

13. Matthias Heinze, Sabria Jeworrek, Vanessa Mertins, Heiner Schumacher, and Matthias Sutter, "Indirect Effects of Employer Behavior on Workplace Performance," *Vox*, December 15, 2017, https://voxeu.org/article/when-employers-are-unfair-even-unaffected-workers-underperform.

14. Heinze et al., "Indirect Effects."

15. Heinze et al., "Indirect Effects."

16. Tess Riley, "Just 100 Companies Responsible for 71% of Global Emissions, Study Says," *The Guardian*, July 10, 2017, www.theguardian.com/sustainable-business/2017/jul/10/100-fossil-fuel-companies-investors-responsible-71-global-emissions-cdp-study-climate-change.

17. Susan Fowler, "Reflection on One Very, Very Strange Year at Uber," SusanJFowler.com, February 19, 2017, www.susanjfowler.com/blog/2017/2/19/reflecting-on-one-very-strange-year-at-uber.

18. Fowler, "Reflection."

19. Tom L. Beauchamp and James F. Childress, *Principles of Biomedical Ethics* (New York: Oxford University Press, 2001); John C. Fletcher, Paul A. Lombardo, Mary Faith Marshall, Franklin G. Miller, eds., Introduction to Clinical Ethics, 2nd ed. (Haggerstown, MD: University Publishing Group,1997).

20. Jodi Kantor and David Streitfeld, "Inside Amazon: Wrestling Big Ideas in a Bruising Workplace," *New York Times*, August 15, 2015, www.nytimes.com/2015/08/16/technology/inside-amazon-wrestling-big-ideas-in-a-bruising-workplace.html.

21. Jason A. Colquitt, "On the Dimensionality of Organizational Justice: A Construct Validation of a Measure," *Journal of Applied Psychology* 86, no. 3 ( June 2001): 386–400.

22. Sandra Sucher and Susan Winterberg, "Leadership Lessons of the

Great Recession: Options for Economic Downturns," *Harvard Business School Working Knowledge*, September 9, 2015, https://hbswk.hbs.edu/item/leadership-lessons-of-the-great-recession-options-for-economic-downturns/.

23. Sandra J. Sucher and Stacy E. McManus, "The Ritz-Carlton Hotel Company" (HBS Case No. 601-163, Harvard Business School, rev. September 20, 2005), 10.

24. Sucher and Winterberg, "Michelin," 9.

25. Sucher and Winterberg, "Michelin," 14.

26. Jason A. Colquitt, Donald E. Conlon, Michael J. Wesson, Christopher O. L. H. Porter, and K. Yee Ng, "Justice at the Millennium: A Meta-Analytic Review of 25 Years of Organizational Justice Research," *Journal of Applied Psychology* 86, no. 3 (2001): 426.

27. Colquitt et al., "Justice at the Millennium," 426.

28. Colquitt et al., "Justice at the Millennium," 426.

29. Emmanuel Egloff, "Michelin veut en finir avec les fermeturesd'usines en France," *Le Figaro*, May 21, 2015, www.lefigaro.fr/societes /2015/05/19/20005-20150519ARTFIG00358-michelin-veut-en-finir-avec-les-fermetures-d-usines-en-france.php.

30. Laurent Poillot, "Comment Michelin a réussi à préserver l'usine de Roanne," *Les Echos*, May 29, 2015, https://business.lesechos.fr/directions-ressources-humaines/comment-michelin-a-reussi-a-preserver-l-usine-de-r oanne-111391.php.

31. Poillot, "Comment Michelin a réussi."

32. Leventhal published two book chapters in 1980 in which he described his criteria for what makes a process fair. Gerald S. Leventhal, "What Should Be Done with Equity Theory? New Approaches to the Study of Fairness in Social Relationships," in *Social Exchange: Advances in Theory and Research*, ed. Kenneth J. Gergen, Martin S. Greenberg, and Richard H. Willis, 27–55 (New York: Plenum, 1980); Gerald S. Leventhal, Jurgis

354                                                                 주석

Karuza, and William R. Fry, "Beyond Fairness: A Theory of Allocation Preferences," in *Justice and Social Interaction*, ed. Gerold Mikula, 167–218 (New York: Springer-Verlag,1980).

33. Definitions quoted from Jason A. Colquitt and Jessica B. Rodell, "Justice, Trust, and Trustworthiness: A Longitudinal Analysis Integrating Three Theoretical Perspectives," *Academy of Management Journal* 54, no. 6 (2011): 1183; and Colquitt et al., "Justice at the Millennium," 426.

34. Rachel Botsman, *Who Can You Trust?* (New York: PublicAffairs, 2017), 59–60.

35. Botsman, *Who Can You Trust?*, 59–60.

36. Botsman, *Who Can You Trust?*, 59–60.

37. Michael O'Grady, "Walmart Is Currently the World's Largest Retailer, but Alibaba and Amazon Are Closing In," *Forrester*, August 20, 2018, https://go.forrester.com/blogs/walmart-is-currently-the-worlds-largest-retailer-but-alibaba-and-amazon-are-closing-in/.

38. Colquitt and Rodell, "Justice, Trust, and Trustworthiness."

39. Colquitt and Rodell, "Justice, Trust, and Trustworthiness," 1183.

40. Sucher and Winterberg, "Michelin," 17.

41. Lauren Collins, "How the BBC Women Are Working Toward Equal Pay," *New Yorker*, July 23, 2018, www.newyorker.com/magazine/2018/07/23/how-the-bbc-women-are-working-toward-equal-pay.

42. Collins, "How the BBC Women Are Working Toward Equal Pay."

43. Carrie Grace, "'Enough Is Enough': Carrie Grace's Letter on Pay Inequality in Full," *The Guardian*, January 8, 2018, www.theguardian.com/media/2018/jan/08/carrie-gracie-letter-in-full.

44. Collins, "How the BBC Women Are Working Toward Equal Pay."

45. Collins, "How the BBC Women Are Working Toward Equal Pay."

46. Julian Lamont and Christi Favor, "Distributive Justice," *Stanford Encyclopedia of Philosophy* (Winter 2017), https://plato.stanford.edu/entries /justice-distributive/#Opportunity; John Danaher, "Principles

of Distributive Justice," Philosophical Disquisitions blog, September 30, 2010, https://philosophicaldisquisitions.blogspot.com/2010/09/principles-of-distributive-justice.html.

47. Leif Wenar, "John Rawls," *Stanford Encyclopedia of Philosophy* (Spring 2017), https://plato.stanford.edu/archives/spr2017/entries/rawls/.

48. Jack Welch, *Winning* (New York: HarperCollins, 2005), 71.

49. Robin Bleiweis, "Quick Facts About the Gender Wage Gap," Center for American Progress, March 24, 2020, www.americanprogress.org/issues/women/reports/2020/03/24/482141/quick-facts-gender-wage-gap/.

50. Office for National Statistics (UK), "Gender Pay Gap in the UK: 2019," October 29, 2019, www.ons.gov.uk/employmentandlabourmarket/peopleinwork/earningsandworkinghours/bulletins/genderpaygapinthe uk/2019#:~:text=The%20gender%20pay%20gap%20among,2019%2C%20 and%20continues%20to%20decline.

51. Aleksandra Wisniewska, Billy Ehrenberg-Shannon,Cale Tilford,and Caroline Nevitt, "Gender Pay Gap: Women Still Short-Changedin the UK," *Financial Times*, April 23, 2019, https://ig.ft.com/gender-pay-gap-UK-2019/.

52. Carrie Gracie, "About," accessed September 26, 2020, https://carriegracie.com/about.html.

53. Collins, "How the BBC Women Are Working Toward Equal Pay."

54. Sucher and Winterberg, "Michelin," 18.

55. Sucher and Winterberg, "Michelin," 19.

## 5장

1. John Platt, "The Great Sparrow Campaign Was the Start of the Greatest Mass Starvation in History," *Treehugger*, July 30, 2019, www.treehugger.com/the-great-sparrow-campaign-was-the-start-of-the-greatest-

mass-4864032.

2. "Great Leap Forward," *Encyclopedia Britannica*, accessed July 17, 2020, www.britannica.com/event/Great-Leap-Forward.

3. Louisa Lim, "A Grim Chronicle of China's Great Famine," NPR, November 10, 2012, www.npr.org/2012/11/10/164732497/a-grim-chronicle-of -chinas-great-famine.

4. Rebecca Kreston, "Paved with Good Intentions: Mao Tse-Tung's 'Four Pests' Disaster," *Discover*, February 26, 2014, www.discovermagazine. com/health/paved-with-good-intentions-mao-tse-tungs-four-pests-disaster.

5. Kreston, "Paved with Good Intentions."

6. Michael Greshko, "Maybe Rats Aren't to Blame for the Black Death," *National Geographic*, January 15, 2018, www.nationalgeographic.com/ news/2018/01/rats-plague-black-death-humans-lice-health-science/.

7. George Dvorsky, "China's Worst Self-Inflicted Environmental Disaster: The Campaign to Wipe Out the Common Sparrow," *Gizmodo*, July 18, 2012, https://io9.gizmodo.com/china-s-worst-self-inflicted-environmental- disaster-th-5927112.

8. "Eliminate the Four Pests (1958)," ChinesePosters.net, accessed July 17, 2020, https://chineseposters.net/themes/four-pests.php.

9. "Eliminate the Four Pests (1958)."

10. Kreston, "Paved with Good Intentions."

11. Tania Branigan, "China's Great Famine: The True Story," *The Guardian*, January 1, 2013, www.theguardian.com/world/2013/jan/01/china-great- famine-book-tombstone.

12. Lim, "Grim Chronicle."

13. Branigan, "China's Great Famine."

14. Lim, "Grim Chronicle."

15. Lim, "Grim Chronicle."

16. Zheping Huang, "Charted: China's Great Famine, According to Yang Jisheng, a Journalist Who Lived Through It," *Quartz*, March 10, 2016,

https://qz.com/633457/charted-chinas-great-famine-according-to-yang-jisheng-a-journalist-who-lived-through-it/.

17. James D. Tracy, "Erasmus," *Encyclopedia Britannica*, accessed July 8, 2020, www.britannica.com/biography/Erasmus-Dutch-humanist#ref 59230.

18. Dominic Baker-Smith,"Thomas More," *Stanford Encyclopedia of Philosophy* (Winter 2019), https://plato.stanford.edu/entries/thomas-more/#Uto.

19. Tracy, "Erasmus."

20. Germain P. Marc'hadour, "Thomas More," *Encyclopedia Britannica*, accessed July 2, 2020, www.britannica.com/biography/Thomas-More-English-humanist-and-statesman.

21. Sandra J. Sucher, *The Moral Leader: Challenges, Insights, and Tools* (New York: Routledge, 2007), 115.

22. Isaiah Berlin, *Against the Current: Essays in the History of Ideas* (Princeton: Princeton University Press, 1955), 25–79.

23. Niccolò Machiavelli, *The Prince*, trans. W. K. Marriott (2006), chap.18, www.gutenberg.org/files/1232/1232-h/1232-h.htm#link2HCH 0018.

24. American Psychology Association, "Mach Scale," accessed August 1, 2020, https://dictionary.apa.org/mach-scale.

25. Machiavelli, *The Prince*.

26. Climate Accountability Institute, "Carbon Majors," accessed October 11, 2020, https://climateaccountability.org/carbonmajors.html.

27. Mike Gröndahl, Keith Collins, and James Glanz, "The Dangerous Flaws in Boegin's Automated System," *New York Times*, April 4, 2019, www.nytimes.com/interactive/2019/03/29/business/boeing-737-max-8-flaws.html.

28. David Gelles, " 'I Honestly Don't Trust Many People at Boeing': A Broken Culture Exposed," *New York Times*, January 10, 2020, www.nytimes.com/2020/01/10/business/boeing-737-employees-messages.

html.

29. Chris Hamby, "A Decade Later, Dutch Officials Publish a Study Critical of Boeing," *New York Times*, January 21, 2010, www.nytimes.com/2020/01/21/business/boeing-737-crashes.html.

30. Gelles, "Broken Culture Exposed."

31. Hamby, "A Decade Later."

32. Gelles, "Broken Culture Exposed."

33. Sidney Dekker, Report of the Flight Crew Human Factors Investigation (Lund, Sweden: Lund University School of Aviation, July 2, 2009), www.onderzoeksraad.nl/nl/media/inline/2020/1/21/human_factors_report_s_dekker.pdf.

34. Hamby, "A Decade Later."

35. Hamby, "A Decade Later."

36. "How Millennials Want to Work and Live," Gallup, accessed July 19, 2020, www.gallup.com/workplace/238073/millennials-work-live.aspx.

37. McKinsey & Company, "Purpose: Shifting from Why to How," April 22, 2020, www.mckinsey.com/business-functions/organization/our-insights/purpose-shifting-from-why-to-how#.

38. McKinsey, "Purpose."

39. McKinsey, "Purpose."

40. Emily Chasan, "Global Sustainable Investments Rise 34 Percent to $30.7 Trillion," Bloomberg, April 1, 2019, www.bloomberg.com/news/articles/2019-04-01/global-sustainable-investments-rise-34-percent-to-30-7-trillion.

41. Goldman Sachs, "Impact Investing," accessed July 19, 2020, www.goldmansachs.com/what-we-do/investing-and-lending/impact-investing/.

42. Dean Hand, Hanna Dithrich, Sophia Sunderji, and Noshin Nova, "2020 Annual Impact Investor Survey," Global Impact Investing Network, June 11, 2020, https://thegiin.org/research/publication/impinv-survey-2020.

43. Lubasha Heredia, Simon Bartletta, Joe Carrubba, Dean Frankle, Katsuyoshi Kurihara, Benoit Mace, Edoardo Palmisani, Neil Pardasani, Thomas Schulte, Ben Sheridan, and Qin Xu, "Global Asset Management 2020: Protect, Adapt, and Innovate," Boston Consulting Group, May 19, 2020, www.bcg.com/en-us/publications/2020/global-asset-management-protect-adapt-innovate.

44. McKinsey, "Purpose."

45. Jeff Beer, "Exclusive: Patagonia Is in Business to Save Our Home Planet," *Fast Company*, December 12, 2018, www.fastcompany.com/90280950/exclusive-patagonia-is-in-business-to-save-our-home-planet.

46. "EEMBC and Volkswagen to Develop Benchmarking Standards to Quantify Microcontroller Energy Efficiency," BusinessWire, May 21, 2013, www.businesswire.com/news/home/20130521005030/en/EEMBC-VOLKSWAGEN-Develop-Benchmarking-Standards-Quantify-Microcontroller.

47. Phil LeBeau, "Volkswagen Makes a Big Push to Be No. 1," *CNBC*, March 12, 2015, www.cnbc.com/2015/03/12/volkswagen-makes-a-big-push-to-be-no-1.html.

48. Andrew Hoffman, "Volkswagen's Clean Diesel Dilemma" (William Davidson Institute case study no. W04C84, University of Michigan, Ann Arbor, 2016).

49. Andreas Cremer and Tom Bergin, "Fear and Respect: VW's Culture Under Winterkorn," Reuters, October 10, 2015, www.reuters.com/article/us-volkswagen-emissions-culture/fear-and-respect-vws-culture-under-winterkorn-idUSKCN0S40MT20151010.

50. Cremer and Bergin, "Fear and Respect."

51. Jack Ewing, "Six Years Ago, He Helped Expose VW's Diesel Fraud. This Year, GM Let Him Go," *New York Times*, May 6, 2019, www.nytimes.com/2019/05/06/business/hermanth-kappanna-vw-emissions-gm.html.

52. Sonari Glinton, "How a Little Lab in West Virginia Caught

Volkswagen's Big Cheat," NPR, September 24, 2015, www.npr.
org /2015/09/24/443053672/how-a-little-lab-in-west-virginia-caught-
volkswagens-big-cheat.

53. Ewing, "Six Years Ago."

54. Gwyn Topham, Sean Clarke, Cath Levett, Paul Scruton, and Matt
Fidler, "The Volkswagen Emissions Scandal Explained," *The
Guardian*, September 23, 2015, www.theguardian.com/business/
ng-interactive/2015/sep/23/volkswagen-emissions-scandal-explained-
diesel-cars.

55. Alana Semuels, " 'Rampant Consumerism Is Not Attractive': Patagonia
Is Climbing to the Top—and Reimagining Capitalism Along the Way,"
*Time*, September 23, 2019, https://time.com/5684011/patagonia/.

56. Patagonia, "1% for the Planet," accessed October 8, 2020, www.
patagonia.com/one-percent-for-the-planet.html.

57. Semuels, " 'Rampant Consumerism.' "

58. Patagonia, "Hey How's That Lawsuit Against the President Going?,"
accessed October 7, 2020, www.patagonia.com/stories/hey-hows-that-
lawsuit-against-the-president-going/story-72248.html.

59. Semuels, " 'Rampant Consumerism.' "

60. Forest Reinhardt, Ramon Casadesus-Masanell, and Hyun Jin Kim,
"Patagonia" (HBS Case No. 9-711-020, Harvard Business School, October
19, 2010).

61. Semuels, " 'Rampant Consumerism.' "

62. Forest Reinhardt, Ramon Casadesus-Masanell, and Lauren Barley,
"Patagonia (B)" (HBS Case No. 9-714-465, Harvard Business School,
February 4, 2014).

63. Jeff Beer, "How Patagonia Grows Everytime It Amplifies Its Social
Mission," *Fast Company*, February 21, 2018, www.fastcompany.
com/40525452/how-patagonia-grows-every-time-it-amplifies-its-social-
mission.

64. Josh Sanburn, "Walmart's On-gain, Off-Again Relationship with Guns," *Time*, January 11, 2013, https://business.time.com/2013/01/11/walmarts-on-again-off-again-relationship-with-guns/.

65. Nathan Layne, "Wal-Mart to Stop Selling AR-15, Other Semi-Automatic Rifles,"Reuters, August 27, 2015, www.reuters.com/article/us-wal-mart-stores-rifles/wal-mart-to-stop-selling-ar-15-other-semi-automatic-rifles-idUSKCN0QV26520150827.

66. Chris Canipe and Lazaro Gamio, "What the Deadliest Mass Shootings Have in Common," *Axios*, September 7, 2019, www.axios.com/deadliest-mass-shootings-common-4211bafd-da85-41d4-b3b2-b51ff61e7c86.html.

67. Aaron Smith and Christina Alesci, "Walmart to Stop Selling AR-15 Guns," *CNN Business*, August 26, 2015, https://money.cnn.com/2015/08/26/news/companies/walmart-ar-15-guns/index.html.

68. Layne, "Wal-Martto Stop Selling AR-15."

69. Smith and Alesci, "Walmart to Stop Selling AR-15 Guns."

70. Elizabeth Chuck, Alex Johnson, and Corky Siemaszko, "17 Killed in Mass Shooting at High School in Parkland, Florida," *NBC News*, February 14, 2018, www.nbcnews.com/news/us-news/police-respond-shooting-parkland-florida-high-school-n848101.

71. Jen Kirby, "Walmart Raises the Minimum Age to Buy Firearms to 21," *Vox*, February 28, 2018, www.vox.com/2018/2/28/17065210/walmart-dicks-guns-21-age-limit.

72. Jason Silverstein, "There Were More Mass Shootings Than Days in 2019," *CBS News*, January 2, 2020, www.cbsnews.com/news/mass-shootings-2019-more-than-days-365/.

73. Hayley Peterson, "Walmart Corporate Employee Sends Mass Email Urging Workers to Go on Strike Until the Company Stops Selling Guns," *Business Insider*, August 6, 2019, www.businessinsider.com/walmart-shooting-corporate-employee-urges-strike-to-stop-gun-sales-2019-8.

74. David Williams, "A Walmart Worker Sent a Mass Email Urging

Thousands of Associates to Strike over Gun Sales," *CNN Business*, August 7, 2019, www.cnn.com/2019/08/07/business/walmart-gun-sales-walkout-trnd/index.html.

75. Hayley Peterson, "I Tried to Buy a Gun at Walmart Twice, and Roadblocks Left Me Empty-HandedBoth Times," *Business Insider*, August 21, 2019, www.businessinsider.com/walmart-gun-buying-review-virginia-store-2019-8.

76. Clare Duffy, "How Walmart Became an Unlikely Champion of Gun Safety," *CNN Business*, September 4, 2019, www.cnn.com/2019/09/04/business/walmart-gun-policy-reactions/index.html.

77. John Gramlich, "What the Data Says About Gun Deaths in the U.S.," Pew Research Center, August 16, 2019, www.pewresearch.org/fact-tank/2019/08/16/what-the-data-says-about-gun-deaths-in-the-u-s/.

78. Rachel Treisman, "Poll: Number of Americans Who Favor Stricter Gun Laws Continue to Grow," NPR, October 20, 2019, www.npr.org/2019/10/20/771278167/poll-number-of-americans-who-favor-stricter-gun-laws-continues-to-grow.

79. Peterson, "I Tried to Buy a Gun at Walmart."

80. Peter Löscher, "The CEO of Siemens on Using a Scandal to Drive Change," *Harvard Business Review*, November 2012, https://hbr.org/2012/11/the-ceo-of-siemens-on-using-a-scandal-to-drive-change.

81. Cary O'Reilly and Karin Matussek, "Siemens to Pay $1.6 Billion to Settle Bribery Cases," *Bloomberg News*, December 16, 2008, www.washingtonpost.com/wp-dyn/content/article/2008/12/15/AR2008121502926.html.

82. US Securities and Exchange Commission, "SEC Charges Siemens AG for Engaging in Worldwide Bribery," December 15, 2008, www.sec.gov/news/press/2008/2008-294.htm.

83. Löscher, "CEO of Siemens."

84. Löscher, "CEO of Siemens."

85. Liz Polley, "Introducing the New Footprint Chronicles on Patagonia.

com," Pagatonia, accessed October 7, 2010, www.patagonia.com /stories /introducing-the-new-footprint-chronicles-on-patagoniacom/story-18443. html.

86. Patagonia, "The Footprint Chronicles: Methodology, Environmental Cost Calculations," accessed October 7, 2020, www.patagonia.com/on/ demandware.static/Sites-patagonia-us-Site/Library-Sites-PatagoniaShared/ en_US/PDF-US/method_for_cost5.pdf.

87. Kang Hsu, Sahil Malkani, Patrick Shanahan, and Christopher S.Tang, "Supply Chain Transparency: A New Competitive Strategy," UCLA Anderson Global Supply Chain Blog, March 31, 2015, https://blogs. anderson.ucla.edu/global-supply-chain/2015/03/supply-chain-transparency-a-new-competitive-strategy.html.

88. Patagonia, "Factories, Farms, and Mills," accessed October 7, 2020,www. patagonia.com/factories-farms-mills/.

89. George Serafeim and Katie Trinh, "A Framework for Product Impact-Weighted Accounts" (Harvard Business School Working Paper 20-076, 2020).

90. Vodafone, "Environmental Profit and Loss," 2014–2015, www.vodafone. nl/_assets/downloads/algemeen/environmental_profit_and_loss_ account_2014_2015.pdf, 14.

91. Wells Fargo, "Who We Are," accessed July 17, 2020, www.wellsfargo. com/about/corporate/vision-and-values/.

92. Jim Zarroli, "Wells Fargo's Unauthorized Accounts Likely Hurt Customers' Credit Scores," NPR, September 26, 2016, www.npr. org/2016/09/26/495501008/wells-fargos-unauthorized-accounts-likely-hurt-customers-credit-scores.

93. Stacy Cowley and Emily Flitter, "Wells Fargo's Ex-hief Fined $17.5 Million over Fake Accounts," New York Times, January 23, 2020, www. nytimes.com/2020/01/23/business/wells-fargo-ceo-fine.html.

94. Cowley and Flitter, "Wells Fargo's Ex-hief Fined."

95. Cowley and Flitter, "Wells Fargo's Ex-hief Fined."

96. Zarroli, "Wells Fargo's Unauthorized Accounts."

97. Emily Flitter, "The Price of Wells Fargo's Fake Account Scandal Grows by $3 Billion," *New York Times*, February 21, 2020, www.nytimes.com/2020/02/21/business/wells-fargo-settlement.html.

98. Flitter, "The Price of Wells Fargo's Fake Account Scandal."

99. Kevin Wack, "OCC Drops Hammer on Stumpf, Seven Other Ex-Wells Fargo Execs," *American Banker*, January 23, 2020, www.americanbanker.com/news/occ-drops-hammer-on-stumpf-seven-other-ex-wells-fargo-execs.

100. Gillian B. White, "All Your Clothes Are Made with Exploited Labor," *The Atlantic*, June 3, 2015, www.theatlantic.com/business/archive/2015/06 /patagonia-labor-clothing-factory-exploitation/394658/.

101. Patagonia, "Migrant Workers," accessed October 9, 2020, www.patagonia.com/our-footprint/migrant-workers.html.

102. Patagonia, "Migrant Workers."

103. Jason Judd and Sarosh Kuruvilla, "Why It's So Hard to Find Clothing That's Ethically Made," *Fast Company*, May 5, 2020, www.fastcompany.com/90500556/why-its-so-hard-to-find-clothing-thats-ethically-made.

104. US Library of Congress, "Black Monday Stock Market Crash," April 2008, www.loc.gov/rr/business/businesshistory/October/blackmonday.html.

105. Jerry B. Harvey, "The Abilene Paradox: The Management of Agreement," *Organizational Dynamics* 3, no. 1 (Summer 1974): 63–80, www.sciencedirect.com/science/article/pii/0090261674900059.

106. Harvey, "Abilene Paradox," 63–80.

107. Harvey, "Abilene Paradox," 63–80.

108. Anglo American, "Socio-Economic Assessment Toolbox: Version 3," accessed May 17, 2020, www.angloamerican.com/~/media/Files/A/Anglo-American-PLC-V2/documents/communities/seat-overview-

english.pdf.

109. Jan Klawitter, "Take Your Seat, Please!" (Anglo American internal document).

110. BMW Group, "Sustainable Value Report 2018," 2, accessed July 15, 2020, www.bmwgroup.com/content/dam/grpw/websites/bmwgroup_com/responsibility/downloads/en/2019/2019-BMW-Group-SVR-2018-Englisch.pdf.

111. BMW Group, "Sustainable Value Report 2018," 2.

112. BMW Group, "Sustainable Value Report 2018," 13.

113. BMW Group, "Sustainable Value Report 2018," 22.

114. Megan Michelson, "Want Ethically Sourced Wool? Buy from Patagonia,"Outside, July 29, 2016, www.outsideonline.com/2101871/want-ethically-sourced-wool-buy-patagonia.

115. Josh Constine, "How Facebook Stole the News Business," Tech-Crunch, February 3, 2018, https://techcrunch.com/2018/02/03/facebooks-siren-call/.

116. Constine, "How Facebook Stole."

117. Nicholas Thompson and Fred Vogelstein, "Inside the Two Years That Shook Facebook—and the World," Wired, February 2, 2010, www.wired.com/story/inside-facebook-mark-zuckerberg-2-years-of-hell/.

118. Thompson and Vogelstein, "Inside the Two Years."

119. Bryan Clark, "Facebook Confirms: Donald Trumped Hillary on the Social Network During 2016 Election," The Next Web, April 3, 2018, https://thenextweb.com/facebook/2018/04/04/facebook-confirms-trumps-ads-bested-clintons-during-presidential-bid/.

120. Kevin Granville, "Facebook and Cambridge Analytica: What You Need to Know as Fallout Widens," New York Times, March 19, 2018, www.nytimes.com/2018/03/19/technology/facebook-cambridge-analytica-explained.html?mtrref=www.google.com.

121. Carole Cadwalladr and Emma Graham-Harrison,"Revealed:50 Million

Facebook Profiles Harvested for Cambridge Analytica in Major Data Breach," *The Guardian*, March 17, 2018, www.theguardian.com/news/2018/mar/17/cambridge-analytica-facebook-influence-us-election.

122. Steven J. Vaughan-Nichols, "How Cambridge Analytica Used Your Facebook Data to Help Elect Trump," *ZDNet*, March 20, 2018, www.zdnet.com/article/how-cambridge-analytica-used-your-facebook-data-to-help-elect-trump/.

123. Mike Isaac, "Facebook Mounts Effort to Limit Tide of Fake News," *New York Times*, December 15, 2016, www.nytimes.com/2016/12/15 / technology/facebook-fake-news.html.

124. Thompson and Vogelstein, "Inside the Two Years."

125. Isaac, "Facebook Mounts Effort."

126. Evan Osnos, "Can Mark Zuckerberg Fix Facebook Before It Breaks Democracy?," *New Yorker*, September 10, 2018, www.newyo rker.com /magazine/2018/09/17/can-mark-zuckerberg-fix-facebook-before-it-breaks-democracy.

127. Zach Winter, "2 Days, 10 Hours, 600 Questions: What Happened When Mark Zuckerberg Went to Washington," *New York Times*, April 12, 2018, www.nytimes.com/2018/04/12/technology/mark-zuckerberg-testimony .html.

128. Kevin Roose and Cecilia Kang, "Mark Zuckerberg Testifies on Facebook Before Skeptical Lawmakers," *New York Times*, April 10, 2018, www.nytimes.com/2018/04/10/us/politics/zuckerberg-facebook-senate-hearing.html.

129. John Constine, "Facebook Asks for a Moat of Regulations It Already Meets," *TechCrunch*, February 17, 2020, https://techcrunch .com/2020/02/17/regulate-facebook/.

130. Issie Lapowsky, "The 21 (and Counting) Biggest Facebook Scandals of 2018," *Wired*, December 20, 2010, www.wired.com/story/facebook-scandals-2018/.

131. Mark Scott, "Facebook to Tell Millions of Users They've Seen 'Fake News' About Coronavirus," *Politico*, April 16, 2020, www.politico.com/news/2020/04/16/facebook-fake-news-coronavirus-190054.

132. Scott, "Facebook to Tell Millions."

133. Robert McMillan and Daniela Hernandez, "Pinterest Blocks Vaccination Searches in Move to Control the Conversation," *Wall Street Journal*, February 20, 2019, www.wsj.com/articles/next-front-in-tech-firms-war-on-misinformation-bad-medical-advice-11550658601?mod=hp_lead_pos2.

134. McMillan and Hernandez, "Pinterest Blocks Vaccination Searches."

135. McMillan and Hernandez, "Pinterest Blocks Vaccination Searches."

136. Erin Brodwin, "How Pinterest Beat Back Vaccine Misinformation—and What Facebook Could Learn from Its Approach," STAT, September 21, 2020, www.statnews.com/2020/09/21/pinterest-facebook-vaccine-misinformation/.

137. McMillan and Hernandez, "Pinterest Blocks Vaccination Searches."

138. Pinterest, "Community Guidelines," accessed July 17, 2020, https://policy.pinterest.com/en/community-guidelines.

139. Osnos, "Can Mark Zuckerbig Fix Facebook?"

140. Barbara Ortutay, "Does the Naked Body Belong on Facebook? It's Complicated," *USA Today*, January 19, 2020, www.usatoday.com/story/tech/2020/01/19/facebook-nudity-policies/4483805002/.

141. Herb Weisbaum, "Trust in Facebook Has Dropped 66 Percent Since the Cambridge Analytica Scandal," *NBC News*, April 18, 2018, www.nbcnews.com/business/consumer/trust-facebook-has-dropped-51-percent-cambridge-analytica-scandal-n867011.

142. Weisbaum, "Trust in Facebook Has Dropped."

143. Casey Newton, "The Verge Tech Survey 2020," *Verge*, March 2, 2020, www.theverge.com/2020/3/2/21144680/verge-tech-survey-2020-trust-privacy-security-facebook-amazon-google-apple.

144. Brian X. Chen, "I Downloaded the Information That Facebook Has on Me. Yikes," *New York Times*, April 11, 2018, www.nytimes.com/2018/04/11/technology/personaltech/i-downloaded-the-information-that-facebook-has-on-me-yikes.html.

145. Mark Murray, "Poll: Americans Give Social Media a Clear Thumbs-Down," *NBC News*, April 5, 2019, www.nbcnews.com/politics/meet-the-press/poll-americans-give-social-media-clear-thumbs-down-n991086?curator=TechREDEF.

## 6장

1. Glassdoor, "Recruit Holdings Announces Completion of Glassdoor Acquisition," June 20, 2018, www.glassdoor.com/about-us/recruit-holdings-announces-completion-of-glassdoor-acquisition/.

2. Recruit Holdings Co. Ltd., "Consolidated Financial Results for FY2019," May 27, 2020, https://recruit-holdings.com/ir/library/upload/report_202003Q4_er_en.pdf.

3. "Sayonara, Salaryman," *Economist*, January 3, 2008, www.economist.com/briefing/2008/01/03/sayonara-salaryman.

4. "Sayonara, Salaryman."

5. "Sayonara, Salaryman."

6. William Nester, "Japan's Recruit Scandal: Government and Business for Sale," *Third World Quarterly* 12, no. 2 (1990): 91–109, www.jstor.org/stable/3992261.

7. "Recruit Founder, '80s Bribe-GiverEzoe Dies at Age 76," *Japan times*, February 10, 2013, www.japantimes.co.jp/news/2013/02/10/national /recruit-founder-80s-bribe-giver-ezoe-dies-at-age-76/.

8. Nester, "Japan's Recruit Scandal."

9. Peter J. Herzog and Iwao Hoshii, *Japan's Pseudo-democracy* (Abingdon:

Routledge, 1993), 207.

10. "Why BP Is Paying $18.7 Billion," *New York Times*, July 2, 2015, www.nytimes.com/interactive/2015/07/02/us/bp-oil-spill-settlement-background.html.

11. Siv Padhy, "What Was the BP Stock Price Before the Deepwater Horizon Spill?," *Investing News*, August 9, 2017, https://investingnews.com /daily /resource-investing/energy-investing/oil-investing/bp-oil-stock-price-before-spill/.

12. Andrew Ward, "BP: Rebuilding Trust After Disaster," *Financial Times*, April 29, 2018, www.ft.com/content/3e09d84a-489f-11e8-8ee8-cae73aab7ccb.

13. Ward, "BP: Rebuilding Trust."

14. "Getting a Handle on a Scandal," *Economist*, March 28, 2018, www.economist.com/business/2018/03/28/getting-a-handle-on-a-scandal.

15. Hiroko Tabuchi, "Takata Saw and Hid Risk in Airbags in 2004, Former Workers Say," *New York Times*, November 6, 2014, www.nytimes .com/2014 /11 /07/business/airbag-maker-takata-is-said-to-have-conducted-secret-tests.html?_r=0.

16. Tabuchi, "Takata Saw and Hid Risk."

17. "Air Bag Recalls Deadly Slow: Our View," *USA Today*, November 9, 2014, www.usatoday.com/story/opinion/2014/11/09/takata-air-bags-honda-national-highway-traffic-safety-administration-editorials-debates/18776045 /; Clifford Atiyeh, "Honda and Takata Allegedly Knew About Deaths, Injuries from Exploding Airbags for Years Before Recall Expansion," Car and Driver, September 15, 2014, www.caranddriver.com/news /a15361948/honda-taking-heat-for-hiding-deaths-injuries-from-exploding-airbag-recalls/.

18. National Highway Traffic Safety Administration (NHTSA), "Supplemental Statement for the Record: NHTSA's Historical Timeline of Events Regarding Takata Inflator Ruptures," October 22, 2015, 2, www.nhtsa.

gov/sites/nhtsa.dot.gov/files/documents/nhtsa_historical_timeline_
takata_inflators.pdf.

19. NHTSA, "Supplemental Statement," 3.

20. NHTSA, "Fact Sheet: Takata Recall History and Key Terms," May 4, 2016, www.nhtsa.gov/sites/nhtsa.dot.gov/files/documents/20160504-fact_sheet-takata-recall-history-key-terms.pdf.

21. "Takata Settles with Injured Drivers to Exit Bankruptcy," Associated Press, February 12, 2018, www.usatoday.com/story/money/cars/2018/02/12/takata-settles-injured-drivers-exit-bankruptcy/328396002/.

22. Charisse Jones and Nathan Bomey, "Timeline: How Takata's Air-Bag Scandal Erupted," *USA Today*, June 25, 2017, www.usatoday.com/story/money/2017/06/25/takata-air-bag-scandal-timeline/103184598/.

23. "Takata Settles with Injured Drivers."

24. Amanda Ripley, "How to Get Out Alive," *Time*, April 25, 2005, http://content.time.com/time/magazine/article/0,9171,1053663,00.html.

25. Ripley, "How to Get Out Alive."

26. Michael Haselhuhn, Maurice E. Schweitzer, Laura Kray, and Jessica A. Kennedy, "When Trust Is Easily Broken, and When It's Not," *Harvard Business Review*, February 17, 2016, https://hbr.org/2016/02/when-trust-is-easily-broken-and-when-its-not.

27. Paul Slovic, "Perceived Risk, Trust, and Democracy," *Risk Analysis* 13, no. 6 (1993): 675–682.

28. Slovic, "Perceived Risk."

29. Dave McNary, "After Oscars Mishap, PricewaterhouseCoopers Tightens Envelope Procedure," *Variety*, January 22, 2018, https:// variety.com/2018/film/news/oscars-new-envelope-procedures-pricewaterhouse coopers -1202672294/.

30. David Gelles and Sapna Maheshwari, "Oscars Mistake Casts Unwanted Spotlight on PwC," *New York Times*, February 27, 2017, www.nytimes.com/2017/02/27/business/media/pwc-oscars-best-picture.html.

31. Oscars, "Statement from PricewaterhouseCoopers," February 27, 2017, www.oscars.org/news/statement-pricewaterhousecoopers.

32. Joanna Robinson, "The Oscars Have an Intense, Six-Step Plan to Avoid Another Envelope Disaster," *Vanity Fair*, January 22, 2018, www.vanityfair.com/hollywood/2018/01/oscars-envelope-new-rules-moonlight-la-la-land.

33. Peter H. Kim, Donald L. Ferrin, Cecily D. Cooper, Kurt T. Dirks, "Removing the Shadow of Suspicion: The Effects of Apology Versus Denial for Repairing Competence-Versus Integrity-Based Trust Violations," *Journal of Applied Psychology* 89 (February 2004): 104–118.

34. Anti-Defamation League, "ADL Letter to Tommy Hilfiger," July 11, 2001, www.adl.org/news/letters/adl-letter-to-tommy-hilfiger.

35. "Did Oprah Winfrey Throw Tommy Hilfiger Off Her Show for Making a Racist Comment?," *Snopes*, February 12, 2000, www.snopes.com/fact-check/tommy-hilfiger-oprah/.

36. Debra L. Shapiro, "The Effects of Explanations on Negative Reactions to Deceit," *Administrative Science Quarterly* 36, no. 4 (December 1991): 614–630.

37. Mika Gröndahl, "Investigating the Cause of the Deepwater Horizon Blowout," *New York Times*, June 21, 2010, https://archive.nytimes.com/www.nytimes.com/interactive/2010/06/21/us/20100621-bop.html.

38. Environmental Protection Agency, "Deepwater Horizon—BP Gulf of Mexico Oil Spill," accessed July 14, 2020, www.epa.gov/enforcement/deepwater-horizon-bp-gulf-mexico-oil-spill.

39. Debbie Elliott, "5 Years After BP Oil Spill, Effects Linger and Recovery Is Slow," NPR, April 20, 2015, www.npr.org/2015/04/20/400374744/5-years-after-bp-oil-spill-effects-linger-and-recovery-is-slow.

40. Alejandra Borunda, "We Still Don't Know the Full Impacts of the BP Oil Spill, 10 Years Later," *National Geographic*, April 20, 2020, www.nationalgeographic.com/science/2020/04/bp-oil-spill-still-dont-know-

effects-decade-later/#close.

41. National Ocean Service, "Deepwater Horizon Oil Spill," April 20, 2017, https://oceanservice.noaa.gov/news/apr17/dwh-protected-species.html.

42. Justin P. Lewis, Joseph H. Tarnecki, Steven B. Garner, David D. Chagaris, and William F. Patterson III, "Changes in Reef Fish Community Structure Following the Deepwater Horizon Oil Spill," *Scientific Reports* 10, no. 1 (April 2020), https://doi.org/10.1038/s41598-020-62574-y.

43. Richard Pallardy, "Deepwater Horizon Oil Spill," *Encyclopedia Britannica*, accessed July 9, 2010, www.britannica.com/event/Deepwater-Horizon-oil-spill/Environmental-costs.

44. Debbie Elliott, "The BP Oil Disaster, 10 Years Later," NPR, April 20, 2020, www.npr.org/2020/04/20/839138445/the-bp-oil-disaster-10-years-later.

45. "Hayward—Life Back," CNN, July 21, 2016, YouTube video, www.youtube.com/watch?v=EZraCNZZ7U8.

46. Roy J. Lewicki, Beth Polin, and Robert B. Lount Jr., "An Exploration of the Structure of Effective Apologies," *Negotiation and Conflict Management Research* 9, no. 2 (April 2016): 177–196, https://doi.org/10.1111/ncmr.12073.

47. Edward C. Tomlinson, Brian R. Dineen, and Roy J. Lewicki, "The Road to Reconciliation: Antecedents of Victim Willingness to Reconcile Following a Broken Promise," *Journal of Management* 30, no. 2 (2004): 165–187, https://doi.org/10.1016/j.jm.2003.01.003.

48. Chris Isidore, "JetBlue's Winter Nightmare," *CNN Business*, January 7, 2014, https://money.cnn.com/2014/01/07/news/companies/jetblue/.

49. Joseph Avila, "The JetBlue Post Morterm, Part 1: What Went Wrong?," *CBSD News*, February 22, 2007, www.cbsnews.com/news/the-jetblue-post-mortem-part-1-what-went-wrong/.

50. Public Apology Central, "JetBlue Airways," accessed July 15, 2020, http://publicapologycentral.com/apologia-archive/corporate-2/jet-blue/.

51. JetBlue, "JetBlue Announces the JetBlue Customer Bill of Rights," February 20, 2007, http://mediaroom.jetblue.com/investor-relations/press-releases/2007/02-20-2007-015119917.

52. Adam Hanft, "Firing Neeleman; JetBlue Just Blew It," *Fast Company*, May 14, 2007, www.fastcompany.com/660116/firing-neeleman-jetblue-just-blew-it.

53. Donald L. Ferrin, Cecily D. Cooper, Kurt T. Dirks, and Peter H. Kim, "Heads Will Roll! Routes to Effective Trust Repair in the Aftermath of a CEO Transgression," *Journal of Trust Research* 8, no. 1 (2018): 7–30.

54. Matthew Campbell, Christoph Rauwald, and Chris Reiter, "How Volkswagen Walked Away from a Near-Fatal Crash," *Bloomberg*, March 29, 2018, www.bloomberg.com/news/features/2018-03-29/how-volkswagen-walked-away-from-a-near-fatal-crash.

55. Edward Taylor and Jan Schwartz, "Bet Everything on Electric: Inside Volkswagen's Radical Strategy Shift," Reuters, February 6, 2019, www.reuters.com/article/us-volkswagen-electric-insight/bet-everything-on-electric-inside-volkswagens-radical-strategy-shift-idUSKCN1PV0K4.

56. Jonathon Ramsey, "Volkswagen ID.3 Reportedly Suffering Software Problems," *Autoblog*, December 27, 2019, www.autoblog.com/2019/12/27/vw-id3-ev-software-issue-fix/;William Boston, "Volkswagen Delays Key Electric Car Launch amid Software Troubles," *Wall Street Journal*, June 10, 2020, www.wsj.com/articles/volkswagen-delays-key-electric-car-launch-amid-software-troubles-11591809421#:~:text=William%20Boston,-Biography&text=BERLIN%E2%80%94%20Volkswagen%20AG%20VOW%201.20,after%20software%20glitches%20delayed%20production.

57. Sean O'Kane, "VW's First Mass-Market EV Suffers Delay Thanks to Software Struggles," *Verge*, June 11, 2020, www.theverge.com/2020/6/11/21288572/volkswagen-id3-ev-delay-software-vw-herbert-

diess.

58. Peter Valdes-Dapena, "Volkswagen Unveils the ID.4, Its New All-Electric SUV," CNN, September 23, 2020, www.cnn.com/2020/09/23/success/volkswagen-id-4-electric-suv-unveiled/index.html.

59. Mitsumaru Murai, interview by Sandra Sucher and Shalene Gupta, Tokyo, January 11, 2017.

60. Matsumi Minegishi, interview by Sandra Sucher and Shalene Gupta, Tokyo, January 13, 2017.

61. "Japan Airlines," *Encyclopedia Britannica*, accessed July 15, 2020, www.britannica.com/topic/Japan-Airlines.

62. Philip Zerrillo, Sheetal Mittal, Havovi Joshi, and Akira Mitsumasu, "Japan Airlines: Turning Around to Take Off Again" (Singapore Management University case SMU310, December 14, 2016).

63. Mayumi Negishi and Mariko Katsumura, "Japan Airlines Files for $25 Billion Bankruptcy," Reuters, January 18, 2010, www.reuters.com/article/us-jal/japan-airlines-files-for-25-billion-bankruptcy-idUSTRE60H4NA20100119.

64. Takako Taniguchi, "Kyocera Founder's Secret: Make Workers Happy," *Japan Times*, November 5, 2015, www.japantimes.co.jp/news/2015/11/05 /business/kyocera-founders-secret-make-workers-happy/#.Xjm 1Ny2ZNt8.

65. Julian Ryall, "Kyocera Founder Explains His Strategy to Revive JAL," Japan Today, September 24, 2013, https://japantoday.com/category/business/kyocera-founder-explains-his-strategy-to-revive-jal.

66. Kenneth Maxwell, " 'Mikoshi' Management: How Kazuo Inamori Lifted Japan," *Wall Street Journal*, July 30, 2012, https://blogs.wsj.com/japanrealtime/2012/07/30/mikoshi-management-how-kazuo-inamori-lifted-japan-airlines/.

67. Taniguchi, "Kyocera Founder's Secret."

68. Ryall, "Kyocera Founder Explains His Strategy."

69. Zerrillo et al., "Japan Airlines."

70. Derrick A. Paulo, "How a Buddhist Monk Turned CEO Revived Japan Airlines from Bankruptcy," *Channel News Asia*, December 15, 2018, www.channelnewsasia.com/news/cnainsider/buddhist-monk-ceo-kazuo-inamori-save-japan-airlines-jal-bankrupt-11033866.

71. Stone, *The Upstarts*, 267.

72. EJ, "Violated: A Traveler's Lost Faith, A Difficult Lesson Learned," *Around the World and Back Again* blog, June 29, 2011, https://ejroundtheworld. blogspot.com/2011/06/violated-travelers-lost-faith-difficult.html.

73. Michael Arrington, "The Moment of Truth for Airbnb as User's Home Is Utterly Trashed," *TechCrunch*, July 27, 2011, https:// techcrunch.com/2011/07/27/the-moment-of-truth-for-airbnb-as-users-home-is-utterly-trashed/.

74. EJ, "Airbnb Nightmare: No End in Sight," *Around the World and Back Again* blog, July 28, 2011, https://ejroundtheworld.blogspot. com/2011/07/.

75. Stone, *The Upstarts*, 290.

76. Stone, *The Upstarts*, 287.

77. Stone, *The Upstarts*, 286.

78. Slovic, "Perceived Risk," 675–682.

79. Kazuya Nakayachi and Motoki Watabe, "Restoring Trustworthiness After Adverse Events: The Signaling Effects of Voluntary 'Hostage Posting' on Trust," *Organizational Behavior and Human Decision Processes* 97, no. 1 (2005): 1–17, https://doi.org/10.1016/j.obhdp.2005.02.001.

80. Tsuyoshi Tamehiro and Hideki Sinohara, "Japan's Recruit Sold Job-Seeker Data to Honda in Privacy Scandal," *Nikkei Asian Review*, August 10, 2019, https://asia.nikkei.com/Business/Companies/Japan-s-Recruit-sold-job-seeker-data-to-Honda-in-privacy-scandal.

**7장**

1. John Rawls, *Lectures on the History of Political Philosophy* (Cambridge: Harvard University Press, 2007), 124.

2. Rawls, *Lectures on the History of Political Philosophy*, 124.

3. Dacher Keltner, "The Power Paradox," Greater Good Magazine, accessed August 8, 2020, https://greatergood.berkeley.edu/article/item /power_paradox.

4. Keltner, "The Power Paradox," 43.

5. Keltner, "The Power Paradox," 16.

6. Keltner, "The Power Paradox," 16–17.

7. Cameron Anderson, Oliver P. John, Dacher Keltner, and Ann M.Kring, "Who Attains Social Status? Effects of Personality and Physical Attractiveness in Social Groups," *Journal of Personality and Social Psychology* 81 (2001): 116–132.

8. Keltner, "The Power Paradox," 48.

9. Keltner, "The Power Paradox," 49.

10. T. A. Judge, J. E. Bono, R. Ilies, and M. W. Gerhardt, "Personality and Leadership: A Qualitative and Quantitative Review," *Journal of Applied Psychology* 87 (2002): 465–480.

11. Keltner, "The Power Paradox," 7.

12. "How Does Dopamine Affect the Body?," Healthline, accessed August 8, 2020, www.healthline.com/health/dopamine-effects#how-it-makes-you-feel.

13. Adam D. Galinsky, Joe C. Magee, M. Ena Inesi, and Deborah H.Gruenfeld, "Power and Perspectives Not Taken," *Psychological Science* 17(2006): 1068–1074.

14. Galinsky et al., "Power and Perspectives Not Taken," 1070.

15. Galinsky et al., "Power and Perspectives Not Taken," 1070.

16. Adam D. Galinsky, Deborah H. Gruenfeld, and Joe C. Magee, "From

Power to Action," *Journal of Personality and Social Psychology* 85 (2003): 453–466.

17. "Measuring Confidence; Figure 2, Voter Confidence," MIT Election Data + Science Lab, accessed August 1, 2020, https://electionlab.mit.edu/research/voter-confidence.

18. Fabienne Peter, "Political Legitimacy," *Stanford Encyclopedia of Philosophy* (Summer 2016).

19. Peter, "Political Legitimacy," 17.

20. Robert Bolt, *A Man for All Seasons* (New York: Vintage Books, 1960), 116.

21. Peter, "Political Legitimacy," 17.

22. John Locke, *Second Treatise on Civil Government*, ed. C. B. MacPherson (Indianapolis: Hackett, 1990 [1690]).

23. Sarah Al-Suhaimi, online interview, by Sandra Sucher, Shalene Gupta, Gamze Yucaoglu, and Fares Kharis, April 13, 2020.

24. Wassim Al-Khatib, online interview, by Sandra Sucher, Shalene Gupta, Gamze Yucaoglu, and Fares Kharis, April 15, 2020.

25. Sandra J. Sucher, Shalene Gupta, Gamze Yucaoglu, Fares Khais, "The NCB Capital Turnaround: Waking the Sleeping Giant" (unpublished Harvard Business Publishing Case), 10.

26. Sucher et al., "NCB Capital Turnaround," 7.

27. Sucher et al., "NCB Capital Turnaround," 7.

28. Al-Suhaimi interview, April 15, 2020.

29. Naif Al Mesned, online interview by Sandra Sucher, Shalene Gupta, Gamze Yucaoglu, and Fares Khrais, April 14, 2020.

30. Naif Al Mesned interview.

31. Sucher et al., "NCB Capital Turnaround," 7.

32. Sucher et al., "NCB Capital Turnaround," 8.

33. Sucher et al., "NCB Capital Turnaround," 8.

34. *Washington Post*, "General Information," www.washingtonpost.com/

wp-srv/polls/washpost/gi_hi.htm.

35. *Washington Post*, "General Information."

36. "Katharine Graham," *Encyclopedia Britannica*, accessed July 13, 2020, www .britannica.com/biography/Katharine-Graham.

37. Katharine Graham, *Personal History* (New York: Vintage, 1998), 340–341.

38. "Pentagon Papers," History.com, August 21, 2018, www.history.com/topics/vietnam-war/pentagon-papers.

39. "Pentagon Papers," History.com.

40. Graham, *Personal History*, 447.

41. Graham, *Personal History*, 448.

42. Ben Bradlee, *A Good Life: Newspapering and Other Adventures* (New York: Simon & Schuster, 1995), 315.

43. Bradlee, *A Good Life*, 307.

44. Graham, *Personal History*, 460.

45. Graham, *Personal History*, 465.

46. Graham, *Personal History*, 471.

47. Graham, *Personal History*, 186.

48. J. Y. Smith and Noel Epstein, "Katharine Graham Dies at 84," *Washington Post*, July 18, 2001, www.washingtonpost.com/wp-dyn/content/article/2005/08/04/AR2005080400963.html.

49. Smith and Epstein, "Katharine Graham Dies at 84."

50. Sucher et al., "NCB Capital Turnaround," 8.

51. Sucher et al., "NCB Capital Turnaround," 7.

52. Sucher et al., "NCB Capital Turnaround," 8.

53. Al-Suhaimi interview, April 15, 2020.

54. Stephen Dimmock and William C. Gerken, "Research: How One Bad Employee Can Corrupt a Whole Team," HBR.org, March 5, 2018, https://hbr.org/2018/03/research-how-one-bad-employee-can-corrupt-a-whole-team.

55. Al-Suhaimi interview, April 15, 2020.

56. Al-Suhaimi interview, April 15, 2020.

57. Al-Suhaimi interview, April 13, 2020.

58. Al-Suhaimi interview, April 13, 2020.

59. Al-Suhaimi interview, April 13, 2020.

# 8장

1. Evaristus Mainsah, Schuyler R. Heuer, Aprajita Kalra, and Qiulin Zhang, "Grameen Bank: Taking Capitalism to the Poor" (Columbia Business School course paper, 2004), 1, www0.gsb.columbia.edu/mygsb/faculty/research/pubfiles/848/Grameen_Bank_v04.pdf.

2. Muhammad Yunus, *Banker to the Poor: Micro-Lending and the Battle Against World Poverty* (New York: PublicAffairs, 1999), 48.

3. Yunus, *Banker to the Poor*, 48.

4. Mainsah et al., "Grameen Bank."

5. Mainsah et al., "Grameen Bank."

6. Yunus, *Banker to the Poor*, 55.

7. Katharine Esty, "Lessons from Muhammad Yunus and the Grameen Bank," *OD Practitioner* 43, no. 1 (2011): 24–28, https://cdn.ymaws.com/www.odnetwork.org/resource/resmgr/364.pdf.

8. Yunus, *Banker to the Poor*, 58.

9. "The Noble Peace Prize 2006," NoblePrize.org, accessed August 20,2020, www.nobelprize.org/prizes/peace/2006/summary/.

10. Mainsah et al., "Grameen Bank," 4.

11. Mainsah et al., "Grameen Bank," 4.

12. Grameen Bank, "Grameen Bank," accessed August 20, 2020, www.grameen.com/introduction/.

13. Stephanie Wykstra, "Microcredit Was a Hugely Hyped Solution to Global

Poverty. What Happened?," *Vox*, January 15, 2019, www.vox.com/future-perfect/2019/1/15/18182167/microcredit-microfinance-poverty-grameen-bank-yunus.

14. Marguerite S. Robinson, "Why the Bank Rakyat Indonesia Has the World's Largest Sustainable Microbanking System" (presented at the International Seminar on BRI's Microbanking System, Bali, December 4, 2004), 3, www.ruralfinanceandinvestment.org/sites/default/files/1117473611572_Robinson_BRI_Paper_Revised_April_2005.pdf.

15. Mainsah et al., "Grameen Bank," 15.

16. Anne Perkins, "A Short History of Microfinance," *The Guardian*, June 3, 2008, www.theguardian.com/katine/2008/jun/03/livelihoods.projectgoals1.

17. Wykstra, "Microcredit Was a Hugely Hyped Solution."

18. David Roodman, "Microcredit Doesn't End Poverty, Despite All the Hype," *Washington Post*, January 20, 2012, www.washington post .com /opinions /microcredit-doesnt-end-poverty-despite-all-the-hype/2012/01/20/gIQAtrfqzR_story.html.

19. Soutik Biswas, "India's Micro-Finance Suicide Epidemic," *BBC News*, December 16, 2010, www.bbc.com/news/world-south-asia-11997571.

20. Wykstra, "Microcredit Was a Hugely Hyped Solution."

21. Alastair Lawson, "How Grameen Founder Muhammad Yunus Fell from Grace," *BBC News*, April 5, 2011, www.bbc.com/news/world-south-asia-12734472.

22. "Saint Under Siege," *The Economist*, January 5, 2011, www.economist.com/newsbook/2011/01/05/saint-under-siege.

23. "Grameen Bank's Yunus Cleared in Aid Probe," *Economic Times*, https://economictimes.indiatimes.com/news/international/grameen-banks-yunus-cleared-in-aid-probe/articleshow/7068230.cms.

24. "Grameen Bank's Yunus Cleared in Aid Probe."

25. Abhinav Ramnarayan and Arno Schuetze, "Kazakj Financial Firm

Kaspi Revives Plans for London Float—Sources,"Reuters, February 25, 2020,www.reuters.com/article/kaspi-kz-ipo/kazakh-financial-firm-kaspi-revives-plans-for-london-float-sources-idUSL5N2AP3NF.

26. Victoria Ivashina and Esel Cekin, "Kaspi.kz IPO" (Harvard Business School Case N9-220-007, July 5, 2019), 4.

27. Ivashina and Cekin, "Kaspi.kz IPO."

28. Karen Weise, "When Even Amazon Is Sold Out of Exploding Kittens," *New York Times*, April 17, 2020, www.nytimes.com/2020/04/17/technology/amazon-coronavirus.html.

29. Karen Weise and Kate Conger, "Gaps in Amazon's Response as Virus Spreads to More Than 50 Warehouses," *New York Times*, April 5, 2020, www.nytimes.com/2020/04/05/technology/coronavirus-amazon-workers.html.

30. Weise, "When Even Amazon."

31. "Amazon, Inc." Yahoo Finance, September 26, 2020.

32. Amazon, Amazon's COVID-19 Blog, https://blog.aboutamazon.com/company-news/amazons-actions-to-help-employees-communities-and-customers-affected-by-covid-19.

33. Amazon, Amazon's COVID-19 Blog.

34. Weise and Conger, "Gaps in Amazon's Response."

35. Weise and Conger, "Gaps in Amazon's Response."

36. Weise and Conger, "Gaps in Amazon's Response."

37. Weise and Conger, "Gaps in Amazon's Response."

38. Liz Alderman, "Amazon to Suspend Operations in France over Coronavirus Dispute," *New York Times*, April 15, 2020, www.nytimes.com/2020/04/15/business/amazon-france-covid.html.

39. "Update on COVID-19 Testing," Amazon's COVID-19 Blog, October 1, 2020, https://blog.aboutamazon.com/operations/update - on - covid-19 -testing.

**옮긴이 박세연**

고려대학교 철학과를 졸업하고 글로벌 IT기업에서 10년간 마케터와 브랜드 매니저로 일했다. 현재 전문 번역가로 활동하면서 번역가 모임 '번역인'의 공동 대표를 맡고 있다. 옮긴 책으로《죽음이란 무엇인가》,《변화는 어떻게 촉발되는가》,《행동경제학》,《건강의 뇌과학》,《실리콘밸리의 팀장들》,《OKR》등이 있다.

# 신뢰를 팔아라

**초판 발행** · 2022년 11월 1일

**지은이** · 샌드라 서처, 샬린 굽타
**옮긴이** · 박세연
**발행인** · 이종원
**발행처** · (주)도서출판 길벗
**브랜드** · 더퀘스트
**주소** · 서울시 마포구 월드컵로 10길 56(서교동)
**대표전화** · 02)332 – 0931 | 팩스 · 02)322 – 0586
**출판사 등록일** · 1990년 12월 24일
**홈페이지** · www.gilbut.co.kr | 이메일 · gilbut@gilbut.co.kr

**기획 및 책임편집** · 오수영(cookie@gilbut.co.kr), 유예진, 송은경, 정아영 | **제작** · 이준호, 손일순, 이진혁
**마케팅** · 정경원, 김진영, 김도현, 이승기 | **영업관리** · 김명자 | **독자지원** · 윤정아, 최희창

**디자인** · 희림 | **교정교열** · 김주연
**CTP 출력 및 인쇄** · 북솔루션 | **제본** · 북솔루션

ISBN 979-11-407-0188-9 (03320)
(길벗 도서번호 090188)

**정가 21,000원**

---

**독자의 1초까지 아껴주는 길벗출판사**

**(주)도서출판 길벗** | IT교육서, IT단행본, 경제경영서, 어학&실용서, 인문교양서, 자녀교육서 www.gilbut.co.kr
**길벗스쿨** | 국어학습, 수학학습, 어린이교양, 주니어 어학학습, 학습단행본 www.gilbutschool.co.kr

---